대한민국을 뒤흔든 정치검찰의 사기극

표창장

대한민국을
뒤흔든

표창장

정치검찰의
사기극

고일석·박지훈 지음

책
보세

정치검찰의 파렴치한 사기극을
대한민국 국민들께 고발합니다

'동양대 표창장 사건'이 세상에 알려진 것은 동양대 압수수색이 있던 2019년 9월 3일이었다. 그 후, 이 글을 쓰는 지금까지 1년 9개월이 흘렀고 곧 만 2년이 된다. 마치 하늘에서 거대한 폭포가 퍼붓는 것 같았던 2019년 사태를 지나, 2020년 1년이 꼬박 걸린 1심은 예측할 수 없는 돌발적인 장대비가 1년 내내 여기저기서 쏟아지는 모양새였다.

2021년 6월 12일 열린 조국 전 장관의 1심 속행 공판에서 변호인은 "아무거나 걸리라는 투망식 기소에 방어하기도 힘들다"는 심경을 토로했다. 정경심 교수 사건은 그보다 훨씬 더 많은 혐의에, 각 혐의마다 수십, 수백 개의 쟁점이 부딪혀 1심 내내 제대로 된 방어가 불가능했다.

그러나 사실, 이 사건의 쟁점은 매우 간단하다. 바로 2012년 표창장이다. 2012년 표창장이 실제로 발급됐다면 2013년의 발급은 그 형태와 과정이 어떠했든 크게 중요하지 않다.

이 책의 집필을 시작하면서 내가 사태 초기에 썼던 글을 하나 찾아봤다. 2019년 9월 3일 동양대 압수수색에 이어, 9월 4일 최성해의 "내가 안 내줬다"를 거쳐, "정경심 교수가 '위임'으로 해달라고 부탁했다"는 제목의 기사가 모든 언론을 도배했던 9월 5일 아침에 쓴 글이었다.

동양대 건을 스펙 만들기로 보면 곤란합니다

동양대는 경북 영주시에 있습니다. 56번 국도를 타고 충북 제천을 지나 죽령을 넘어가면 눈앞에 펼쳐지는 동네가 영주입니다.(지금은 중앙고속도로 풍기IC나 영주IC로 진입합니다.) 동양대는 영주시에서도 풍기읍에 있고요. 그쪽 영주, 청송, 봉화 이 동네가 자동차로나 기차로나 우리나라에서 제일 가기 어려운 곳입니다.

문제가 된 프로그램은 동양대의 지역봉사 프로그램이었습니다. 학교 측에서는 지역 주민에게 봉사도 하고 지역에 그런 학교도 있다는 것도 알리고 현지 중고등학교 학생들에게 이런 프로그램도 제공할 수 있다는 자부심을 심어주기 위한 프로그램이었죠.

동양대 다니는 학생들은 대부분 영주에 사는 학생들이 아닙니다. 방학이어서 다 귀가를 한 상태였고, 자원봉사를 할 학생들을 구하기 어려운 상황이었습니다.

그때 후보자 부인인 정 교수가 따님에게 얘기해서 자원봉사를 하게 한 것이죠. 동양대 학생들에게는 스펙이 필요하지 않아서 그 행사에 참여

5

한 학생이 많지 않았는지 모르겠는데, 아무리 스펙이 중요해도 여름 방학 때 그 시골에 있는 학교에 스펙 따기 위해서 갈 타교 학생이 누가 있겠습니까. 그것도 숙박까지 해가면서요.

그런 행사에 와서 도와준 게 고마워서 학교 본부를 통해서 표창장 만들어준 겁니다. 그것도 후보자 부인이 나서서 한 게 아니라 프로그램에 참여했던 동료 교수들이 해준 것이고요.

총장 직인이 찍힌 표창장 발급하는 데 총장이 직접 결재하고 직인 찍어주는 게 아니라는 것은 모든 국민이 이해하실 수 있을 것으로 생각합니다.

정경심 교수가 총장에게 뭘 어떻게 해달라고 전화를 했다는 거는 총장이 그 내력을 잘 모를 테니 설명을 해주기 위한 것이고, 학교 본부에 이런저런 내용으로 보도자료 내줬으면 좋겠다고 한 거는 사실대로 해명해달라는 얘기였습니다.

이런 내용 얘기하면 자유당에서 청문회 하지 말자고 하는 사람이 하나라도 더 생길까 싶어서 가만히 있으려고 했는데 우리 지지자들께서 많이 불안해하셔서 말씀드립니다.

놀랍게도 압수수색과 임의 제출, 수사, 1심 재판으로 이어지는 기나긴 과정을 통해 확인된 사실들은, 부랴부랴 취재해서 나도 잘 모르는 채로 올렸던 이 글의 내용과 전혀 다르지 않았다. 아주 세부적인 부분에서는 약간 다른 게 있겠지만, 스펙을 따려던 게 아니라 단지 엄마를 돕기 위해 숙식을 하며 자원봉사를 한 것이고, 동료 교수들이 권해서 표창장을 만

들어가며

들어준 것이라는 줄기는 전혀 달라지지 않았다. 2년 남짓 되는 그 험난한 과정은, 돌고 돌아 2019년 9월 5일 아침 내가 어설프게 파악해서 급하게 올렸던 그 간명한 사실로 회귀하는 과정이었다.

이러한 내용들은 1심 과정에서 충분히 제시되고 입증됐다. 그러나 법원은 이를 전혀 받아들이지 않았다. 또한 검찰이 '물증'으로 제시한 '강사 휴게실의 PC 두 대' 속 파일들에 대해 검찰과 언론이 합작하여 전방위로 퍼붓던 공격을 제대로 방어하지 못했다. 결국 1심에서는 허무하게 패배하고 중형 선고를 지켜볼 수밖에 없었다.

그러나 1심을 마친 뒤 변호인단은 독자적인 포렌식을 통해 검찰의 주장을 전면적으로 뒤집고 부인할 수 있는 결정적인 증거들을 발견해냈다. 검찰이 강사 휴게실 1호 PC가 방배동에 있었다는 것을 입증하는 두 가지 근거들이 허구, 조작 혹은 기망에 의한 것임을 밝혀냈다.

거기에서 더 나아가 정경심 교수가 최초부터 주장했던 대로 1호 PC가 검찰이 범행일이라고 지목하는 2013년 6월 16일에 동양대에 있었다는 사실도 입증해냈다. 또한 위조 표창장을 출력했다고 검찰이 주장한 복합기도 그 당시 동양대에 있었고 방배동에서는 전혀 사용된 적이 없다는 것을 밝혀냈다.

결국 검찰이 주장하는 2013년 6월 16일에는 '위조 범행'에 필요한 PC와 프린터가 모두 방배동에 없었다는 알리바이가 확인된 것이다. 그러자 검찰은 갑자기 "PC가 어디 있었느냐는 중요하지 않다. PC를 정경심 교수가 사용했다는 것이 중요하다"며 억지를 부리기 시작했다. "PC가 방배동에 있었으니 정경심 교수가 그 PC로 위조를 했다"는 게 아니라 "정경심 교수가 그 PC로 위조를 했으니 PC는 방배동에 있었다"는 앞뒤가 뒤집힌 주장을 펼친 것이다.

검찰의 이런 억지 주장이 나오자 변호인단은 추가로 정경심 교수가 2013년 6월 16일 1호 PC를 사용한 적이 없다는 것까지 입증해냈다. 검찰은 "당일 정경심 교수가 동양대 웹메일 서버에 접속한 기록에서 IP 위치가 방배동이라는 것이 확인된다"고 주장했다. 웹메일 서버에 접속한 기록이 있다면 1호 PC도 방배동에 있었을 것이라고 오인하게 하려는 주장이었다.

그러나 변호인단은 그 주장을 받아 "1호 PC에서 동양대 웹메일 서버에 접속한 기록이 없다"며 "정 교수가 동양대 웹메일 서버 접속에 사용한 PC는 1호 PC가 아니며, 검찰이 주장하는 '표창장 위조' 시간대에 정 교수는 방배동에서 2호 PC로 여러 작업을 하고 있었다"는 사실을 밝혀냈다. 1호 PC가 방배동에 있었고, 정경심 교수가 1호 PC를 사용했다는 검찰의 주장을 완전히 분쇄하는 완벽한 '알리바이'를 확인해낸 것이다.

또한 변호인단은 사건의 유일한 물증으로 제시됐던 1호 PC가 도저히 납득할 수 없는 불법 과정을 통해 압수됐으며, 이의 근거가 됐던 '비정상 종료'마저도 새빨간 거짓말이었다는 사실도 확인했다. 그 외에도 포렌식 분석과 보고서 작성 과정에서 재판부를 기망하는 수많은 조작과 허위가 개입됐다는 사실을 밝혀냈다.

검찰의 '표창장 위조' 주장이 처음부터 끝까지 총체적인 조작과 허위로 이루어진 것이다. 이는 단순한 오류나 실수가 아니다. 의도적인 조작이며 사기극이다.

이 책에는 검찰과 1심 재판부가 오로지 최성해의 "내가 내준 적 없다"는 한마디 증언에 의존해 2012년 봉사활동과 표창장 수여 사실과 관련된 숱한 증언과 기록을 무참하게 짓밟은 과정과 변호인단의 독자적인 포렌식을 통해 밝혀낸 결정적인 증거와 검찰의 조작 사례들을 재판 기록과 포렌식 자료 등을 통해 있는 그대로 수록했다.

특히 포렌식 부분은 변호인단을 도와 포렌식 작업을 직접 진행한 IT 전문가 박지훈 님이 직접 집필했다. 그동안 언론의 일방적인 보도로 인해 시민들이 접할 수 없었던 재판 기록과 포렌식 기록들을 통해 이 사건의 진실과 함께 정치검찰의 과감하고도 무도한 조작 및 사기극의 실체를 국민들께 고발하고자 한다.

"그래도 뭔가 있겠지. 설마 검찰이 아무 근거도 없이 그 난리를 쳤겠어? 법원이 아무 근거도 없이 유죄를 선고했겠어?"라고 생각하시는 모든 분께서 꼭 이 책을 통해 표창장 사건이 얼마나 허무맹랑한 사기극이었는지를 확인할 수 있기를 간절히 바란다.

2021년 7월
고일석

"검사의 공소사실과 이를 뒷받침하는 증거들에서 보이는 여러 불일치, 모순, 의문에는 애써 눈감으면서, 오히려 피고인의 주장과 증거에는 불신의 전제에서 현미경의 잣대를 들이대며 엄격한 증명을 요구하는 것은 형사법원이 취할 태도가 아니다. 형사재판을 담당하는 법원은 심리과정에서 선입견 없는 태도로 검사와 피고인 양편의 주장을 경청하고 증거를 조사하여야 하며, 그 결과를 바탕으로 헌법상 요구되는 형사재판의 원리인 무죄추정의 원칙에 따라 유·무죄를 판단하여야 한다."

대법원 2011. 5. 13. 선고 2010도16628 판결

목차

2부 포렌식으로 밝혀진 진실과 검찰의 허위 기망

1부

검찰이 지워버린 표창장의 진실

01

2012년, 2013년에
무슨 일이 있었나?

동양대 표창장 사건의 쟁점은 몇 개나 되는지 세보는 것이 불가능할 정도로 많고 복잡하다. 검찰의 기소와 1심 판결이 표창장과 관련한 정 교수 측의 모든 기억과 행적과 주장을 하나하나 부정하는 방식으로 이루어졌다. 그러는 동안 2012년 봉사활동으로 총장 표창장을 받은 후 2013년에 재발급받아 의전원 입시에 제출했다는 이 간단한 내용의 사건은, '입시 비리'라는 거대 상징 아래 갖가지 주제와 쟁점으로 미세화되고 파편화되어 뭐가 어떻게 됐는지 한눈에 알아보기 어려울 지경이 되었다.

따라서 2012년에는 어떤 일이 있었고, 2013년에는 어떤 일이 있었으며, 2019년에 사건이 어떻게 발화되고 전개되었고, 1심 재판은 어떻게 진행됐고 어떤 과정을 거쳐 중형이 선고되었는지에 대해 종합적이고 거시적으로 살펴보는 작업이 필요하다.

지금부터 다룰 내용은 그동안 확인되고 밝혀진 동양대 표창장을 둘러싼 2012년과 2013년의 행적이다. 아직 재판이 진행 중이므로 공식적으로는 정경심 교수 측의 '주장'에 불과할 수 있다.

검찰과 1심 재판부가 이 행적에 대해 주장하고 판단한 것은 단 한 줄로 요약할 수 있다. '조민 씨는 2012년에 아무것도 하지 않았고, 정경심 교수는 2013년 6월 16일 표창장을 위조했다.'

동양대 표창장의 발급 일자는 2012년 9월 7일이다. 이날 발급된 표창장이 사실이라면 2013년에 표창장이 재발급된 과정과 방식이 어떻게 이루어졌는지는 그다지 중요하지 않다. 반대의 경우를 생각해봐도, 2012년 표창장이 없이 2013년 6월에 표창장을 위조할 생각이 있었다면, 아예 있지도 않았던 1년 전의 봉사활동과 표창장 발급 사실을 가상으로 만들어 2012년 9월 7일을 발급 일자로 위조한다는 것은 자연스럽지 않은 일이다.

동양대
봉사활동의 시작

정경심 교수는 2011년 9월 동양대학교 교수로 임용됐다. 그리고 임용 2주 만에 어학교육원장에 임명되어 재학생들을 위한 기존의 영어특강 프로그램과 학력인증 프로그램을 진행하고, 어학교육원의 프로그램을 새로 구성했다.

그러나 영어 교육을 위해 설립되어 운영되던 어학교육원에 '영어를 할 수 있는 지원 인력'이 전혀 없었다. 이 때문에 어학교육원의 기본 업무인 재학생 대상 영어 및 외국어 특강과 학력인증 프로그램 등의 업무를 전부 정 교수 혼자서 처리했다. 게다가 어학교육원의 외국인 교수 임용에 있어서도 채용, 재계약, 관리, 연봉 책정, 인센티브 제공 및 고용계약서 작성 등 일체의 권한과 책임이 정 교수에게 위임되었다. 영어 교육에 특히 관심이 많았던 최성해 총장을 대신하여, 자신의 인프라와 네트워크를 활용해 해외 유명대학과 MOU를 맺는 작업까지 정 교수가 직접 해야 했다.

이것은 큰 권한이면서 동시에 큰 부담이었다. 정 교수는 최성해 총장에게 '영어를 할 수 있는 인력'을 지원해달라고 계속 요청했지만 전혀 이루어지지 않았다. 정 교수는 부임하자마자 단과대학장급의 신임을 얻고 권한을 부여받아 동료 교수들의 부러움과 견제를 한몸에 받았지만, 다른 한편으로는 지원 인력이 전혀 없는 과중한 업무에 허덕이고 있었다.

이런 상황에서 정 교수가 소속돼 있던 교양학부는 다양한 인문학 프로그램을 의욕적으로 진행하고 있었다. 그 과정에서 2011년 겨울방학 때 영주 지역 우수 고등학생들을 대상으로 한 인문학영재 프로그램을 준비하면서 정 교수는 '영어 에세이 쓰기(영재과정)'를 기획해 포함시켰다. 지역의 우수 학생들에게 '고급 영어'를 접할 기회를 만들어보자는 취지였다.

한편 정경심 교수가 동양대 교수로 임용되자마자 아무런 지원 인력 없이 단과대학장급의 업무에 시달리는 동안 딸 조민 씨는 캐나다에 교환학생으로 가 있다가 2011년 12월 귀국했다. 혼자서 모든 일을 감당하느라 허덕이던 정 교수는 몇 주 뒤 개강 예정이었던 동양대 인문학 영재과정 준비에 조민 씨를 투입시켰다. 모녀 사이이니 시켰다고 할 수도 있고, 부탁했다고 할 수도 있다. 그러나 일의 성격상 프로그램 준비 및 수행의 역량을 가진 인력을 '투입시켰다'고 표현하는 것이 가장 정확하다.

조민 씨는 단순히 '영어를 잘하는 대학생'이 아니었다. 난이도가 가장 높은 외고 유학반의 수험영어과정을 거쳐 대학에 진학했기 때문에 영재과정에 참여하는 영주 지역 우수 고등학생들에게 많은 영어 노하우를 알려줄 수 있었고, 이미 고등학생을 대상으로 한 고려대학교의 영어튜터링 프로그램에서 튜터로 글쓰기와 말하기를 가르치고 있었다. 게다가 조민 씨는 미국에서 고등학교에 재학하던 시절 정경심 교수로부터 영작문과 영문학 과목의 첨삭을 받아온 바 있어서 정 교수를 보조하기에 대안의 여지가 없는 최고의 적임자였다.

조민 씨는 누구의 도움도 없이 혼자서 프로그램을 운영해야 했던 정경 심 교수를 도와 인문학 영재과정의 영어 에세이와 IBT 토플 라이팅 과목 의 겨울방학 커리큘럼을 짜고, 토론 주제를 뽑고, 학생들의 에세이를 받 아 첨삭을 하고, 코멘트를 작성하며 프로그램 진행에 참여했다.

조민 씨는 그것이 무슨 프로그램인지도 몰랐다. 그냥 바쁜 엄마의 부 탁으로 일을 도운 것뿐이다. 정경심 교수로서는 '튜터로서의 능력을 갖춘 딸'의 도움을 받아 영어 에세이과정을 진행할 수 있었다. '엄마 찬스'가 아니라 '딸 찬스'였다.

이것이 동양대 표창장에 기재된 "튜터로 참여"의 의미였다. 만약 조민 씨가 영어를 특별히 잘하는 학생이 아니었다면, 영어 튜터로서의 역량이 되지 않았다면, 혹은 일을 도와달라는 엄마의 부탁을 매몰차게 거절했다 면 봉사활동도 없었을 것이고, 표창장도 없었을 것이고, 이 엄청난 사태 도 일어나지 않았을 것이다.

동양대
표창장의 탄생

정경심 교수는 학기 중 열렸던 2기 인문학 영재과정에서는 조민 씨에게 도움을 청하지 않았다. 그러나 2012년 여름방학 때는 조민 씨의 도움이 꼭 필요했다. 갖가지 영어교육 프로그램이 동시다발적으로 진행됐기 때문이다.

2012년 여름방학에는 초중고생으로 대상이 확대된 여러 가지 프로그램이 진행됐다. 조민 씨는 정경심 교수의 연구실에 자리를 잡고 정 교수가 수시로 시키는 일들을 그때그때 해냈다. 때로는 장소를 이동할 때 학생들을 인솔하기도 했고 각 과정의 강의와 교재 준비, 평가, 출석 체크, 수료식 준비 등의 잡무들도 도왔다. 1기 영재과정에서는 커리큘럼, 교재 준비, 첨삭 등의 튜터 역할에 집중했다면, 2012년 여름방학 프로그램에서는 말 그대로 전방위로 온갖 일을 도맡아 했다.

그러다 보니 겨울방학 때와는 달리 학교에서 보는 사람들이 많아졌다. 나중에 표창장을 제안했던 강○ 교수는 "워낙에 예쁘게 생기고 활발해 안 볼 수 없었다"고 말했다. 조민 씨를 자주 본 사람 중에는 최성해 총장도 있었다. 최 총장은 2012년 여름방학 동안 조민 씨를 학교 내에서 만나 정경심 교수와 함께 식사도 하고, 조민 씨에게 용돈을 주기도 했다. 또한 〈TBS 김어준의 뉴스공장〉에서 전화 인터뷰를 통해 "조민 씨를 자주 봤으며, 최성해 총장이 조민 씨를 예뻐해 며느리로 삼고 싶어 했다"는 충격적인 증언을 했던 최 총장의 조카 '매점 아저씨' 이○○ 씨도 있다.

정경심 교수는 당연히 딸에게 늘 고맙고 미안하고, 또한 자랑스러웠다. 조민 씨를 알아보는 동료 교수들이 많아지자 정 교수는 자랑도 하면서 수고하는 데 대한 미안함도 표시했다. 최 총장도 정 교수가 늘 딸 자랑을 했다고 얘기했다.

여름방학 프로그램이 마무리되던 2012년 8월 중순, 정경심 교수를 포함한 여러 교수들이 입학처장실에 모여 환담을 나누던 중 조민 씨가 화제에 올랐다. 정 교수는 겨울방학 때부터 조민 씨가 영재 프로그램과 관련된 여러 일을 해왔다고 얘기했고, 방학 기간 동안 조민 씨를 자주 봤던 입학처장 강○ 교수는 그렇게 수고했는데 뭐라도 해줘야 하는 것 아니냐며 조민 씨의 수고에 보답해줄 수 있는 방법을 찾자고 화두를 던졌다.

당시 여름방학 프로그램에는 재학생들도 스탭으로 참여했었는데, 이들에게는 근로장학금 명목의 인건비가 지급되었다. 그러나 조민 씨는 동양대 학생이 아니므로 인건비를 지급할 수도 없었다. 그러다가 "표창장이라도 주자"는 얘기가 나왔다. 물론 그것을 대단한 보상이나 포상(褒賞)의 의미로 말한 것은 아니었다. 마땅히 해줄 것이 없으니 표창장이나 해주자는 뜻이었다.

그 자리에는 입학처장 강○ 교수는 물론 인문학영재 프로그램과 관련된 여러 교수들이 함께 있었다. 그들은 그냥 동료 교수이며 보직 교수가 아니라, 인문학으로 지역사회에 기여하려는 뜻을 함께했던 '동지'들이었다. 강○ 교수는 정경심 교수에게 표창장 건을 적극적으로 권했다. 동료 교수들도 흔쾌히 동의했다.

2012년 9월 7일은 최성해 총장의 주력 학교 사업 중 하나였던 영어사관학교 개소식이 있던 날이었다. 정경심 교수는 개소식 준비 보고와 함께 보직 교수들과 동료 교수들이 조민 씨에게 표창장을 수여했으면 한다고 뜻을 모았다는 사실을 보고했고, 최 총장은 9월 7일 당일 영어사관학교 개소식을 성공적으로 마친 것을 치하하면서 이 날짜로 총장 표창장을 발급하도록 했다. 그래서 동양대 표창장의 발행일이 2012년 9월 7일이 됐다.

정경심 교수는 영어사관학교 개소식을 마친 후 행정 직원으로부터 표창장을 전달받았다. 그리고 귀가 후 조민 씨에게 "총장님이 너 수고했다고 주시는 거야"라며 표창장을 건넸다. 동양대 표창장은 이렇게 탄생했다.

표창장
재발급의 과정

2013년 6월 16일, 정경심 교수와 조민 씨는 서울대 의전원 입시에 제출할 서류를 정리하고 있었다. 서울대 의전원에는 대학 총장상을 참고 자료로 제출할 수 있었다. 그래서 2012년에 받은 동양대 총장 표창장을 제출하려고 했지만 찾을 수가 없었다. 다른 서류 중에도 없는 것이 있어 분주하게 재발급을 받고 있던 터였다. 2007년 단국대학교 의학연구소 인턴 확인서도 당시 받은 걸 찾을 수 없어 이틀 전인 6월 14일 장영표 교수에게 메일로 부탁해 6월 16일 저녁에 받기로 했었다.

정경심 교수는 (정확하게 기억할 수 없는) 직원 혹은 조교에게 연락해 "총장님께는 내가 따로 말씀드릴 테니 2012년 9월 7일에 발급받았던 표창장을 재발급해달라"고 요청하고 다른 서류들을 함께 챙겼다. 그리고 그

날 저녁 장영표 교수 자택을 찾아가 장 교수의 서명이 담긴 인턴확인서를 받아 왔다.

6월 17일, 정 교수는 학교에 출근하자마자 재발급된 표창장을 건네받고 영주 고속버스터미널에서 고속버스 퀵(고속버스 수하물로 이동한 뒤 터미널에서 퀵으로 배달하는 서비스)으로 서울 안암동 조민 씨의 숙소로 보냈다.

당시 정 교수는 5월 30일부터 6월 9일까지 학생 3명과 함께 남아공 요하네스버그대학교에서 개최한 학회에 참석해 국제 교류를 위한 MOU를 논의하고 귀국한 직후였다. 그리고 6월 30일부터 7월 4일까지 괌대학교 3주 교환 프로그램에 영어사관학교 학생들을 인솔해 참석할 예정이었다. 이 프로그램들은 최성해 총장의 지대한 관심과 지원으로 이루어지고 있던 프로그램이어서 다른 교수들의 우려와 질시를 동시에 받고 있었다.

17일 오전 10시에 있었던 보직자 회의에서 정 교수는 남아공 출장과 괌대학교 교환 프로그램 계획을 보고하고 최성해 총장과 티타임을 가졌다. 그 자리에서 요하네스버그대학교에서 준비해준 동물 모양의 스푼 세트와 남아공 브랜드 등을 최 총장에게 선물로 전달했다.

그러면서 "표창장 원본을 잃어버려서 급하게 재발급받았다"며 재발급 사실을 보고했다. 최성해는 가볍게 "잘했다"고 대답했다. 그리고 정 교수는 조민 씨가 서울대 의전원에 지원할 것이라고 말했고, 최 총장은 "너무 부담 가지지 말라"며 "의사 안 하면 어떠냐. ○○이(최성해 총장의 자제)도 처음에 의사 한다고 했는데 반대해서 접었다"며 격려했다.

02
2012, 2013년 표창장은
어떻게 부정됐는가?

- 선택적 인용으로 조민을 지우다

2012년 표창장에 대해서는 매우 많은 증인들의 증언이 있었다. 그러나 재판부는 표창장이 발급됐다는 증언은 악착같이 부인하고, 최성해 총장의 "내가 내준 적 없다"는 증언을 비롯해 표창장 발급 사실에 대해 모른다거나 기억나지 않는다는 증언은 무조건 받아들였다. 그런데 표창장 발급 사실에 대해 모른다고 증언한 증인들은 모두 표창장 발급에 대해 전혀 모를 수밖에 없는 학교 관계자들이었다.

재판부는 최 총장의 증언이 "구체적이고 일관되어 신빙성이 있다"고 수차례 강조하며 그의 증언을 전적으로 받아들였다. 그러나 실제로 조민 씨가 어머니를 도와 봉사활동을 했던 여러 정황과 증거들은 억지라고밖에 할 수 없는 논리와 근거로 무조건 배척하고 배제했다.

2012년 1기
영재교육 프로그램

1기 영재교육 프로그램은 2012년 1월 14일부터 2월 11일까지 매주 토요일 오후 1시에서 4시 사이에 진행됐다. 공식 명칭은 〈2011학년도 동양대학교 청소년 인문학 영재과정 동계 워크숍〉의 〈영어 에세이 쓰기(영재과정)〉이었고 교육 내용은 '영미 산문 읽기 및 discussion, 영자신문 칼럼, 에세이, IBT Writing Drills'로 구성되어 있었다.

조민 씨는 과정이 시작되기 전 강의 교재와 예문 등을 준비했고, 과정이 진행되는 동안에는 정경심 교수 연구실에서 첨삭 등의 작업을 도왔다. 과정이 끝난 후에는 2월 말까지 정 교수와 함께 첨삭 및 강평(코멘트)을 진행했다.

검찰과 재판부는 이 모든 사실과 과정들을 부정하고 부인했다.

영재과정 참여 학생들이
조민 씨를 보지 못했다?

재판부는 "1기 영어 에세이 쓰기 수업을 수강한 학생들이 수업 중에 튜터 또는 조민 씨를 본 적이 없고, 정경심 교수 이외에 영어 에세이 첨삭 지도를 한 사람이 없으며, 정경심 교수로부터 다른 사람이 영어 에세이 첨삭 지도를 하고 있다는 말을 들은 적이 없다고 진술했다"는 것을 조민 씨가 튜터로 활동하지 않았다는 근거로 제시했다.

1심 재판부는 시종일관 '튜터'는 오로지 '학생들 앞에서 가르치는 행위 만을 하는 존재'로 정의해놓고 판단을 내렸다. 지극히 자의적인 정의다. 튜터의 활동은 프로그램의 여러 방면에서 이루어진다. 실제로 조민 씨는 한영외고 시절 유학반에서 IBT Writing을 공부했던 경험자로서, 동양대 인문학 영재과정과 각종 영어 프로그램의 강의 계획을 짜고 예문을 선정 하는 작업과 함께 가장 중요한 첨삭을 맡았고, 프로그램의 진행을 위한 잡무도 담당했다. 이런 업무들 모두 '튜터' 혹은 '선생님'들이 하는 일이 다.

학생이 첨삭과 코멘트를 누가 어떤 과정으로 진행하는지 자세히 모를 수 있고, 정경심 교수가 학생들에게 "이 첨삭은 어떤 대학생이 하는 거 야"라고 일러줄 이유도 없다. 조민 씨도 검찰 조사에서 "강의실에 직접 들어가지는 않았다"고 분명히 밝혔다. 그럼에도 불구하고 검찰과 재판부 는 학생들이 조민 씨를 보지 못했다는 것을 봉사활동 부정의 근거로 삼 았다.

교양학부장이던 장경욱 교수는 2012년 겨울방학 프로그램에서 "조민 씨가 토론 자료와 주제를 뽑고 토플 첨삭을 다 했다"는 얘기를 그해 여름 정경심 교수로부터 들었다고 증언했다.

7월 25일 장경욱 교수 검사 증인 신문

문: 2012년에 진행된 '청소년 인문학 프로그램'과 관련하여 조민에게 표창장을 주자는 추천이 있었는지 여부, 있었다면 누가 추천했는지에 대해 아는 내용이 있나요.

답: 예. 기억나는 내용이 있습니다.

문: 누가 추천했다고 하던가요.

답: 제가 8월 하순으로 기억하는데 싱가포르에 갔다 와서, 건물은 저희 지금 있는 교양학부 건물, 그 건물 같고, 장소는 제 연구실 아니면 학부 사무실일 텐데 그때 돌아와서 강○ 교수와 정경심 교수가 어디서인가 오면서 저랑 만났습니다. 그래서 그때 대화를 나눴을 텐데 민이의 여름 봉사활동에 대한 얘기를 나누고 있었습니다. 제 기억은 뭐냐면 그때 제가 정경심 교수에게 '민이가 겨울에도 봉사를 했나요'라고 질문했던 기억이 있습니다. 근데 그 질문을 했을 때 정경심 교수가 뭐라고 하냐면 '무슨 말이세요. 겨울에 민이가 토론 자료하고 주제 뽑고 토플 애들 첨삭하는 거 다했어요'라고 얘기를 했습니다.

1부 검찰이 지워버린 표창장의 진실

겨울 프로그램 동안의
체크카드 사용 내역

재판부는 조민 씨가 동양대 영재교육 프로그램에 참여하지 않았다는 증거로 체크카드 사용 내역을 들었다. 1기 영어 에세이 쓰기 수업은 2012년 1월 14일, 21일, 28일, 2월 4일, 11일 다섯 차례 이루어졌다. 이 시기 체크카드 사용 내역에는 ▲1월 14일 아침 10시 서울역 ▲15일 점심 부산 해운대 ▲21일 오후 2시 서울 방배동 ▲2월 4일 서울 방배동 점심 식사, 이렇게 총 네 번의 기록이 있었다. 이에 따르면 해당 일에 조민 씨는 동양대에 있지 않았다는 것이 재판부의 주장이었다.

그러나 이런 판단은 경북 영주가 태평양 건너 미국쯤에 있는 것을 전제로 하지 않고서는 할 수 없는 판단이다. 우리나라는 어디든 하루면 왕복으로 다녀올 수 있는 1일 생활권이라는 사실을 의도적으로 무시한 결과다. 실제로 서울과 영주는 고속버스로 2시간 30분 거리며, 승용차로는 2시간 내외 소요된다. 정경심 교수는 영주에도 숙소를 마련해놓고 있었지만, 늘 서울과 영주를 오가며 생활하고 있었다. 조민 씨도 마찬가지로 어머니를 만나러 수시로 영주를 다녔다. 특히 부산에는 할아버지 댁이 있어 영주에 갔다가 부산을 들러 서울로 오거나 반대로 부산을 갔다가 영주에 들른 뒤 서울로 오는 경우가 잦았다.

하지만 재판부는 조민 씨가 "튜터 활동을 위해 정경심 교수와 함께 동양대로 내려가면 최소한 하룻밤은 영주에서 잤다"고 진술했다며 "1월 27일에 저녁에 서울 방배동에서 식사를 하고 29일에는 아침 9시에 방배동 빵집에 들른 기록이 있으므로 28일 프로그램을 위해 영주에 1박 2일 동안 머물지 않았다"고 말했다. 1박 2일 일정으로 1월 28일에 영주에 있으려면 27~28일이나 28~29일로 1박 2일 일정이 만들어져야 하는데 27일에는 저녁 시간에, 29일에는 아침 시간에 서울에 있었으니 28일을 중심으로 1박 2일 일정이 만들어지지 않으므로 28일에는 영주에 가지 않았다는, 대단히 창의적이고 신박한 논리였다.

검찰과 재판부가 "동양대에 한 번 가면 무조건 1박 2일 머물렀다"고 억지 해석한 조민 씨 진술의 원문은 다음과 같다.

> 방학 기간 내내 튜터로 참여한 것이 아니라 어머니가 영주시에 내려갈 때 같이 가기도 하고, 한 번 내려가면 어머니와 같이 며칠씩 영주시에 있기도 해서 그 기간 동안에 간헐적으로 참여한 것입니다.

이 말은 영주시에 내려가면 어머니와 함께 며칠씩 있기'도' 했다는 것이지, 영주시에 가면 무조건, 반드시, 기필코, 기어이, 꼭, 어김없이, 예외 없이 1박 이상 머물렀다는 뜻이 아니다. 그럼에도 불구하고 검찰과 재판부는 이러한 창의적인 '무조건 1박 2일'론에 따라 28일 당일에 서울과 영주를 오갔을 가능성을 완전히 배제해버린 것이다.

또한 재판부는 2월 11일 밤 9시에 고려대 인근에서 타행 송금을 한 기록이 있으므로 11일 프로그램에 참여하지 않았다고 했지만, 당시 수업은 주로 토요일 오후 1시에서 4시 사이에 있었기 때문에 조민 씨가 수업 지원을 한 후 9시 이전에 고려대 근처로 이동할 시간은 충분하고도 남았다. 따라서 재판부가 제시한 체크카드 사용 내역과 송금 기록 등은 그 어떤 것도 조민 씨가 1기 프로그램이 진행되던 시간에 동양대에 있지 않았다는 것을 입증하지 못한다.

정 교수 혼자서
두 대의 노트북을 사용했다?

조민 씨가 1기 과정에서 에세이 첨삭에 참여했다는 가장 확실한 증거는 2월 29일의 최종 첨삭 작업 기록이다. 이것은 과정에 참여했던 5명의 학생이 작성한 에세이를 2월 22일부터 2월 29일까지 두 대의 노트북으로 번갈아가며 수정한 기록이다. 누가 봐도 정 교수와 조민 씨가 각각 다른 노트북을 가지고 학생들의 에세이를 주고받으며 첨삭을 하고 평가를 한 기록이다.

그런데 재판부는 기상천외한 논리를 펼친다. "정경심 교수 혼자서 두 대의 노트북으로 작업한 결과"라는 것이다. 그 이유는 ▲두 대의 노트북에서 같은 에세이를 각각 다른 시간에 첨삭했고 ▲첨삭의 순서도 어떤 에세이는 A노트북에서 먼저, 어떤 에세이는 B노트북에서 먼저 작업이 이루어졌으며 ▲어떤 에세이는 A노트북에서만 첨삭이 이루어졌기 때문이라고 밝혔다.

즉, 재판부의 전제는 두 노트북을 두 명이 각각 따로 사용하는 상태에서 학생들의 에세이를 첨삭했다면 ▲같은 에세이에 대한 첨삭이 두 노트북에서 동시에 이루어지거나 ▲같은 에세이에 대해 A, B 노트북이 반드시 일정한 순서를 가지고 순차적으로 이루어져야 하며 ▲두 노트북에 모든 에세이의 첨삭 기록이 존재하고 있어야 한다는 것이다.

왜 그래야 하나? 이것은 그냥 재판장의 생각일 뿐이며 합리적이지도, 현실적이지도 않다. 우선 같은 에세이에 대한 첨삭이 두 노트북에서 동시에 이루어져야 한다는 전제에 대해서는 굳이 반론할 가치도 없다. 그 자체로 말이 안 되는 소리다. 첨삭의 순서로 본다면 조민 씨가 먼저 손을 보고 정경심 교수가 컨펌 삼아 마지막으로 보는 것이 가장 일반적이겠지만, 몇 번에 걸쳐 서로 주고받으며 첨삭이 이루어질 수도 있다.

재판부는 근거도 현실성도 없는 기준을 마음대로 세워놓고 거기에 맞지 않으니 이 모든 경우의 수를 배제해버리고 정경심 교수가 두 대의 노트북을 혼자서 번갈아가며 사용한 것이라는 비정상적인 결론을 내린 것이다.

2012년 여름방학
프로그램

　인문학영재 프로그램 3기는 여름방학으로 계획되어 있었으나 지원자가 없어 폐강됐다. 개강 기간을 고등학교 개학을 앞둔 8월 14일부터로 잡는 바람에 대상 학생들이 신청할 수가 없었기 때문이다. 어학연수원에는 영어 전문 인력은 물론 행정 지원 인력도 턱없이 부족했다. 그로 인한 일종의 행정 착오였다.

　그런데 검찰과 재판부는 열리지도 않은 3기 과정을 부단하게 거론하며 "조민 씨가 3기 과정에는 봉사활동을 하지 않았다"고 강조했다. 열리지 않은 과정이니 봉사활동을 할 수가 없는데도 판결문 곳곳에서 이 점을 강조했다. 이것은 1차적으로 조민 씨의 봉사활동을 표창장에 기재된 '인문학영재 프로그램'으로 국한시키기 위한 것이었고, 다른 한편으로

"조민 씨는 봉사활동을 하지 않았다"는 점을 은연중에 강조하기 위한 의도로 해석된다.

재판부는 우선 표창장의 표창 대상이 '인문학영재 프로그램의 튜터로서의 활동'에 국한하는 것이라며 표창장 기재 내용이 허위라고 판단한 뒤, 다른 봉사활동에 대해 살피면서도 갖가지 이유를 동원해 조민 씨의 여름방학 봉사활동을 전면적으로 부정했다.

'중고생과정' 진술, 인정 못 한다?

2012년 여름방학에는 초중고생 대상의 캠프와 강좌 등 여러 프로그램이 동시다발적으로 진행됐다. 그러나 불행하게도 근거 기록은 초등학생 대상의 ACE키즈캠프에 관한 것만 남아 있다. 그 외의 프로그램은 행정 서류는 물론 업무 기록을 확인할 수 있는 웹메일도 2014년 개편으로 그 이전 기록이 지워지면서 전부 사라졌다.

재판부는 다른 프로그램들이 진행됐다는 당시 학생들과 교수들의 법정 증언들을 모두 배척했다. 여름방학 영어캠프에 참여했던 강○ 교수의 자제인 강○ 학생은 중고등학생을 대상으로 하는 영어캠프가 실시됐다는 진술서를 제출했고, 강 교수도 이에 대해 들었다고 증언했으나 이를 뒷받침할 수 있는 증거가 없다는 이유로 배척됐다.

재판부는 거기에 더해 뜬금없는 이유를 들며 중고등학생 대상 프로그램이 있었다는 사실을 부정했다. "2012년 여름에 동양대 어학교육원에서 파견 근무를 하였던 이○○ 조교도 이 법정에서 영주 지역의 중고등학생을 대상으로 하는 영어캠프에 관하여 진술하지 않은 점에 비추어 보면 강○(강○ 교수의 자제)의 진술을 믿기 어렵다"는 것이다.

중고등학생 대상 프로그램이 없었다거나 모른다고 하는 것이 아니라 '진술하지 않았다'는 것이다. 이게 무슨 얘기인가? 이○○ 조교의 증인신문에서 중고등학생 대상 프로그램이 있었는지를 묻는 질문은 없었다. 질문이 없었기 때문에 진술하지 않은 것이다. 그런데 이것을 "중고등학생 영어캠프에 참여했다"는 강○ 학생의 진술을 배척하는 이유로 삼은 것이다.

다시 등장한
카드 사용 내역

검찰과 재판부는 1기 영재 프로그램에 이어 여름방학 봉사활동에서도 조민 씨의 카드 사용 내역으로 참여 여부를 판단했다. 그런데 놀라운 건, 열리지도 않은 3기 영재 프로그램 동안의 사용 내역을 따졌다는 것이다.

검찰과 재판부는 원래 3기 프로그램이 열릴 예정이었던 8월 14일부터 31일까지 조민 씨의 신용카드, 체크카드, 통장 거래 내역을 살핀 결과 "8월 29일 하루를 제외하고는 모두 서울 또는 부산에서 체크카드, 신용카드를 사용하거나 ATM에서 출금한 내역이 존재하는 반면, 영주에서의 사용 내역은 발견되지 않는다"고 적시했다.

왜 열리지도 않은 3기 프로그램 기간 중에 조민 씨가 동양대에 간 적이 있는지 없는지를 따져봤을까? 재판부는 "3기 과정이 취소된 뒤 대체 강좌 개설을 결정하고 수강 인원을 모집하느라 시간이 필요했을 것"이라며 마음대로 짐작했다. 그러나 3기 과정은 그냥 폐지되고 말았지 그 시기에 대체 강좌 개설을 결정한다거나 수강 인원을 모집한 일은 없었다. 따라서 조민 씨가 그 기간 동양대에 있었어야 할 이유는 전혀 없었다. 누구도 얘기하지 않았고 생각할 필요조차 없는 부분을 들어 조민 씨가 동양대에 있었을 이유를 억지로 만든 뒤에 카드 사용 내역을 뒤져가며 '있었는지 없었는지'를 확인한 것이다.

이게 도대체 뭐 하는 짓인가? 동양대에 있었어야 할 기간에 조민 씨는 동양대에 있지 않았다는 얘기를 한 번 더 강조하고 싶은 것 말고는 달리 짐작할 수 있는 다른 의도나 목적은 있을 수 없다.

재판부는 '존재 자체'는 부인할 수 없었던 초등학생 대상 ACE키즈캠프에도 조민 씨가 참여하지 않았다는 것을 주장하기 위해 또다시 카드 사용 내역을 꺼내 들었다. "캠프 운영 기간이었던 2012년 7월 30일부터 8월 17일까지 8월 1일, 7일, 14일을 제외한 나머지 기간에는 조민 씨가 서울에서 체크카드와 신용카드를 사용한 내역이 존재하거나 서울에서 다른 일정이 있었던 사실이 확인되는 반면, 영주에서 체크카드와 신용카드를 사용한 내역은 발견되지 않는 점 (중략) 등에 비추어 보면 조민이 ACE키즈캠프에서 튜터로 활동한 것도 아니다"[1]라고 결론을 내렸다.

판결문을 보면 재판부는 2012년 1~2월의 경우처럼 서울에서의 카드 사용 기록이 있으므로 그날은 영주에 있지 않았다는 주장과 함께, 영주에서 신용카드를 사용한 내역이 발견되지 않는다는 점을 추가했다. 하지만

---

[1] 판결문 257p

생각해보면 동양대 내에서 돈 쓸 일이 뭐가 있겠으며 학교 밖에서는 어머니와 함께 움직일 대학생 딸이 돈 쓸 일이 뭐가 있겠는가.

더 중요한 것은 서울에서의 일정이 없었다고 한 8월 1일, 7일, 14일이다. 서울에서의 카드 사용 내역이 있다면 같은 날은 영주에 있을 수 없다는 검찰과 재판부의 억지 논리를 그대로 받아들인다고 해도 그 기록이 없는 8월 1일, 7일, 14일은 영주에 있었을 가능성이 있다. 더구나 그 앞뒤로 각각 2박 3일씩 영주에 머물렀을 가능성도 있다.

이 중 8월 14일은 정말 중요한 날이었다. 그 이유는 뒤에서 얘기하기로 한다.

최성해 조카의 "조민 자주 봤다" 증언

재판부가 "중고생 대상 영어캠프에 참석했다"는 강○ 학생의 진술서도 부정하고 "조교 증인의 관련 진술이 없었다"는 엉뚱한 이유까지 끌어대며 중고등학생 대상 프로그램이 없었다고 주장한 이유는 따로 있었다. 조민 씨의 봉사활동을 가장 강력하게 입증할 수 있는 증인이었던 이○○ 씨의 증언을 부정하기 위해서다.

이○○ 씨는 최성해 총장의 조카로 2012년 당시 어학교육원이 있던 인사관 건물에서 매점을 운영하고 있었다. 이○○ 씨는 사태 발생의 극히 초기인 2019년 9월 10일 〈TBS 김어준의 뉴스공장〉과의 전화 인터뷰에서 조민 씨를 학교에서 직접 봤던 사실을 증언해 한때 국면을 전환시키는 역할을 하기도 했다.

2019년 9월 당시 조국 전 장관과 정경심 교수가 봉사활동은커녕 학교에는 가보지도 않고 표창장만 만들어 받은 것처럼 몰리고 있는 상황에서, "조민 씨를 동양대에서 봤다"는 이○○ 씨의 증언은 너무나 생생하고 구체적이었다. 당시 인터뷰를 옮기면 다음과 같다.[2]

김어준: 동양대 봉사상 표창으로 조국 후보자의 부인이 사문서위조죄로 기소됐죠. 몇 가지 쟁점이 있습니다. 첫 번째가 '봉사활동 자체가 없었다'. 그런데 뉴스공장에서는 당시 봉사활동을 한 것을 봤다는 학교 관계자를 찾았습니다. 연결해보겠습니다. 안녕하세요, 선생님.

이○○: 네. 안녕하십니까?

김어준: 그게 2012년입니다. 여름, 지금까지 언론에는 '내가 직접 봤다'고 하는 사람이 한 사람도 등장하지 않았어요. 그런데 (선생님께서) 저희 취재 과정에서 '내가 봤다'고 하셨는데 우선 어디서 어떻게 볼 수 있었는지 상황을 설명해주십시오.

이○○: 제가 동양대 매점에서 일을 하고 있었는데요. 그 (해당 프로그램) 과정이 있었던 곳이 인사관이었죠. 같은 건물에 있었습니다.

김어준: 당시 인사관에서 매점 일을 하고 있었고 지금 이야기가 되고 있는 영어교육 프로그램이 바로 그 인사관에 있었기 때문에 안 보려야 안 볼 수가 없었겠군요. 거기서 지금 거론되는 조민 학생을

2   TBS 김어준의 뉴스공장(2019.09.10.) https://tbs.seoul.kr/cont/FM/NewsFactory/interview/interview.do?programId=PG2061299A

직접 보셨습니까?

이○○: 뭐, 워낙에 이쁘장하게 생긴 학생이고 활발하다 보니까 안 보일 수 없죠. 그 학생의 경우에는.

김어준: 보신 걸 기준으로 할 때, 어떤 일을 하던가요?

이○○: 거기서 봉사활동을 하는 친구들이 몇 명 있었거든요. 그 친구들이 하는 일이 아이들을 인솔해서 쉬는 시간에 같이 다니거나 중간에 교수와 아이들 사이에서 이야기해주는 그런 역할도 했고, 수업 준비(도 했고), 교수들과 이야기하는 거 들어보면 수업에 관한 이야기도 많이 하고 그러더라고요.

김어준: 교수라 함은 인문학영재 프로그램 속에서 그 학생들을 상대로 한 원어민 교수였겠네요.

이○○: 그렇죠. 원어민 교사들이죠.

김어준: 강의는 원어민 교사들이 하고, 지금 말씀대로 하자면 교육 프로그램 진행을 보조한 거겠군요.

이○○: 그렇죠. 어떻게 보면 대학교를 예로 들면 교수와 조교 같은 역할인 거죠.

　

이○○ 씨는 법정에서도 같은 취지와 내용으로 증언했다. 증언의 핵심은 '조민 씨임을 분명하게 인지했고, 아이들을 인솔해서 쉬는 시간에 같이 다니고, 중간에 원어민 교수와 아이들 사이에서 이야기해주는 역할도 했고, 교수들과 수업에 관한 이야기도 많이 했다'는 것이다. 이는 조민 씨가 2012년 여름방학 동안 동양대에서 영어교육 프로그램의 진행을 보조하는 봉사활동을 했다는 확실한 증언이었다.

8월 27일 변호인 증인 신문

문: 증인은 2012년 여름 무렵 카페DYU에서 직접 조민과 이야기를 나
  눈 적이 있지요.

답: 예. 있습니다.

문: 구체적으로 어떤 이야기를 나누었는지 기억나는 바가 있는가요.

답: 제가 소개를 받았기 때문에, 정경심 교수하고 조국 교수의 자제분
  이라고 총장님한테 소개를 받았기 때문에, 그리고 애가 워낙 활
  발하기 때문에 '이런 데서 일하기 힘들지 않냐' 그런 안부 인사 정
  도… 그런 것도 하고 '뭐 어려운 것 있냐, 커피 한잔 마실래' 그런
  이야기 정도 했습니다.

문: 증인이 조민에게 '여름인데 일하기 힘들지 않느냐'라고 물었던 것
  이 맞나요.

답: 예. 맞습니다.

문: 조민이 동양대학교에서 일을 하고 있다고 하던가요.

답: 엄마 일을 돕고 있다고 하였습니다.

문: 증인이 2012년경부터 2013년경까지 동양대학교에서 조민이 하였
  던 활동과 관련하여 구체적으로 기억하는 사실이 있는가요. 방금
  전 증인은 조민으로부터 '엄마 일을 돕고 있다'라는 말을 들었다고
  하는데, 이 외에 다른 이야기를 듣거나 본 사실은 없나요.

답: 그때 수업을 할 때 교재 같은 것이 없었는지 정확하게 모르겠는데,

A4지 파일 같은 것도 좀 많이 들고 다니고 아이들을 인솔해서 매점에 왔다 갔다, 화장실을 왔다 갔다 하고. 그리고 그때 당시 원어민 교사들하고 같이 이야기도 하고 수업 내용도 이야기하는 것 같고. 제가 가까이에서 못 들어서 정확하게 수업 내용이라는 것을 알 수가 있었습니다.

그러나 검찰은 이○○ 씨의 증언 중 "조민 씨가 2012년 여름 몇몇 친구들과 아이들을 인솔하는 모습을 봤다. 어린 학생이고 중학생 같은 애들도 있었고…"라고 한 부분을 집중적으로 추궁했다. 검찰은 "당시 조민은 중고생 대상으로 영어 에세이 수업을 했다고 돼 있다"며 "아이들이 초등학생이라고 했다가 말을 바꿨는데 초중고 어디에 속하는 학생인가"라고 캐물었다.

이 질문은 허위였다. 최소한 검찰의 일방적인 주장이었다. 여름방학 당시 조민 씨의 봉사활동은 어학교육원에서 진행한 프로그램 전반에 대한 것이었지 "중고생 대상으로 영어 에세이 수업을 했다"라고 특정하지 않았다. 이 부분은 판결문에서도 "변호인은 조민이 2012년 여름방학에 동양대에서 영주 지역의 중학생 및 고등학생 또는 동양대 교직원들의 초중학생 자녀를 대상으로 하는 강좌에서 봉사활동을 하였으므로, 동양대 총장 표창장에 기재된 사항이 허위가 아니라고 주장한다"[3]고 명기해놓고 있다.

---

3 판결문 255p

즉, 조민 씨 봉사활동에 대한 변호인의 주장은 '영주 지역 중고생'과 '동양대 교직원의 초중학생 자녀'로 초중고생이 모두 포괄되어 있었다. 그런데도 검사는 조민 씨의 봉사활동 대상이 중고등학생으로 특정되어 있는 양 질문해, 이○○ 씨가 검사의 질문에 따라 초등학생을 중고생으로 답변을 바꾸고 위증하는 듯한 인상을 주게 했다.

8월 27일 검사 반대 신문

문: 2012년 여름경에 봤다는 조민이 인솔했던 아이들이 초등학생이었나요, 중학생이었나요.

답: 어린 학생이었습니다.

문: 어린 학생이라면 초등학생 이하를 말하는 것인가요.

답: 제가 정확하게 기억은 안 나는데 제가 본 것은 중학생들 같은 아이들도 있었고, 그런 아이들을 인솔할 때도 있었고, 어린아이들을 인솔할 때도 있었고 그랬었습니다. 정확하게 제가 그 날짜가, 그날 제가….

문: 지금 변호인 신문 사항에 2012년 여름경 조민을 봤고, 조민이 몇몇 친구들과 함께 아이들을 인솔하는 것을 봤다고 말을 했고, 인터뷰까지 했습니다. 그래서 물어보는 것입니다. 처음에는 초등학생이라고 했다가 말을 바꿨는데 조민이 인솔한 아이들이 당시 초등학생이었나요, 중학생이었나요, 고등학생이었나요.

답: 제가 기억하기로는 아주 어린 아이들은 아니었습니다.

문: 아주 어린 아이들이 아니면 몇 살 정도 돼 보이는 아이들이었나요.

답 : 초등학생은 아니고 한 중학생 정도 되어 보였습니다.

문 : 중학생을 조민이 데리고 커피숍에 와서 커피를 마시고 했다는 말인가요.

답 : '와서 커피를 마셨다'가 아니라 인솔하고 다니고 아이들이 과자 사는데 옆에 서 있고 그냥 이야기하는 것을 봤다는 것입니다.

문 : 그때 원어민 교수도 같이 있었나요.

답 : 원어민 교수도 그쪽 옆에 있었던 적도 있습니다.

문 : 원어민 교수도 같이 있었나요.

답 : 예.

문 : 결국 본 것은 맞다는 말이지요.

답 : 예. 맞습니다.

문 : 그 당시 조민이 튜터 활동을 하였다는 것은 원어민 교수가 있는 강의가 아니었고, 그때 영주 중고등학생들을 대상으로 영어 에세이 수업을 하는 과정이었는데, 조민이 이 학생들을 데리고 인솔하고 다녔다는 것을 본 것은 사실이라는 말이지요.

답 : 예. 맞습니다.

재판부는 이 부분을 잡아 "이○○은 변호인의 주신문에 대해서는 조민이 어린 학생들을 인솔하는 것을 보았다고 답변하였으나, 검사의 반대 신문에 대해서는 조민이 중학생 정도 되는 학생들을 인솔하였다고 답변함으로써 앞서의 진술을 번복했다[4]"며 이○○ 씨의 증언을 배척하는 이유로 삼았다.

재판부는 또한 "2012년 여름방학 중에 중고등학생을 대상으로 하는 영어캠프가 실시되었음을 뒷받침하는 증거가 없는 점, 조민은 2012년 8월 중순부터 같은 달 31일까지의 기간 중에 서울 또는 부산에 있었던 점에 비추어 보면, 이○○의 위 진술은 사실과 다른 것으로 판단된다[5]"며 이○○ 씨의 증언을 완전히 부정해버렸다.

그리고 이○○ 씨의 증언을 부정하는 데도 카드 사용 내역을 들이댔다. "조민 씨가 혼자 자신이 운영하는 카페DYU를 방문한 적도 있다고 진술했으나 카페DYU에서 조민 씨가 결제한 내역이 존재하지 않는 점에 비추어 이○○의 위 진술을 믿기 어렵다[6]"는 것이다.

아무래도 검찰과 재판부는 '무릇 인간이라면 어디를 가든 자신이 방문했다는 흔적을 반드시 카드 결제 기록으로 남겨야 한다'고 생각하고 있는 것으로 보인다. 카페에 가서 차를 마시지 않고 있다가 그냥 나올 수도 있고, 이○○ 씨가 계산을 받지 않았을 수도 있다. 조민 씨에 대한 이○○ 씨 진술의 분위기를 보면 그럴 가능성은 차고도 넘친다. 실제로 이○○ 씨는 조민 씨에게 머그컵을 선물하기도 했다고 얘기한 적도 있다.

---

4 판결문 257p
5 위와 같음
6 판결문 258p

1부 검찰이 지워버린 표창장의 진실

'봉사활동' 직접 목격한
원어민 교수

재판부가 배척한 증인 중 가장 중요하고 결정적인 증인이 원어민 강사였던 키르기스스탄 국적의 지○○ 교수였다. 지○○ 교수는 2012년 3월부터 2014년 2월까지 동양대 어학원 교수로 있으면서 2012년 8월 ACE 키즈캠프의 업무를 돕고 있던 조민 씨를 직접 목격한 유일한 증인이었다.

지○○ 교수가 공판에 출석했던 2020년 9월 8일은 재판이 막바지로 치닫고 있을 무렵이었다. 이전까지 검찰과 재판부는 "조민 씨가 어머니를 도와 봉사활동을 했다는 것을 알고 있었다", "여름방학 동안 학교에서 조민 씨를 자주 봤다"고 증언한 증인들에게 봉사활동을 하는 것을 직접 봤는지 여부를 집요하게 물었다. 그러나 모두 직접 보지는 못했다.

그런데 전해 듣기만 한 것도 아니고, 학교에 있는 것만 본 것도 아니고, "어학교육원 프로그램에서 봉사활동을 하는 것을 직접 봤다"는 증인이 나타난 것이다. 더구나 검찰은 지○○ 교수의 증언을 변변히 반박하지도 못했다. 정경심 교수 측 변호인단과 관계자들, 그리고 정 교수의 무고함을 믿고 있던 시민들은 이것으로 재판은 끝났다고 생각했다.

그러나 재판부는 지○○ 교수의 증언을 아주 간단히 밟아버렸다. 그 논리와 방법도 지극히 폭력적이었다. "지○○ 교수가 봤다는 것은 봉사활동으로 볼 수 없다"는 것이었다.

지○○ 교수는 공판에서 "2012년 7~8월 동양대 어학교육원에서 개최한 어린이 영어캠프가 끝날 무렵, 정 교수 딸 조민 씨를 학교에서 봤다"

고 증언했다. 지○○ 교수는 "정 교수가 연구실에서 딸이 일하고 있으니 도와주라고 하여 가보니 여성분이 일하고 있어서 정 교수 딸이라고 생각했다"고 말했다. 그러면서 "(조민 씨가) 정 교수 사무실에서 일하는 것을 봤는데 서류를 준비하고 있었다"며 "캠프를 마감하며 수강 학생들의 이름을 수료증에 프린트해서 나눠줘야 해서 한글과 영문 이름을 확인하는 과정이었다"고 설명했다.

지○○ 교수 변호인 증인 신문

문: 2012년 여름 어린이 영어캠프에서 피고인의 딸을 본 적이 있는가요.

답: 그때 캠프 도중에 보지는 않았습니다. 다만, 캠프가 거의 끝나갈 무렵에 피고인의 사무실에서 일하고 있는 모습을 보았는데 서류를 준비하고 있었습니다. 왜냐하면 그때 당시 캠프를 마감하면서 수강 학생들 이름을 일일이 수료증에 프린트를 해서 나눠줘야 하는 시점이었기 때문에 한글과 영문으로 이름들이 들어가야 했고 그것을 확인하는 과정이었습니다.

문: 증인이 피고인의 사무실에서 피고인의 딸을 목격하기 이전에 피고인의 딸을 소개받은 적이 있는가요.

답: 기억나지 않습니다.

문: 피고인의 사무실에서 인증서 관련된 일을 하고 있던 여성을 보았을 때 '아, 이 사람이 피고인의 딸이다'라고 바로 알아보았는가요.

답: 제가 스스로 알아본 것은 아니고 그때 피고인께서 저에게 '지금 사

무실에 딸이 수료증 프린트하는 일을 하고 있으니까 가서 도와줘라'라는 지시를 해서 가보니까, 그 여성분께서 일을 하고 있었기 때문에 피고인의 딸일 것이라고 추측할 수 있었습니다. 그때 당시 피고인과 제가 동행을 해서 갔는지는 기억이 잘 나지 않습니다.

검사는 다른 질문이 이어지던 중 지○○ 교수의 증언을 조민 씨를 본 적은 없고, 단지 여학생이 있길래 정 교수의 딸로 '추측'했다는 의미로 재해석한 후 다른 질문의 중간에 기습적으로 다시 물어봤다. 그러나 지○○ 교수는 검사의 핵심 의도였던 '추측'의 의미를 완전히 부인했다.

지○○ 교수 검사 반대 신문

문: 증인이 아까 2012년 ACE키즈캠프에서 '조민을 본 적은 없다. 다만 끝날 무렵에 어떠한 여학생으로 보이는 사람이 무슨 작업을 하고 있어서 그냥 정경심 교수의 딸이라고 추측하였다'라고 증언한 취지가 맞나요.

답: 추측이라고 할 수는 없을 것 같습니다. 왜냐하면 정 교수가 '사무실에 가면 내 딸이 일하고 있다. 가서 도와줘라'라고 했고, 가보니 말한 그대로의 모습을 보았기 때문에 '그분의 딸이다'라고 알았다고 생각합니다.

지 교수의 증언은 완벽했다. 연구실의 여성이 조민 씨라는 것을 분명히 인식했고, 조민 씨가 "엄마 연구실에 있다가 일을 주면 했다"고 했던 진술대로 장소도 정 교수 연구실이었으며, "캠프를 마감하며 수강 학생들의 이름을 수료증에 프린트해서 나눠줘야 해서 한글과 영문 이름을 확인하는 과정"이었다며 조민 씨가 하고 있던 일의 성격도 명확히 밝혔다. 변호인단의 "2012년 여름방학 때 어학교육원의 프로그램 진행을 돕는 봉사를 했다"는 주장을 명확하게 입증하는 것이었다.

거기에 지○○ 교수의 증언은 이 사건에서 대단히 희귀한 '문건' 증거로도 뒷받침되고 있었다. 교양학부 소속으로 2012년 여름방학 당시 ACE키즈캠프에 지원 나갔던 이○○ 조교가 작성해놓은 업무 일지가 있었다. 이 일지의 8월 14일(화) 기록에는 예정 업무에 "2. 캠프 마지막 날 수료증 준비"라고 적혀 있다. 지○○ 교수가 말한 명단 확인 작업은 '수료증 준비' 작업의 사전 단계였다.

당시 ACE키즈캠프는 영어캠프답게 수료증도 한글과 영문을 함께 넣어 작성했고 이름도 한글과 영문을 함께 표기했다. 이에 따라 영어를 잘하는 인력이 필요했지만 당시 조교와 봉사 학생들은 그 수준에 미치지 못했고, 그 작업을 조민 씨와 지 교수가 맡아서 했던 것이다.

더욱 중요한 것은 일지가 작성된 8월 14일이었다. 이날은 프로그램 종료일인 17일의 사흘 전으로 지○○ 교수가 말한 "어린이 영어캠프가 끝날 무렵"이라는 시기와 일치하고, 검찰이 "조민 씨가 서울에 있지 않았던 날"로 지목했던 세 개의 날짜(8월 1일, 7일, 14일) 중의 하나였다.

이것 하나로 '2012년 여름방학 봉사활동'은 충분히 입증할 수 있는 증언과 증거였다. 그러나 재판부는 "명단 확인은 봉사활동이 아니"라고 간단히 묵살해버렸다.

지○○은 이 법정에서, ACE키즈캠프 기간 중에 조민이 피고인의 연구실에서 캠프에 참가한 학생들의 명단을 확인하는 것을 1회 보았다고 진술하였는 바, 설령 위와 같은 지○○의 진술이 사실이라고 하더라도 조민이 ACE키즈캠프에 참가한 학생들의 명단을 확인한 것만으로 ACE키즈캠프에서 튜터로 봉사활동을 하였다고 인정할 수 없다.[7]

인정할 수 없는 이유는? 없다. 그 어떤 이유나 근거에 대한 설명 없이 "명단 확인은 봉사활동이 아니다"라고 판결을 내린 것이다. 재판부는 이른바 '7대 스펙'으로 불렸던 인턴확인서와 체험활동확인서 부분에서는 말이 되건 안 되건 그것을 인정하지 않는 이유와 근거라도 댔다. 그러나 여기서는 그마저도 없다.

재판부는 봉사활동의 주요 내용이었던 첨삭 기록도 정경심 교수가 두 대의 노트북을 오가며 작업한 것이라는 비상식적인 이유를 대며 배제했고, "아이들을 인솔하고 가는 것을 봤다"는 이○○ 씨의 증언은 아이들이 초등학생인지 중학생인지를 특정하지 못하고 진술을 번복했다는 이유로 배척했고, 시기와 장소와 증인이 확실한 영한문 명단 확인 작업은 아무런 이유 설명도 없이 불문곡직 막무가내로 "봉사활동이 아니다"라며 부정했다.

도대체 재판부가 생각하는 '봉사활동'이란 어떤 것인가? 뭘 어떻게 해야 봉사활동을 했다는 것을 증명할 수 있다는 말인가? 봉사활동을 했다

---

7 판결문 258p

는 기간 동안 일거수일투족을 CCTV로 찍어놓은 것을 보여주지 않는 한 봉사활동을 했다는 사실은 절대로 인정할 수 없다는 자세 아닌가?

2012년
표창장 발급

당시 입학처장이던 강○ 교수는 2012년 여름방학 동안 조민 씨가 학교에 머무는 것을 자주 봤다. 총장실에 인사를 다니고 나오는 모습도 봤고, 조민 씨와 함께 나오던 최성해 총장이 조민 씨에게 용돈을 줬다고 자랑하는 얘기도 들었다. 또한 정경심 교수로부터 조민 씨가 여름 프로그램에서 엄마를 도와주고 있다는 얘기를 여러 차례 들었다.

강○ 교수는 여름 프로그램이 끝나갈 무렵 입학처장실에서 동료 교수들과 얘기를 나누다가 조민 씨에게 표창장이라도 주자고 제안했다. 재학생과는 달리 수고에 보답할 방법이 없었기 때문이다. 함께 있던 동료 교수들도 모두 강 교수의 제안에 동의했고, 강 교수와 동료 교수들의 제안을 받은 정경심 교수가 최성해 총장에게 보고하고 승인을 받았다. 정 교수는 영어사관학교 개소식이 있었던 2012년 9월 7일 표창장을 전달받아 조민 씨에게 전했다.

추천 교수들의
'일관되고 구체적인' 증언

강○ 교수는 사태가 본격화되던 9월 6일 《YTN》 인터뷰를 통해 자신이 표창장 수여를 제안했으며, "표창장이 거창한 것이 아니라 그저 수고했다는 의미를 담고 있는 격려 차원의 봉사상 같은 것"이었고, "지방에 있는 대학이어서 외부 사람을 쓰기 여의치 않아 정 교수가 영어에 능숙한 자신의 딸을 쓴 것으로 보인다"고 적극적으로 해명했다. 그리고 1년 뒤인 2020년 9월 8일 공판에 증인으로 출석해서도 조금의 차이도 없이 그대로 증언했다.

또한 교양학부장이던 장경욱 교수와 학부 교수였던 김○○ 교수 역시 강○ 교수와 같은 취지로 당시 상황을 전했고, 장경욱 교수의 경우 언론 인터뷰의 내용과 법정 증언이 전혀 차이가 없었다.

2019년 9월 6일 강○ 교수 《YTN》 인터뷰

조국 법무부 장관 후보자 딸의 동양대 표창장이 조작됐다는 의혹이 제기된 가운데 자신이 직접 표창장 수여를 추천했다는 동료 교수의 증언이 나왔습니다.

현재 동양대학교에 재직 중이라고 밝힌 A교수는 YTN과의 통화에서 조국 후보자 딸이 지난 2012년 영어 교육 관련 봉사활동을 할 때 기특하다는 생각을 해 자신이 직접 조 후보자 부인인 정경심 교수에게 표창장 수여를 제안했다고 밝혔습니다. A교수는 그러면서 표창장이 거창한 것이 아니라 그저 수고했다는 의미를 담고 있는 격려 차원의 봉사상 같은 거라고 설명했습니다. A교수는 지방에 있는 대학이어서 외부 사람을 쓰기 여의치 않아 정 교수가 영어에 능숙한 자신의 딸을 쓴 것으로 보인다고 덧붙였습니다.[8]

9월 8일 전 입학처장 강○ 교수 검사 증인 신문

문: 증인은 동양대 장경욱 교수에게 조민의 봉사활동에 대한 이야기를 하면서 '조민에게 상을 주자고 내가 추천했다' 이렇게 말한 적이 있나요.

답: 제가 권하였습니다.

문: 장경욱 교수에게 증인이 조민의 봉사활동에 대해서 알고 있는 내용, 그리고 조민에게 상을 주자는 추천 관련 내용에 대해서 뭐라고 이야기했었는지 진술해줄 수 있나요.

답: 제가 있는 그대로 말씀을 드리면 '서울에서 내려와서 너무 고맙다'. 정경심 교수는 제 사무실에 와서 매번 '학교에서 아무도 안 도와준다', 그래서 불평불만이 굉장히 많았습니다. 저도 상당한 스트레스를 받고 있었고. 그런데 '딸이 도와줘서 그나마 일을 잘하고 있다' 이 이야기를 수차례 들었습니다. 그래서 그 당시에 그 이야

---

8 https://www.ytn.co.kr/_ln/0101_201909052159367009

기를 할 때마다 '아유, 참 기특하다. 고맙다. 어떻게 그런 딸을 뒀느냐' 하면서, 거기(입학처장실)에 항상 교수님들이 있었으니까 '학교에서 뭔가 보답을 해줘야 되는데 돈을 줄 수 없고 우리가 해줄 수 있는 건 봉사상밖에 없다. 봉사상이라도 줘서 보람이라도 있게 해주자' 그런 이야기를 제가 하였습니다.

9월 8일 김○○ 교수 검사 증인 신문

문: 조민에 상을 주자는 이야기가 교수들 사이에서 나온 적 있나요.

답: 네. 제 기억으로는 8말경인 것 같습니다. 오랜만에 만났을 당시 인문학 프로그램, 풍기문란 인문학에 선정되어서 운영에 대해 정기적으로 논의하는 자리였습니다. 강○ 교수가 입학처장으로서 입시홍보 차원에서 잘하거나 적극 참여한 학생을 추천하는 등 그런 자리가 잦았습니다.

문: 조민을 동양대에서 본 적 있나요.

답: 직접 본 적은 없습니다.

답: 상 주자는 이야기를 할 때 누가 자리에 있었나요.

답: 강○, 현○○, 조○○, 현○○은 차기 입학처장이라 회의에 자주 참여했고, 상 주자고 누가 먼저 말했는지는 기억나지 않습니다.

문: 입학처장 강○으로부터 봉사상 건의 들었다고 주신문에서 말했는데, 누가 추천했는지 정확히 기억 안 나나요.

답: 강○일 수도 있는데 정확한 기억은 나지 않습니다.

1부 검찰이 지워버린 표창장의 진실

7월 25일 장경욱 교수 검사 증인 신문

문: 추천을 누가 했다는 것인가요.

답: 제가 이 말씀을 드린 이유는 아까 들은 기억이라고 생각했는데 나중에 IBT 토플 생각을 해보니 그 자리가 강○ 교수와 정경심 교수가 어디선가 그 얘기를 나누다가 제 자리로, 저한테 와서 있었던 자리라서.

(중략)

문: 당시 정경심 피고인이 '민이가 여름방학 내내 고생했다' 이렇게 말한 걸 들었다고 했는데, 방금도 그런 취지로 증언했는데, 맞는가요.

답: 예. 강○ 교수와 둘이 같이 그런 식으로 얘기했습니다.

장경욱 교수 변호인 반대 신문

문: 조민이 동양대학교에서 봉사활동을 했는지, 표창장을 받았는지 여부와 관련하여 증인이 검찰에서는 피고인으로부터 그런 얘기를 들었다고 진술했는데, 피고인으로부터만 들었나요, 아니면 피고인 외의 다른 사람으로부터도 그런 이야기를 들었나요.

답: 강○ 교수하고 얘기를 많이 했는데 강 교수는 '틀림없다, 자기가 추천했다' 이 정도까지를 들었기 때문에 제가, 저도 그 기억이 있어서 이건 다른 가능성이 없다고 판단하고 있습니다.

재판부는 이러한 구체적인 증언에도 불구하고 표창장 발급을 추천했다는 교수들이 "실제 발급 여부는 모른다"고 진술했다는 이유로 동료 교수들의 증언을 2012년 표창장 발급을 입증하는 근거로 채택하지 않았다. 판결문의 해당 내용은 아래와 같다.

강○, 김○○, 장경욱은 이 법정에서 동양대 교수들 사이에 조민에게 표창장을 주어야 한다는 대화가 있었다는 취지로 진술하였으나, 강○은 최성해가 표창장을 실제 발급했는지의 여부는 모른다고 진술하였고, 김○○은 표창장 발급과 관련하여 최성해와 이야기한 적은 없다고 진술하였으며, 장경욱은 당시 해외 거주 중이라 동양대 표창장 발급에 관하여 모른다고 진술하였다.[9]

이 교수들의 증언 취지는 조민 씨가 봉사활동을 했고 교수들의 제안과 추천으로 표창장이 발급됐다는 것이었다. 그런데 재판부는 교수들의 증언에서 앞부분은 빼고 뒤의 '발급 여부까지는 모른다'는 부분만 잘라 판단의 근거로 인용했다.

하지만 위 교수들의 관련 증언은 이렇게 간단히 부정할 성격의 것이 아니었다. 최성해 총장의 증언에 대해 재판부가 반복해서 강조했던 '구체적이고 일관된 진술'은 바로 이 세 교수들의 증언에 대해 붙여야 할 평가였다. 이들 교수가 입을 맞추어 허위 증언을 모의할 이유도 없었고, 그런 정황도 근거도 없었다.

---

9 판결문 238~239p

더구나 최 총장이 조국 전 장관에게 불리한 증언을 할 이유에 견주어 볼 때, 이들이 정경심 교수에게 유리한 증언을 할 이유는 전혀 없었다. 그럼에도 이들은 2019년 9월 당시 매체를 통한 증언과 재판정에서의 법정 증언에 이르기까지 모든 진술이 그야말로 '구체적이고 일관'됐으며, 세 교수 사이의 증언도 구체적으로 일치했다.

표창장 발급을
기안할 직원이 없었다?

동양대 표창장이 논의되고 발급되던 시기는 2012년 8월 17일부터 9월 7일까지다. 이 당시 어학교육원 근무자는 김○○ 조교밖에 없었다. 김 조교는 현재 미국에 거주하고 있어 조사를 할 수도, 증인으로 부를 수도 없었다. 검찰이 조사한 직원과 조교들은 모두 당시 근무하지도 않았던 관계자들이었다. 검찰은 이들을 상대로 "어학교육원에 근무하는 동안 최우수봉사상을 수여하는 내용의 표창장을 본 적이 없으며 정경심 교수로부터 표창장이 수여됐다는 말을 들은 적도 없다"는 진술을 받아냈고, 재판부는 이 증언들을 모두 "2012년에 표창장이 발급된 적 없다"는 판단의 근거로 받아들였다. 알 수 없는 증인들에게 물어보고 "모른다"는 답을 얻어낸 뒤 그것을 표창장을 발급한 적 없다는 증거로 삼은 것이다.

재판부는 이 중 배○○의 증언을 인용해 "(표창장의 발급일인) 2012년 9월 7일 당시 어학교육원에 상근하는 직원이 없었고, 조교가 1명 있었으나 조교들은 단순한 심부름만 하였을 뿐 공문의 기안 업무를 담당하지 않았으며, 전임자인 배○○이 해당 조교에게 공문 기안 업무를 가르치지 않았다"[10]는 것을 또 다른 근거로 삼았다.

즉, 표창장을 발급받기 위해서는 기안 작업이 필요하고 이 작업은 조교들이 할 수 없고 행정 직원만 할 수 있는데, 표창장 발급 당시는 직원 없이 조교만 근무하고 있었으므로 표창장 발급 업무가 불가능했다는 얘기다.

그러나 우선 짚어봐야 할 것이 있다. 2012년 9월 7일이 영어사관학교 개소식이 있던 날이라는 사실이다. 영어사관학교 개소는 정경심 교수가 원장으로 있는 어학교육원이 진행했다. 만일 어학교육원에 행정 직원이 근무하지 않아 서류 기안을 할 수 없었다는 판결문의 논리라면 그때 영어사관학교도 개소될 수 없었다. 하지만 현실에서 영어사관학교는 그날 개소했다.

또한 직원이 없던 9월 1일부터 24일까지는 2학기 개강 직후로 어학교육원에서는 2학기 강좌들을 개설한 뒤 홍보, 접수, 환불 등의 업무를 수행하는 기간이다. 서류 기안 없이는 진행될 수 없는 일들이다. 서류 기안을 근거로 표창장이 정상 발급될 수 없었다는 논리가 맞는다면, 영어사관학교 개소와 어학교육원 특강도 있을 수 없는 일이었다.

행정 직원 없이 조교만 있는 경우 기안 작업은 어떻게 이루어지는가? 이는 검찰이 직접 공판 과정에서 보여준 바 있다. 검찰이 재판에서 제시한 기안문 중에는 담당자 이름이 없는 기안문들이 있었다. 그것이 행정 직원은 없고 조교만 있을 때 서류를 기안하는 방법이다. 직원이 없는 부서에서

---

10 판결문 239p

는 조교가 실제 기안문을 만들되 담당자명에 이름을 넣지는 못한다. 공란으로 비우거나 교수 이름을 대신 쓴다. 조교가 기안하는 방법을 모르거나 조교마저 없는 경우라면 다른 행정 직원이 대신 작업해주기도 한다.

2012년 9월 7일 당시 근무하던 조교에게 공문의 기안 업무를 가르치지 않았다고 증언한 배○○도 후임자가 오기 전 어학교육원에서 서류 기안을 도운 적이 있다. 그 경우도 마찬가지다. 그가 기안문을 작성하지만 공식 소속은 아니기에 이름을 넣지는 못한다.

따라서 "공문을 기안할 사람이 없었기에 표창장이 정상 발급되었을 수 없다"는 재판부의 판단은 일반적인 대학의 업무 처리 방식, 최소한 동양대의 처리 방식을 전혀 도외시한 것이며, 검찰이 공판정에서 보여준 사례조차 무시한 것이다.

주민등록번호가 들어간 표창장

위조 여부를 다투고 있는 표창장은 2013년에 재발급된 표창장이다. 이것은 2012년에 발급된 표창장의 양식과 내용을 그대로 이어받고 있다. 검찰과 재판부는 표창장의 양식이 일반적인 동양대의 상장 양식과 다르다는 최성해 총장의 주장을 바탕으로 표창장이 위조됐다고 판단했다.

그중 가장 대표적인 것이 주민등록번호가 들어가 있다는 점이다. 이 사건을 거치면서 이런저런 이유로 제시됐던 다양한 동양대의 상장과 수료증과 표창장들에는 주민등록번호가 들어 있지 않다. 따라서 조민 씨의 표창장에 주민등록번호가 들어가 있는 것은 대단히 특징적이다. 그러나 조민 씨 표창장의 특징인 주민등록번호 표기는 2012년 표창장 발급 사실을 입증하는 근거가 되기도 한다.

2012년 여름방학 당시 어학교육원에 근무하던 인력은 김○○ 조교가 유일했다. 따라서 2012년 표창장은 이 김○○ 조교가 발급했을 것으로 강력하게 추정되지만 미국에 거주하고 있는 관계로 조사나 증인 출석이 불가능하다. 그래서 ACE키즈캠프 지원을 위해 어학교육원에 파견 나와 있던 이○○ 조교와 정경심 교수가 어학교육원장을 맡을 당시 행정 직원이었던 오○○ 팀장은 카카오톡으로 김 조교와 대화하면서 당시 상황을 파악했다. 오 팀장은 이 내용을 법정 증언으로 진술했으나 재판부는 김 조교는 조사 대상도 아니었다며 아예 참고조차 하지 않고 무시해버렸다.

김○○ 조교는 당시 상황에 대해 수료증으로만 기억하는 가운데 "수료증에 학생들 주민등록번호와 학교 이름이 들어갔다"고 말했다. 김 조교가 근무하는 기간에 발급된 상장 종류는 인문학영재 프로그램 상장과 조민 씨의 표창장이 전부다. 그러나 주민등록번호가 들어간 것은 조민 씨 표창장이 유일하다. 또한 김 조교는 "수료증을 프린터 후 본관에서 가서 도장을 받아온 기억이 있다. 도장은 본관 선생님이 찍어주셨다"고 말했다. 오○○ 팀장은 이후 재차 생년월일과 주민등록번호 여부를 확인해 김 조교로부터 "주민등록번호가 확실하다"는 답을 받았다.

8년 전의 기억이라는 한계를 감안한다면 수료증과 상장과 표창장, 그리고 생년월일과 주민등록번호에 대한 기억이 혼재된 가운데 김○○ 조교가 주민등록번호가 들어간 조민 씨의 표창장을 발급한 것이 사실일 가능성이 매우 크다.

최성해만 모르는
조민 씨 봉사활동

최성해 총장을 비롯해 정경심 교수와 가까웠던 동양대 교수 및 관계자들은 모두 "정경심 교수가 딸 자랑을 많이 했다"고 얘기하고 있다. 그런데 하나 차이가 있는 것은 다른 교수들이 들은 정 교수의 딸 자랑에는 "엄마를 많이 도와준다"는 내용이 반드시 포함되어 있는데, 최 총장은 "자랑을 많이 했다"면서도 "엄마를 도와준다거나 봉사를 했다는 얘기는 들은 적이 없다"고 한 것이다.

특히 2012년 여름방학 기간 동양대에서 조민 씨를 본 교수들과 관계자들은 조민 씨가 엄마를 돕고 있다는 것을 분명하게 인식했던 반면, 최 총장은 그 기간 동안 조민 씨를 직접 보고, 함께 식사도 하고, 용돈까지 줬으면서도 봉사활동을 했다는 것은 까맣게 몰랐다고 주장하고 있다.

"딸이 도와준다"
부담될 정도로 들었다

조민 씨가 엄마를 많이 도와준다는 사실을 가장 많이 들었던 사람은, 조민 씨를 실제로 자주 보기도 했고, 정경심 교수로부터 "학교에서 인력 지원을 해주지 않는다"는 하소연을 가장 많이 들었던 당시 입학처장 강○ 교수였다. 당시 입학처장실은 동양대에서 인문학 프로그램을 발전시키고, 지역사회에 봉사하는 프로그램을 의욕적으로 추진하려고 했던 교수들의 사랑방 역할을 했다. 또한 교양학부와 어학연구소에서 진행하던 각종 프로그램에 대한 논의가 수시로 이루어진 곳이기도 했다.

입학처장실은 대학 본부에 위치하고 있어 최성해 총장과 용무가 많았던 정경심 교수도 자주 들러 이런저런 하소연을 했다. 강○ 교수는 동양대 진상조사위 조사에서 "(정경심 교수가 딸에 대해) 상당히 조금 피곤할 정도로 자랑을 많이 했다"고 말했다.

동양대 진상조사위 조사, 강○ 교수 증언

권○○ 위원장(이하 '권'): 그러면 인문학 콘서트를….

강○ 교수(이하 '강'): 예. 이런 프로그램을 저한테 가져다주고 우리 아이도 오고 하면서 그 와중에, 정경심 교수가 오셔 가지고 본관을 굉장히 자주 오셨어요. 그러면서 조민도 데리고 오고 또 인사도 하고. 그러니까 정경심 교수가 하시는 말씀이 "아이가 굉장히 많이 도와준다, 이 프로그램에….

남자1(이하 '남'): 응, 응. 그때 시작이 언제죠?

강: 그게 이제 정확히는 모르지만… 이때지, 한창 이럴 때죠. 이런 프로그램 운영할 때.

(중략)

남: 추천했는지는, 추천했는지는 기억 안 난다?

강: 권했다니까. 그렇게 자랑을 하니. 그리고 뭐 다른 교수들도 '아휴, 그렇게 기특한데 그러면 뭐 월급은 주냐' …맞아. 이런 얘기했어. '월급은 주냐', '월급 없다', '그런데도 며칠씩 와서 기거하면서 하니 그러면 학교에서 뭐라도…'.

남: 그거는 뭐 기거할 일은 어쨌든 본인 얘기를 들은 거죠.

강: 자기, 정경심 교수가 자랑을 많이 했다니까.

강○ 교수 검사 증인 신문

문: 장경욱 교수에게 증인이 조민의 봉사활동에 대해서 알고 있는 내용, 그리고 조민에게 상을 주자는 추천 관련 내용에 대해서 뭐라고 이야기했는지 진술해줄 수 있나요.

답: 제가 있는 그대로 말씀을 드리면 '서울에서 내려와서 너무 고맙다'. 정경심 교수는 제 사무실에 와서 매번 '학교에서 아무도 안 도와준다'고 그러면서 불평불만이 굉장히 많았습니다. 저도 상당한 스트레스를 받고 있었고. 그런데 '딸이 와서 도와줘서 그나마 일을 잘 하고 있다' 이 이야기를 수차례 들었습니다. 그래서 그 당시에 그 이야기를 할 때마다 '아유, 참 기특하다. 고맙다. 어떻게 그런 딸을 뒀느냐' 하면서 거기에 항상 교수님들이 있었으니까 '학교에

서 뭔가 보답을 해줘야 되는데 돈을 줄 수는 없고, 우리가 해줄 수 있는 것은 봉사상밖에 없다. 봉사상이라도 줘서 보람이라도 있게 해주자' 그런 얘기를 제가 했습니다.

문: 그것을 장경욱 교수한테 이야기하였다는 것인가요.

답: 장경욱 교수한테도 했고 그 주변에 많이 있었으니까요. 여러 교수가 들었겠지요.

"조민 씨 봉사활동, 최 총장이 모를 수 없다"

앞서 보았던, 최 총장의 조카이자 2012년 당시 어학교육원 건물 매점을 운영하고 있던 이○○ 씨의 증인 신문에도 "정경심 교수와 조국 교수의 자제분이라고 총장님(최성해)한테 소개를 받았기 때문에", "여름인데 일하기 힘들지 않느냐고 물었다", "엄마 일을 돕고 있다고 했다", "아이들을 인솔했고, 원어민 교사들과 수업 내용도 이야기했다"는 등의 증언이 담겨 있다.

이○○ 씨는 2019년 9월 10일 〈TBS 김어준의 뉴스공장〉 인터뷰에서 "조민 씨가 봉사활동한 것을 총장이 절대 모를 수 없다"고 단언하며 "여름방학 동안 최 총장과 정 교수와 조민 씨가 테이블에 앉아 얘기하는 것을 봤다"고 말하기도 했다.

김어준(이하 '김'): 최근에 총장님이 인터뷰를 여러 군데에서 하시는데 어떤 취지의 인터뷰를 하셨냐면, 그 '인문학 프로그램은 봉사자가 필요 없고 본인은 조 후보자 딸을 본 적이 없다'라고 최근에 인터뷰를 하셨어요. 총장님이 그걸 모를 수가 있을까요?

이○○(이하 '이'): 절대 모를 수가 없죠.

김: 왜 그렇게 생각하십니까?

이: 총장님이 정 교수님 딸을 워낙 예뻐했던 걸로 알고 있거든요.

김: 어떤 근거로 그렇게 생각하신 건지 사례를 알려주시면요.

이: 셋이서 같이 이야기한 것도 봤고요.

김: 아, 정 교수님과 총장님과 따님이.

이: 테이블이 있는데 그쪽에서 같이 이야기하는 걸 봤거든요.

김: 무슨 이야기를 했는지 모르겠지만 그 기간에 그렇게 셋이 앉아 있는 걸 봤는데, 그럼 왜 왔냐고 물어봤을 테고 당연히 봉사활동 때문에 왔다고 했을 텐데, 그걸 본 적이 없다고 하는 게 나는 납득이 안 간다는, 이런 취지의 말씀이시네요.

이: 그렇죠. 워낙에 작은 동네다 보니까 이 동네에서는 소문도 빨리 나고 그런 게 많아서 같이 밥도 사 먹이고 그랬다고 알고 있거든요.[11]

　이○○ 씨는 법정 증언을 통해 위의 인터뷰 내용이 사실이라는 것을 다시 확인했다.

11　TBS 김어준의 뉴스공장(2019.09.10.) https://tbs.seoul.kr/cont/FM/NewsFactory/interview/interview.
　　do?programId=PG2061299A

무조건 부인으로 일관했던
최성해 총장

그런데 유독 최성해 총장만은 "정경심 교수가 자랑을 많이 했다"고 하면서도 "봉사활동에 대해서는 전혀 들은 적이 없다"고 딱 잡아뗐다. 정교수가 자녀들에 대해 오만 자랑을 다 하면서도 엄마를 돕는다거나 학교 프로그램을 지원한다거나 하는 얘기는 전혀 하지 않았다는 것이다.

최성해 검사 증인 신문

문: 증인은 검찰 조사 시 '정경심 교수가 평소 애들 자랑을 했고, 만약 조민이 엄마가 지도 교수로 주관하는 프로그램의 튜터로 활동하거나 조원이 그 프로그램의 수강생으로 참가했다면 정경심 교수가 저에게 자랑을 했을 것입니다'라고 진술했는데, 검찰 조사 당시 기억나는 대로 사실대로 진술하였지요.

답: 예.

문: 정경심 피고인이 평소 증인에게 조민, 조원에 대해 자랑을 했다고 하는데, 구체적으로 어떤 내용으로 자랑하였는지 기억나는 것이 있나요.

답: 자랑은 여러 가지 많습니다. 조민이가 생활하는 데 있어서 원이를 잘 케어하고, 둘이 또 너무 다정다감한 모습이, 저도 보기 좋았지만 그것도 정경심 교수님이 많은 자랑을 하였습니다.

그런데 최성해 총장의 이런 증언은 "표창장 내가 내준 적 없다. 내가

1부 검찰이 지워버린 표창장의 진실

모르면 없는 것"이라는 주장 외에는 죄다 부인하고 부정하는 가운데 나온 증언이다. 최 총장은 2012년 여름방학 때 조민 씨를 동양대에서 봤다는 것도 "보긴 봤는데 시기가 기억 안 난다"고 발뺌을 하다가 "용돈을 줬다" 부분에서 어쩔 수 없이 시인했다. 그 사실은 최 총장이 직접 강○ 교수에게 자랑을 했던 것이기 때문이다.

최성해 변호인 반대 신문

문: 2012년 여름방학 때 동양대학교에서 조민에게 용돈을 좀 준 적이 있나요.

답: 예. 주었습니다.

문: 용돈 50만 원을 준 적이 있나요.

답: 50만 원이 아닙니다.

문: 그러면 얼마인가요.

답: 한 5만 원 정도 될걸요.

문: 증인은 당시 피고인이 보직 교수 회의하는 2시간 동안 증인의 사무실에서 조민과 대화를 나누었던 사실이 있나요.

답: 50분간 아닙니다. 잠시 인사하러 왔길래 제가 인사받고 그랬지요.

9월 28일 강○ 교수 변호인 증인 신문

문: 증인이 동양대학교에서 조민을 처음 본 시기는 증인이 입학처장 보직을 수행하던 2012년 여름이었지요.

답: 그때쯤으로 기억합니다.

문: 조민을 본 장소는 대학 본부 1층 본관에 있는 입학처장실 또는 그 입학처장실 바로 앞에 있는 복도였지요.

답: 예. 본관 입구 현관. 저희 처장실과 중앙 현관 그 사이로 제가 기억하고 있습니다.

(중략)

문: 대학 본부 2층에는 총장실이 위치해 있지요.

답: 예. 맞습니다.

문: 당시 조민은 총장실에서 최성해 총장을 만나고 나오는 길이었지요.

답: 제가 알기로는 그렇게 알고 있고요. 총장님이 저한테 '조민한테 용돈을 주었다'라는 말을 했어서 확실하게 기억하고 있습니다.

문: 이에 증인이 조민을 처음 만나고 조민에게 '네가 조민이냐. 그렇게 엄마를 도와줘서 기특하다. 예쁘다'라고 칭찬한 사실이 있지요.

답: 예. 칭찬했습니다.

이처럼 강○ 교수를 비롯해 장경욱, 김○○ 교수, 지○○ 교수, 카페 DYU 주인이자 최성해 총장의 조카인 이○○ 씨 등 2012년 여름방학에 동양대에서 조민 씨를 직접 봤거나 정경심 교수로부터 '딸 자랑'을 들었던 모든 교수들과 관계자들은, 정 교수가 "딸이 많이 도와준다"고 얘기하는 것을 (때로는 질릴 정도로) 들었다.

최 총장 역시 조민 씨를 자주 보고 식사도 사주고 용돈을 주면서까지 아꼈고, 정 교수로부터 자식 자랑을 많이 들었다. 또한 최 총장은 정 교수가 어학교육원의 인력 지원에 대해 여러 차례 고충을 호소했다는 사실까지도 인정했다. 그러나 정 교수가 오로지 "딸이 엄마를 많이 도와준다는 말은 절대로 하지 않았다"고 주장하고 있는 것이다.

동양대 표창장과
의전원 입학

동양대 표창장이 이토록 큰 사건으로 비화한 까닭은 소위 '위조'라는 행위가 주는 자극적인 속성도 있지만, 그보다 더 중요한 것은 조민 씨가 의전원에 입학했다는 데 있다. 사람들은 이 사건을 '동양대 표창장으로 의전원에 입학한 사건'으로 알고 있다.

좀 신중하게 생각하는 사람은 표창장 하나로 합격한 것은 아니겠지만, 영향을 미쳤을 것이라고 생각한다. 그보다 조금 더 신중하게 생각하는 사람이라면 아주 미미하게라도 영향을 미쳤을 것이라는 정도로 생각할 수도 있다.

그렇다면 실제로 부산대 의전원 입시에서 동양대 표창장이 어느 정도 영향을 미쳤을까?

조민 씨가 입학할 당시 부산대 의전원은 1단계에서 영어 20점, 대학 성적 30점, 서류 평가 20점 등 총 70점으로 30명을 선발하고, 2단계 면접 30점으로 최종 합격자 15명을 선발했다. 판결문은 조민 씨의 영역별 점수와 등수를 자세히 기록하고 있다. 이를 정리하면 아래 표와 같다.

단계	과목	점수	등위
1단계	영어	19.5	4
	대학 성적	14.73	24
	서류 평가	15.5	19
	합계	63.75	15
2단계	지성	14.33	5
	인성	14.33	1
	합계	28.66	3
최종		92.41	9

| 조민 입학 당시 부산대 의전원 영역별 평가 결과

종합하면, 1단계에서는 영어 성적이 매우 높았고 대학 성적과 서류 평가는 1단계 통과자 중에서도 낮은 점수를 얻었으며, 2단계 면접에서 매우 높은 평가를 받아 전체 등위에서 넉넉하게 합격권에 들었다는 것을 알 수 있다.

30명 중 19위,
높지 않았던 서류 평가

이 중 동양대 표창장이 가장 직접적으로 평가되는 부분은 1단계 서류 평가 부분이다. 판결문은 "대부분의 지원자들은 수상 내역 및 자격증을 기재하는 자기소개서 4항을 공란으로 두었고, 소수의 지원자만 자기소개서 4항에 수상 내역 및 자격증을 기재하였다"[12]고 하며 마치 동양대 표창장이 중요한 비중을 차지했던 것처럼 기록하고 있다.

그러나 조민 씨의 서류 평가는 최종 합격자 15명의 등위를 넘는 19등이었다. 판결문에서 기록한 대로 수상 내역을 기재한 학생이 희소한 상태에서 동양대 표창장이 중요한 비중을 차지했다면 납득하기 어려운 결과다. 동양대 표창장이 그다지 영향을 미치지 못한 것이다.

검찰은 이 부분에서 가장 중요한 증인이라고 할 수 있는 2015년 입시 당시 서류 평가위원장 김○○ 교수로부터 원론적인 수준 외에 의미 있는 진술을 이끌어내지 못했다. 오히려 김○○ 교수는 자신이 전형위원장을 맡았던 당시 "성적우수상을 받았던 학생이 한 명 있었는데 그 경우는 가치가 있었지만 나머지는 판단하기 어렵다"는 답을 들었다.

검찰은 동양대 표창장의 명목이 '최우수봉사상'인 데 주안을 두고 의전원 입시에서 중요한 덕목으로 보고 있는 '봉사정신'과 연결시키려고 했다. 그래서 부산대 의전원 교수들을 조사하면서 "의사에게는 봉사정신이 중요하고 의전원은 의사가 될 사람을 뽑는 것이니 봉사상을 받았다는 사실은 면접에서 가점 요인이 되지 않느냐"고 빠짐없이 물었다.

판결문은 부산대 의전원 입시에서 봉사정신이 차지하는 비중에 대해 아래와 같이 기록하고 있다.

---

12 판결문 333p

2015년도 부산대 의전원 입시의 평가위원들은 학생을 선발함에 있어 지원자의 인성과 봉사정신을 중요시하였고, 의료봉사뿐 아니라 의료 외의 봉사활동도 종합적으로 고려하여 지원자의 봉사정신을 평가하였다.[13]

2단계 면접,
표창장 보지도 않았다

동양대 표창장과 관련된 활동은 여기에서 말하는 '의료 외의 봉사활동'이다. 그러나 면접위원들이 동양대 표창장을 보고 의료 외의 봉사활동 여부를 평가하는 것은 불가능했다. 표창장 사본은 면접위원들에게 제공되지 않았기 때문이다.

따라서 면접위원들이 표창장과 관련해서 볼 수 있었던 것은 자기소개서에 기재된 '동양대학교 총장 표창장'이라는 딱 한 줄, 단 10글자밖에 없었다. 그걸 보고 봉사를 열심히 해서 받은 것인지 공부를 잘해서 받은 것인지 판단하거나 궁금해할 교수는 아무도 없었다. 면접위원들에게 '동양대학교 총장 표창장'은 관심 밖이었다. 관심을 가질 이유가 없었다. 판결문의 "의료 외의 봉사활동도 고려했다"는 것은 그냥 재판부의 억측일 뿐, 그런 고려가 조민 씨의 경우에도 해당된다는 근거는 전혀 없었다.

---

13 판결문 334p

5월 28일 신○○ 교수 변호인 반대 신문

문: 아까 검사님이 보여주신 조민의 자기소개서 중에 문제가 된 기재인데, 자기소개서를 보여주면서 '이에 대한 증빙서류로 표창장 사본을 제출한 사실을 증인이 확인하였나요'라고 물어보니까 증인이 그렇다고 대답했는데, 자기소개서로 확인한 것과 이 자기소개서에 증빙서류로 붙은 표창장을 확인한 것인지에 대해서 구별해서 말해 줄 수 있나요.

답: 저희가 면접을 들어갔을 때는 확인할 수 있는 서류가 따로 오지는 않았습니다. 그래서 서류에 그런 총장 표창이 있다는 사실만 봤었고, 제가 사본을 본 것은 검찰 조사를 작년 9월에 받을 때 검찰에서 봤습니다.

문: 면접 당시에는 보지 못했다는 것이지요.

답: 면접 당시에는 저희가 표창장을 사본을 따로 제시하지 않습니다.

동양대 표창장은 A4용지 4장 분량에 빼곡하게 적혀 있는 자기소개서에 "동양대학교 총장 표창장"이라고 딱 한 줄 적혀 있을 뿐이었다. '최우수봉사상'이라는 명목도 없었고 '동양대 인문학영재 프로그램의 튜터로 참여하여 자료 준비 및 에세이 첨삭 지도 등 학생 지도에 성실히 임하였기에 이를 표창함'이라는 내용은 더더욱 알 수 없었다. 검찰은 조민 씨가 받은 표창장의 명목이 최우수봉사상이라는 것을 혹시 요행이라도 면접위원들이 알고 있었기 바랐지만, 그런 기대에 부응한 부산대 의전원 교수는 한 명도 없었다.

신○○ 교수 변호인 반대 신문

문: 증인은 인성평가만 한 것이고, 서류 평가에서 '이것이 최우수봉사상이다'라는 부분이 드러나는지 여부에 대해서는 알고 있었나요. 아까 보았듯이 총장 명의의 표창장이라는 것은 드러나는데, 그것이 '최우수봉사상이다'라는 부분이 확인되었는지의 여부를 증인이 알고 있나요.

답: 총장 명의 표창이라는 것은 서류에 명시되어 있습니다. 그 내용이 자기소개서에 최우수봉사상이라고 없다면 제가 그것을 알 수는 없습니다.

검찰은 조민 씨가 가장 높은 평가를 받았던 '인성 영역' 면접에서 의료 외의 봉사활동에 해당하는 동양대 표창장이 영향을 미쳤다는 것을 입증하려고 했지만 이 역시 실패했다. 조민 씨가 인성 영역에서 높은 점수를 얻었던 이유는 검찰의 기대와는 달리 '의료봉사' 때문이었다. 인성 영역 면접을 맡았던 신○○ 교수는 이 점을 분명히 했다.

신○○ 교수 검사 증인 신문

문: 이와 같은 조민의 자기소개서를 읽어보고 '봉사활동 같은 내용이 잘 구성되어 있다. 좋게 잘 만든 자기소개서다'라고 진술을 한 바가 있지요.

답: 예. 그렇게 진술했습니다.

문: 케냐 의료봉사라든지 이런 의료봉사단체 설립 창단 활동, 이런 부

분들이 골고루 기재가 되어 있는 부분을 보고 한 진술이지요.

답: 예.

신○○ 교수 변호인 반대 신문

문: 조민의 자기소개서가 대체로 잘 구성이 되어 있다고 말을 하였던 가요.

답: 예. 그렇습니다.

문: '자기소개서 자체만으로 보면 상당히 잘 구성이 되어 있다'라는 것 은 다른 학생들과 비교한 관점인가요.

답: 예. '대학교 생활 동안 매 학년 의료봉사 활동이 너무 잘되어 있다' 제가 그런 말을 했습니다. 그런 정도로 의료봉사 활동을 하기가 굉 장히 어렵거든요.

'긍정적 요소'
마음대로 평가한 재판부

동양대 표창장과 관련해 증인으로 출석했던 부산대 의전원 교수들의 답변은, 서류 평가를 맡았던 김○○ 교수는 "위원에 따라서는 긍정적으 로 작용할 수 있다. 그러나 판단하기 어렵다", 지성 영역 면접을 맡았던 조○ 교수는 "모르겠다", 인성 영역 면접을 맡았던 신○○ 교수는 "의료 봉사 부분이 높이 평가됐다"였다.

특히 검찰은 어떤 면에서도 동양대 표창장과 관계없는 지성 영역 면접 을 담당했던 조○ 교수에게도 장황하게 질문했으나, 조 교수의 첫 답변은

"저한테 왜 이걸 요구하는지 모르겠다"였다. 그럼에도 불구하고 재판부는 동양대 표창장이 단계별로 큰 영향을 미친 것처럼 판단하고 판결문에서 이를 반복적으로 강조하고 있다.

- 동양대 총장 명의의 표창장은 조민에 대한 서류 평가에 긍정적인 요소로 작용했다.
- 위조된 동양대 표창장을 제출하지 않았다면, 서류 평가에서 15.5점보다 낮은 점수를 받아 1단계 전형에서 탈락하였을 가능성이 있다.
- 동양대 총장 표창장은 조민의 인성 영역 면접 고사에서도 긍정적인 요소로 작용하였다.
- 만약 조민이 자기소개서에 동양대 총장 표창장 수상 경력을 기재하지 않았다면 인성 영역에서 위와 같이 높은 점수를 받지 못하였을 것이고, 1단계 전형의 서류 평가에서도 15.5점보다 낮은 점수를 취득하였을 것으로 보인다.
- 조민의 최종 점수와 불합격 1번인 16등의 점수 차이는 1.16점에 불과한 바, 동양대 총장 표창장의 수상 경력이 없었다면 조민은 부산대 의전원에 합격하지 못할 가능성이 높다.

"가능성이 있다"고 생각하는 것까지는 판사의 재량으로 인정한다고 해도 "긍정적인 요소로 작용했다"고 단정적으로 얘기할 수 있는 근거는 그 어디에도, 그 누구의 증언에서도 없었다.

재판부는 "동양대 총장 표창장은 조민의 인성 영역 면접 고사에서도

성명	평가 점수	성명	평가 점수	성명	평가 점수	성명	평가 점수
권○○	14	오○○	14	이○○	13	신○○	12
김○○	14	강○○	14	조○○	13	조○○	14
신○○	14	김○○	결시	김○○	14	전○○	13
신○○	14	서○○	14	김○○	13	조 민	14
한○○	13	조○○	13	조○○	14	김○○	14

❙ 조민 입학 당시 인성 영역 면접 지원자 전체 결과

긍정적인 요소로 작용하였다"고 하면서 "인성 영역 면접 평가를 담당했던 김○○는 조민에게 14점을 주었는데, 이는 그가 지원자들에게 준 점수 중 가장 높은 점수에 해당한다"[14]고 예시하면서 이를 강조했다.

그러나 인성 영역 면접의 만점은 15점으로 김○○ 교수로부터 '가장 높은 점수'였던 14점을 받았던 학생은 조민 씨뿐만 아니라 응시생 20명 중 12명으로 절반이 넘었다. 나머지 8명 중 13점이 6명이었다. 아무 의미 없는 가장 높은 점수를 강조하면서 동양대 총장 표창장이 인성 영역 면접 고사에서 긍정적인 요소로 작용했다고 판단한 것이다.

동양대 표창장은 부산대 의전원 입시에 영향을 미치지 못했다. 특히 최종 합격 여부를 결정하는 2단계 면접에서는 '지성 영역'은 말할 것도 없고, 그나마 약간의 관련성이 있었을 것으로 보였던 '인성 영역'에서조차 전혀 영향을 주지 않았다. 판단과 참고의 대상이 아예 아니었다.

———
14 판결문 339p

03

최성해의 증언,
'일관되고 구체적'이었는가?

이 사건은 최성해 총장의 "내가 표창장 내준 적 없다"는 발언으로 시작됐다. 재판부도 모든 판단의 기준을 최 총장의 증언으로 삼았다. 검찰과 재판부에 있어서 최 총장은 마치 절대 진리와도 같았다. 그러나 그들도 힘들었을 것이다. 절대 진리로 삼기에는 최 총장의 말과 기억이 널뛰기처럼 수시로 오락가락했기 때문이다.

검찰과 재판부가 신봉한 것은 최 총장의 모든 증언이 아니라, 그중에서 "내가 표창장 내준 적 없다. 내가 모르면 없는 거다" 딱 이 두 문장이었다. 이 두 문장의 말과 배치되는 것은 명확한 기억도, 확실한 증거도, 합리적인 추론도, 필연적인 상황도 모조리 배제하고 배척하고 부인하고 부정했다.

검찰과 재판부가 절대 진리처럼 떠받드는 최성해 총장의 기본적인 진술에 대해 판결문에 기록된 내용은 아래와 같다.

최성해는 검찰 조사 및 이 법정에서, 조민에게 1차 표창장을 수여한 사실이 없고, 피고인으로부터 조민에게 1차 표창장이 발급되었다는 말을 들은 사실도 없으며, 피고인에게 1차 표창장 작성을 허락한 사실이 없다고 진술하였다.[15]

최성해는 검찰 조사 및 이 법정에서, 2013년 6월 17일 보직자 회의를 마쳤을 때 피고인으로부터 1차 표창장을 잃어버려서 동양대 총장 표창장을 재발급받았다는 이야기를 들은 적이 없고, 조민이 부산대 의전원에 합격한 이후에도 피고인 및 조민으로부터 표창장을 수여해서 감사하다는 인사를 들은 적이 없다. 2019년 8월 말경 또는 같은 해 9월 초순경 통화를 하던 중 피고인으로부터 1차 표창장 발급을 위임하였다는 말을 듣고 조민에게 1차 표창장이 수여

---

15 판결문 238p

된 사실을 처음 알게 되었다고 진술하였다.[16]

최성해의 위 진술은 일관되고 구체적이며, 아래의 라항에서 구체적으로 살피는 바와 같이 최성해가 피고인 또는 조국에게 불리한 내용의 허위 진술을 할 만한 사유가 발견되지 않으므로, 그 신빙성을 인정할 수 있다.[17]

검찰의 '입증'과 재판부의 '판단'은 최성해의 이 증언을 뒷받침하기 위해 다른 모든 증인들의 증언을 부정하는 분투의 과정이었다. 그러니 사실상 입증도 없었고 판단도 없었다. 변호인단과 관련 증인들의 주장은 무조건 틀렸고, 최 총장의 말은 무조건 옳다는 것이 검찰의 '입증'과 재판부의 '판단'의 전부였다.

---

16 판결문 240p
17 판결문 240p

내가 모르는
표창장은 없다?

최성해 총장은 모든 포상과 관련된 결재는 자신이 해왔으며, 부득이한
경우 부총장이 대리 결재를 하지만 사후에 부총장으로부터 보고를 받는
다며, "내가 모르는 표창장은 발급되지 않은 것"이라는 주장을 고수했다.
그러나 사실은 동양대에서 발급된 상장과 표창장에 대해 최 총장이 알고
있는 것은 거의 없다시피 했다.

당연하다. 어느 대학교도 단과대학과 기관 단위에서 수여되는 상장과
표창장의 내역을 총장이 일일이 확인하지 않는다. 상장과 표창장을 수여
하는 단과대와 기관이 수상 계획과 수상 기준 및 인원을 보고해 결재를
받고, 수여 주체가 구체적인 수상자를 결정해 상장 혹은 표창장을 완성한
뒤 결재를 근거로 총장의 직인을 날인하는 것이다.

그럼에도 최 총장은 "내가 모를 수 없다"며 결재 과정과 표창장의 양식 등을 자신이 세세히 알고 있고 관리하고 있다는 식으로 주장했다.

"민이 표창장도 가짜, 원이 상장도 가짜"

최성해는 조민 씨의 표창장이 정상 발급된 것이 아니라는 근거로 일련번호의 양식과 위치가 총장 명의로 나가는 일련번호 방식이 아니라고 말했다. 자신이 상장 및 표창장의 일련번호 양식 등에 정확하게 파악하고 있다는 것을 전제로 한 증언이었다.

3월 30일 검찰 증인 신문

문: 증인은 검찰 조사 시, 조민의 표창장을 보여주니까 이것을 보고 조민의 표창장에 기재된 일련번호가 총장 명의로 나가는 일련번호 방식이 아니라고 진술하였지요.

답: 예.

문: (상장 대장을 제시하며) 실제 상장 대장의 일부를 보면, 날짜, 일련번호, 상장 구분, 위에 대상자 이름 등이 기재되어 있고, 일련번호는 해당 연도가 왼쪽에, 그리고 연번 쭉 일련번호 형식으로 계속 기재를 해왔던 것으로 확인되는데, 맞는가요.

답: 맞습니다.

문: (상장 대장과 표창장을 제시하며) 그런데 조민에 대한 오른쪽 표창장을 보면 '어학교육원 제2012-2-01호'라고 기재되어 있는 것으로 확

인되는데, 동양대에서 관리하는 '상장 대장'상의 일련번호와는 차이가 명백히 있는 것이지요.

답: 있지요. 있습니다.

그런데 검찰은 엉뚱하게 일련번호의 양식 등이 조민 씨의 표창장과 크게 다르지 않은 조국 전 장관의 아들 조원 씨의 상장을 제시했다. 검찰은 조원 씨 상장이 조민 씨 표창장의 원본이며, 조원 씨가 상장의 대상인 동양대 인문학영재 프로그램 수업에 참여하지 않았다는 취지로 질문했다.

문: (조원의 총장 명의 상장을 제시한 후) 지금 보여드린 상장은 정경심 피고인이 동양대에서 사용하는 컴퓨터에서 파일 이름이 '원이 상장' 이라고 저장되어 있는 그림 파일을 출력한 것인데, 증인은 정경심 피고인의 조원의 상장 아래쪽에 있는 '동양대학교 총장 최성해(직인)' 부분을 캡처하는 등의 방법으로 조민이 표창장을 위조하였다는 혐의로 기소된 사실을 언론 보도를 통해 들은 적이 있는가요.

답: 예. 있습니다.

문: 표창장 위조 의혹이 언론에서 보도되기 이전에 증인은 정경심 피고인이 진행했던 인문학영재 프로그램 2기 영어 에세이 쓰기 영재 과정에서 최우수한 성과를 이루었다는 내용으로 정경심 피고인의 아들 조원에 대한 '최우수상' 상장이 발급되었다는 사실을 언론 보도가 되기 이전에 알았나요.

답: 이전에는 몰랐습니다.

문: 증인은 정경심 피고인으로부터 조원이 동양대 인문학영재 프로그
램에 열심히 참여하고 있다는 취지의 말을 들어본 적 있는가요.

답: 그런 것도 없습니다.

결국 검찰과 최성해 총장의 주장은 조원 씨의 상장 또한 '가짜'라는 것
이었다. 검찰은 이후의 공판 과정에서 이를 입증하기 위해 조원 씨 상장
발급에 관여된 모든 관계자들을 집요하게 추궁했다. 그러나 그들의 증언
은 너무나 명확했다. 조원 씨의 상장은 정상적으로 발급된 '진짜'였다.

정상 발행된
지역 학생 상장도 가짜?

조원 씨의 상장마저 가짜로 만들려던 검찰과 최성해의 시도는 조원 씨
와 함께 상을 받은 3명의 영주 지역 고등학생의 상장이 제시되면서 좌절
됐다. 같은 형식, 같은 내용, 같은 형태의 일련번호로 발행된 네 장의 상
장 중에서 유독 조원 씨의 상장만 가짜일 수는 없었다. 또한 굳이 조원 씨
의 가짜 상장을 만들기 위해 지역 고등학생의 상장까지 가짜로 만들 이
유는 전혀 없었다.

최 총장이 진짜인 조원 씨의 상장도 몰랐다는 것은 "정상적으로 발급
된 것이라면 내가 모를 리 없고, 내가 모른다면 가짜"라는 주장을 스스로
부정한 것이다. 변호인단은 반대 신문에서 조원 씨와 같은 프로그램에서
'최우수노력상'을 수상한 옥○○ 학생의 상장과 이에 대해 결재받은 공
문을 제시하면서 최 총장에게 질문했다.

변호인 반대 신문

문: (영주 지역 고등학생 옥○○의 상장을 제시하며) 증인 명의로 발급된 상장인 것 같은데, 저 상장에 대해 기억하나요.

답: 저 상장은 기억을 못 하겠습니다.

문: 저 상장은 양식에 비추어 볼 때 정상적인가요, 아닌가요.

답: 정상적인 것이 아닌 것 같습니다.

문: 어떤 이유에서 그런가요.

답: 절대 1로 끝날 수가 없습니다, 엔트리 넘버에.

문: 맨 위에 상단에 어학교육원 제….

답: 어학교육원이라는 자체가 어학교육원이라는 이름이 들어갔으면 어학교육원 직인이 찍혀야지 왜 학교 전체 직인이 찍힐 수는 없습니다. 제 명의로 된 직인을 찍을 수 없습니다.

문: 저 상장도 정상적인 상장이 아니라는 말이죠.

답: 예.

(중략)

문: 이런 상장이 나간 것은 맞고 옥○○도 받았다고 하는데, 어떤가요.

답: 그런데 그것이 어학원에서 나갔으니까 그럼 어학원에서 임의로 위임을 하였다는 말입니다. 저런 것 때문에 위임을 해달라는 말입니다. 그것이 뭐냐 하면 대행을 나 대신 하라는 것입니다. 그러면 본인이 줘서 총무과에 가서 표창장에 나가는 결재 사인을 먼저 나한테, 결재를 받고 그러면 이제 그 결재가 생략된 위임이겠지요. 그렇지요.

문: 상장과 관련된 공문인데 이 공문에는 부총장이 전결한 것 같고, 증인의 서명은 없는데, 어떤가요.

답: 부총장이 해도 저한테 나중에 약식으로 이러이러한 결재를 하였다고 할 때는 나왔어야지요.

문: 그러면 지금 저것이 정상적이냐, 아니냐가 중요한 것이 아니고 과거에 옥○○라는 학생에게 주었던 상장인데, 저것을 굳이 무슨 피고인이 위조하거나 일부러 막 엉터리로 만들 이유는 없어 보입니다. 그래서 이러한 다양한 형태의 상장들이 당시에 나갔던 것은 사실이 아니냐고 묻는 것인데, 어떤가요.

답: …….

최성해 총장은 횡설수설 끝에 결국 답을 잇지 못했다. 조원 씨의 상장과 똑같은 다른 학생의 상장마저 부인할 수는 없었기 때문이다. 검찰의 주장은 "조원의 상장 하단부를 오려내 조민의 표창장을 만들었다"는 것인데, 조민의 표창장을 가짜로 만들려다 보니 조원의 상장까지 가짜로 만들어야 한다는 무뇌급 집착에 사로잡혀 상식적으로 이해할 수 없는 주장을 펼친 것이다. 조원 씨와 함께 상장을 받은 다른 학생들의 경우까지는 미처 생각을 못 했던 것으로 보인다.

다양한 발급 과정…
일관된 증언들

변호인단은 또한 총장상이 상장대장에 기록되어 있지 않은 경우, 부

총장 전결로 상장이 집행된 경우, 상장대장의 일련번호와 상장의 일련번호가 다른 경우 등 여러 경우의 상장과 문서들을 제시했다. 이들은 모두 "모든 상장과 표창장은 ①내가 모를 수 없다, ②상장대장에 모두 기록된다, ③일련번호가 통합 관리된다" 등 최성해가 주장했던 것과 전혀 다른 경우였다. 이에 대해 최성해 총장은 제대로 답변을 하지 못했다.

최 총장의 이러한 주장이 사실과 다르다는 것은 실무를 맡았던 조교와 교수 등 다른 증인들의 '일관되고 구체적인' 증언에 의해서도 확인됐다.

9월 8일 이○○ 조교 변호인 증인 신문

문: 증인은 '총장 직인을 받으려면 결재 문서를 총무복지팀에 가지고 갔어야 했다'라고 말하였는데, 그 결재 문서를 가지고 총무복지팀에 가서 결재 문서를 보여주면 직인대장에 기입을 하고 찍어주었는가요.

답: 총무복지팀에서 번호를 만약 딴 경우에는 직인대장에 적고, 그렇지 않은 경우에는 그냥 내부 결재 보여주고 도장만 받아서 왔습니다.

문: 상장이나 수료증에는 좌상단에 일련번호가 들어가는데, 그것을 총무복지팀에서 받지 않고 총장 직인을 받는 수료증이나 상장이 있었던 것인가요.

답: 예. 제가 만든 수료증이나 상장은 다 기록하지 않았어요. 그냥 다 제가 임의로 번호를 따서 만들었어요.

문: 증인이 임의로 번호를 땄다고 말하였는데, 그야말로 증인이 그냥

무작위로 번호를 적어 넣은 것인가요.

답: 예.

문: 증인은 2년 7개월 동안 교양학부 조교로 일하면서 수료증이나 상
장을 제작해보았을 텐데, 수료증과 상장을 제작해서 직인을 받을
때 상장대장에 기입해본 적이 있나요.

답: 상장대장은 기억나는 것이 없어요.

문: 상장대장이라는 것을 본 적은 있나요.

답: 없는 것 같아요.

9월 8일 김○○ 교수 변호인 증인 신문

문: 2012~2013년에 외부인에 주는 상에 대해 대학 본부에 항의한 적
이 있나요.

답: 항의라기보다는 번호를 매겨야 하는데 그 번호를 매기는 부속 기
관이나 사업단에는 어떻게 하라는 정해진 지침이 없어서 자꾸 알
아서 매기라고 하니까 그것이 제가 '맞지 않다, 뭔가 본부에서 지
침이 마련되는 것이 좋지 않으냐' 그렇게 얘기한 적이 있습니다.
항의라기보다는 문의의 차원이었습니다. 그렇게 해서 제가 달라고
했고, 본부에서는 알아서 하라고 해서.

문: 일련번호가 체계적으로 관리되는 것 같지 않아서 본부에 문의했더
니, 본부에서 알아서 하라고 그랬던 것인가요?

답: 그렇습니다.

(중략)

문: 상장을 줄 때 수상자 선정은 언제 하였나요.

답: 수상자 선정은 주로 수료식이 있기 전날 저희가 잠정적으로 수상 대상자를 선정한 다음, 저희가 수료장을 주는 것도 마찬가지로 그 전날 잠정적으로 정해놓았다가 당일 마지막까지 참석하는 학생들 까지 보고 또 그날 수업에서 질문하고 토론하는 결과를 보고 최종 결정은 수료식 당일에 하는 경우가 많았습니다.

문: 부총장이나 총장이 결재하는 내부 결재 서류에는 인원만 정해놓은 경우가 많았지요.

답: 대체적으로 그렇습니다.

문: 누구에게 상을 줄 것인지는 해당 프로그램을 주관하는 책임교수에 게 전적으로 위임 전결이 되어 있었지요.

답: 예. 그렇습니다. 저희는 이러이러한 상을 지급하겠다는 큰 틀에서 만 결재를 올리고 구체적으로 누구에게 어떤 상을 주고, 어떤 상품 을 주고 하는 문제는 사업단이나 부서장 부서에서 결정을 지었습 니다.

김○○ 교수 검사 반대 신문

문: 4명이 정해졌는데 조원이 전날 올린 게시글을 조교가 보고 알려줘 서 조원이 상을 받게 됐다는 것인가요.

답: 그렇지 않습니다. 인원은 4명으로 정해져 있는데 누구를 줄지는 안 정해져 있었습니다. 최종적으로 몇 명에게 줄지는 당일에 결정 합니다.

문: 4명이 특정돼있던 것 같은데, 28일(수료식)에 특정이 돼 있던 것 같은데 4명 명단은 왜 만들어놓나요.

답: 특정 안 되어 있었습니다.

문: 분야와 이름까지 정해져 있는데 특정이 안 됐다는 건가요.

답: 명단은 조교가 예상해서 만들었을 것 같습니다. 직인이 찍힌 건 아니지 않습니까.

문: 샘플을 만들어 결재받았을 텐데 수료식 전날 밤에 올린 글을 보고 조교가 보고할 이유가 없습니다. 거짓말하는 것 아닌가요.

답: 거짓말이 아니고 수료식 당일까지 저는 4명을 결정 안 하고 있었습니다. 명단은 최종적으로 올려서 첨부하는 게 아니고, 4명은 얼마든지 변경 가능합니다.

'표창장 문제'
처음 들은 것은 언제?

최성해 총장이 표창장이 문제가 됐다는 것을 언제 처음 인지했느냐는 이 사건의 시발점과 직결되어 있다. 표면적으로는 검찰이 입시 비리의 '가능성'을 인지하여 2019년 8월 27일 수십 군데를 동시다발적으로 압수수색하는 과정에서 부산대를 압수수색했고 거기에서 동양대 총장 표창장 사본을 입수한다. 이를 근거로 9월 3일 동양대와 서울대를 압수수색하게 되었고, 사실상 압수수색도 아니고 뭣도 아닌 이상한 수색 절차 후 9월 10일 강사 휴게실에서 두 대의 PC를 임의 제출로 확보하여 '총장님직인.jpg'를 발견한 것으로 되어 있다.

그러나 문제의 '총장님직인.jpg' 파일을 발견하기 이전인 9월 7일 《SBS》의 '직인 파일 발견' 보도가 나왔고, 그 이전인 8월 27일 표창장과 관련된 논의가 동양대 보직 교수 회의에서 있었으며 같은 날 최성해와 김병준, 우동기의 회동이 있었다. 그보다도 이전인 20일 무렵에 이미 동양대 내부에서 사태를 파악하고 있었던 것으로 보아, 검찰이 단순한 가능성만으로 대학교를 압수수색한 것이라기보다는 그전에 검찰과 최성해 총장, 그리고 야당 정치권 사이에 교감이 있었을 것으로 의심되는 정황이 있다. 따라서 최 총장의 '최초 인지 시점'은 매우 중요한 의미를 가진다.

그러나 최 총장은 표창장 문제를 최초로 인지한 시점을 2020년 3월 30일 공판 증언에서만 4개의 다른 시점으로 증언했다. 재판부는 아무런 근거도 제시하지 않은 채 임의로 '2019년 8월 말~9월 초'라고 판단하며 최 총장의 진술이 "일관되고 구체적이어서 신빙성이 있다"고 또다시 강조했다. 그러나 최 총장의 다른 모든 진술과 마찬가지로 이 최초 인지 시점에 대해서도 결코 일관되고 구체적이지 않다.

"압수수색 날 알았다"
오락가락의 시작

최성해 총장은 2020년 3월 30일 공판에 증인으로 출석해 처음에는 표창장에 문제가 있다는 것을 동양대 압수수색이 있던 9월 3일 언론 보도를 보고 알았다고 증언했다. 그러나 이 시점은 증언이 이어질수록 계속 앞당겨졌다.

검사 증인 신문

문: 증인 명의로 된, 즉 동양대학교 총장 명의로 된 조민에 대한 표창

장이 존재한다는 사실은 언론 보도를 통해 처음 알게 된 것인가요.

답: 언론 보도를 보고 처음 알았습니다.

문: 그때 처음 안 것인가요.

답: 예.

(중략)

문: 증인은 언론 보도를 통해서 '총장 명의로 조민의 상장이 발급되었다'라는 내용을 접하고 '학교 차원에서 진상을 파악해봐라'라고 지시를 한 사실이 있나요.

답: 예. 있습니다.

검사는 날짜를 정확하게 언급하지 않은 채 최성해 총장에게 "언론 보도를 통해 처음 알았냐"고 물었고 최 총장은 "그렇다"고 답변했다. 그렇다면 동양대 압수수색이 있던 9월 3일이나 4일 정도를 얘기하는 것이다. 그러나 변호인의 반대 신문에서는 전혀 다르게 얘기하기 시작한다. (이 부분은 최성해 진술의 특성상 길게 인용할 수밖에 없음을 양해해주기 바란다.)

변호인 반대 신문

문: 증인의 명의로 된 조민에 대한 표창장이 존재한다는 사실을 언론 보도를 통해 처음 알게 됐다고 말했지요.

답: 예.

문: 그때가 언제쯤인가요.

답: 아마 정경심 교수님이 저한테 위임에 대해 물어봤을 때, 그 정도

되었을 겁니다.

문: 그때 처음 이 내용에 대해서 알게 됐다는 취지인가요.

답: 예.

문: 그전에는 이런 문제가 있었다는 사실 자체를 몰랐나요.

답: 몰랐습니다.

문: 그러면 피고인이 전화로 증인에게 물어봐서 최초로 알게 되었다는 것인가요.

답: 아니지요. 제가 듣고 정경심 교수님이 저한테 이야기했습니다.

문: '듣고'라는 것이 맨 처음에 누구한테 들었다는 것인가요.

답: 언론 같은 데서나 그런 데서 듣고 제가.

문: '언론을 통해서 최초로 알게 됐다' 이것은 맞나요.

답: 예.

문: 저희가 알기로는 언론에서 이것을 최초로 보도한 것이 작년 9월 3일로 알고 있는데, 그 이전에는 모르고 있었나요.

답: 그전에 알았던 것은 우리 압수수색 왔을 때.

문: 어디 압수수색을 말하는 것인가요.

답: 정경심 교수님 방에.

문: 동양대에 대한 압수수색도 9월 3일인데, 어떤가요.

답: 그러면 그 전후에 제가 알았습니다.

문: 압수수색 나오기 전에 알지 않았나요.

답: 압수수색 나오기 전에 알았고, 그다음 이후에는 그전이라고 해봤자 한 하루 이틀 상간일 것입니다.

문: 그때는 언론에 안 나왔었는데 어떤 경위를 통해서 알게 되었나요.

답: 제가 처음 봤던 것은 우리 직원이 압수수색을 나와서 표창장 이야기를 하더라고요.

문: 그것은 압수수색 때 얘기고, 압수수색 전에 알았다고 하지 않았나요.

답: 그전에는 우리 직원들을 통해서 제가 알았습니다.

문: 직원 누구를 통해서 알았나요.

답: 보고 형식도 아니었고, 그냥 들었습니다.

문: 너무 막연한 얘긴데요. 어떤가요.

답: 막연한 것보다 오래돼서 지금 기억이 좀 안 나네요.

문: 맨 처음에 그 이야기를 들었을 때는 굉장히 놀랐을 것 같은데, 지금 그 이야기가 기억이 안 날 리가 없을 것 같습니다. 어떤가요.

답: 저한테 '총장님 표창장 발행하였느냐'고 물어봅디다.

문: 누가 물어보았나요.

답: 직원이.

문: 어떤 직원이 물어보았나요.

답: 그렇게 높은 직원은 아니었는데.

문: 직원 이름이 기억이 안 나는 것인가요, 말하기 어려운 것인가요.

답: 아니지요. 제가 기억이 안 납니다. 왜냐하면 제가 처음 들었을 때는 혹시 직원이 잘못 알 수도 있는 것이고, 제가 그 당시에는 놀란 것보다 금시초문이라서 조금 뭐 '그런 것이 있을까' 그 정도로 제가 받아들였습니다.

1회 진술에 4번 바뀐
'최초 인지 시점'

그리 길지 않은 문답이 이루어지는 동안 최 총장이 표창장 문제를 인지한 시점과 방법이 검사 신문에서 얘기한 "언론 보도를 보고"에서 "정경심 교수님이 위임에 대해 물어봤을 때"로, 그리고 "압수수색이 있던 9월 3일 전후 직원을 통해", "압수수색 전 직원을 통해"로 변화무쌍하게 달라지는 것이 명확히 보인다. 최초 인지 시점에 대한 최 총장의 진술은 이후에도 몇 번을 오락가락해 변호인은 반대 신문을 마치기 직전 다시 한번 이에 대해 확인했다.

문: 표창장을 처음 알게 된 것에 대해 증언의 정리가 필요할 것 같습니다. 일단 증인의 직원 중에 표창장이 발급됐다는 사실을 알 수 있는 사람이 있었나요.

답: 제가 그 이야기를 아까 말씀드렸지 않습니까. 정경심 교수가 나한테 전화가 와서 직원한테 물어봤습니다. '정경심 교수가 나한테 위임을 하였다고 하라는데 표창장 위임을 할 수 있느냐, 없느냐', '할 수 없다'. 그러면 그런 표창장이 위임하고 난 뒤에 나온 표창장을 한번 다 취합을 해보라고 했습니다.

문: 지금 그 이야기를 들었다는 것이 언제인가요. 검찰에서 진술하기로는 9월 4일에 들었다고 하는데, 어떤가요.

답: 9월 4일 아닙니다.

문: 검찰에서 그렇게 진술한 적이 없나요. '9월 4일 정경심이 전화를

해서 나한테 위임을 하였다는 이야기를 처음 한 날이다'라고 말했
는데, 어떤가요.

답: 그것은 그런 이야기를 하다가, 9월 4일이라고 또 하였지요.

문: 그전에도 그런 이야기를 하였나요.

답: 예.

문: 정경심 교수가 어떤 맥락에서 언제 그런 이야기를 하였나요. 이 정
국에서 갑자기 '내가 사실은 당신이 발급권자이지만 당신의 허락
없이 표창장을 발급하였고'라는 말을 도대체 언제 했다는 것인가
요.

답: 9월 초나 8월 말쯤 됐을 거예요.

1심 재판부는 이렇게 변화무쌍한 최성해 총장의 진술 중에서 아무런
설명도 없이 맨 마지막에 나온 '8월 말이나 9월 초'를 최초 인지 시점으
로 마음대로 '결정'하고 거기에 "최성해의 진술은 일관되고 구체적이어
서 신빙성이 있다"는 평가를 덧붙였다. 도대체가 어딜 봐서 일관되고 구
체적인가?

9월 4일
아침에 일어난 일

최성해 총장은 표창장에 문제가 있다는 것을 처음 알게 된 시점에 대해 하루만 해도 몇 번이나 증언을 바꾸었고 결국 재판부에 의해 "8말 9초 전화 통화를 하던 중 피고인으로부터 1차 표창장 발급을 위임하였다는 말을 들었을 때"로 강제 결정됐다. 그러나 이 내용은 총체적으로 사실과 다르다. 재판부가 아무 생각 없이 최 총장이 가장 마지막으로 말한 날을 최초 인지 시점으로 정해 판결문에 기록해놓은 것일 뿐이다.

최 총장의 최초 인지 시점이 정확히 언제였는지는 여전히 불명확하지만, 분명한 것은 판결문에 인용한 "피고인으로부터 1차 표창장 발급을 위임하였다는 말을 들었다"고 할 수 있는 날은 9월 4일이었다. 8말 9초일 수도 없고, 다른 날일 수도 없었다.

이 내용에 대해 판결문이 기록한 부분부터 살펴보자.

우선 최 총장의 화법을 이해할 필요가 있다. 그는 누가 자신이 하기 싫은 일이나 할 수 없는 일을 부탁하거나 요청하면 결코 바로 거절하거나 부인하지 않는다. 일단은 들어주는 척한 뒤 모르는 척 외면하거나 거꾸로 해버린다.

피고인이 9월 4일 오전 7시 38분 전화하여 상을 주는 것을 위임하지 않았냐고 물었으나, 피고인에게 위임한 적이 없다는 취지로 답하였다. 대화 도중 조국이 전화를 넘겨받아 '총장님이 위임을 했다고 해주십시오. 법률 고문에게 물어봤더니 그렇게 하면 총장님도 괜찮고 정 교수도 괜찮다고 합니다'라고 말하면서 같은 내용으로 보도자료를 내줄 것을 요청하였다.

피고인이 같은 날 오전 8시 12분 다시 전화하여 조국을 바꿔주었고, 조국은 보도자료를 오전 중에 배포해줄 것을 요청하였다. 이어서 피고인이 전화를 넘겨받아 '총장님, 우리 민이 예뻐하셨잖아요. 민이를 봐서라도 그렇게 해주세요'라고 말하였다. 피고인이 같은 날 오전 10시 1분 다시 전화하여 보도자료를 오전 중에 내줄 것을 재차 요청하였고, 피고인의 반복된 요구에 짜증이 났다.

(중략)

위와 같이 최성해의 진술은 2019년 9월 4일 언론 인터뷰를 한 때부터 이 법정에 이르기까지 일관되고, 피고인이 동양대 총장 표창장 발급을 위임한 것으로 말해달라고 전화로 부탁한 경위와 대화 내용에 관한 그

진술이 구체적이며, (중략) 최성해의 법정 진술 중 위 가)항 기재 부분은 신빙성이 있다.[18]

중앙일보 기사로
몰아닥친 폭풍

당시의 모든 날이 다 마찬가지였지만, 특히 9월 4일은 더욱 폭풍과도 같은 하루였다. 최성해 총장의 "표창장 내가 안 내줬다" 발언이 본격적으로 나온 날이 이날이었다. 정경심 교수와 조국 전 장관은 새벽, 인터넷에 올라온 《중앙일보》의 기사를 보고 경악했다. 그리고 최 총장과 숨 가쁜 통화를 나누었다.

8월 27일 전면적인 대규모 압수수색과 9월 3일 동양대 압수수색으로 조국 전 장관(당시 장관 지명자)과 정경심 교수는 혼돈의 도가니에 빠져 있었으나 동양대와 관련한 일은 크게 걱정하지 않고 있었다. 이미 동양대 총장 명의로 발행된 표창장이 문제가 될 것이라는 보도가 온통 세상을 덮고 있었지만, '엄마 학교에서 딸 스펙 만들어' 차원이었지 '위조 의혹'으로 이어질 것이라고는 상상도 못 하고 있었기 때문이다.

그러나 4일 새벽 6시 무렵 《중앙일보》의 〈[단독] 조국 딸 받은 '동양대 총장상'… 총장은 "준 적 없다"〉[19]라는 기사를 보는 순간 조국 전 장관 가족은 표창장 위조라는 거대한 파국으로 휩쓸려가기 시작했다. 이 기사는 다른 내용은 표창장이 문제가 될 것이라는 이전의 기사들과 크게 다르지

---

18 판결문 261~262p
19 https://news.joins.com/article/23570022

1부 검찰이 지워버린 표창장의 진실

않았으나 "최성해 동양대 총장은 중앙일보와의 통화에서 '나는 이런 표창장을 결재한 적도 없고 준 적도 없다'고 밝혔다"고 한 부분이 달랐다. 최성해 총장이 표창장을 내준 적이 없다고 한 것에 정경심 교수는 충격을 받지 않을 수 없었다.

들어줄 듯 딴소리,
특유의 기만 화법

정경심 교수가 최성해에게 처음 전화를 건 시간은 오전 6시 52분이었다. 이른 시간이었는지 받지 않았다. 오전 7시 21분부터 정 교수와 최 총장이 서로 엇갈리게 전화를 걸어 몇 차례의 부재중 전화가 이루어진 후 판결문에 기록된 오전 7시 38분 통화가 이루어졌다.

정 교수는 바로 "중앙일보와 인터뷰하셨냐"고 물어봤다. 그런데 최 총장은 "내가 인터뷰한 적 없다. 정정보도를 내겠다"고 대답했다. 정 교수는 순간 마음이 놓였다. 그래서 그런 내용으로 학교에서 보도자료를 내달라고 부탁했다. 최 총장은 그렇게 할 듯이 얘기하다가 "대장도 없고, 내가 기억에 없어서 그게 될까" 하면서 곤란한 태도를 보였다. 법률팀이 "기억이 나지 않는다는데 (발행 사실을 알고 있다고) 거짓말을 할 수는 없으니 당시 업무 관행대로 위임된 사항이었다는 점만이라도 확인이 되면 좋겠다"고 조언했고, 정 교수는 이 내용을 최성해 총장에게 전했다. 최 총장은 "알아보겠다"고 답했다.

최 총장이 애매하게 얘기하자 정 교수는 극도로 불안해졌다. 그러자 옆에서 통화를 지켜보던 조국 전 장관이 정 교수를 진정시키며 전화를 건네받았다. 조 전 장관은 "죄송합니다"라고 인사를 건넨 뒤에 "제 처가 위임을 받았다고 하는데 조사를 잘해주시면 고맙겠습니다"라고 부탁했다.

통화를 마친 후 10시쯤 조 전 장관은 인사청문회 준비단으로 출발했고, 정경심 교수는 최성해총장에게 다시 문자를 보내 "아까 부탁드린 것을 오전 중에 해주세요"라고 재차 부탁했다. 그리고 《중앙일보》 보도를 보고 함께 걱정해주던 장경욱 교수에게 "총장님과 통화했는데 중앙일보와 그런 인터뷰를 한 사실이 없답니다"라고 문자를 보냈다.

조 전 장관은 10시 40분쯤 서울 종로구 인사청문회 준비단에 출근해 "아이가 학교에 가서 중학교, 고등학교 학생들에게 영어 가르치는 것을 실제로 했고, 그에 대한 표창장을 받았다"며 "금방 확인할 수 있을 것"이라고 말했다. 그때만 해도 그렇게 믿고 있었다.

조선일보 제보로 뒤통수친
최성해

그러나 조 전 장관이 기자들과 인터뷰를 마치고 사무실로 들어갈 무렵, 또 한 번의 청천벽력이 내리쳤다. 《조선일보》 온라인판에 〈[단독] 조국 아내, 동양대에 "딸 표창장 정상 발급됐다고 해달라" 압력… '허위 총장상' 숨기기 의혹〉[20] 이라는 기사가 10시 54분에 올라왔기 때문이다. 이 기사는 정경심 교수가 최성해 총장에게 한 요청을 완전히 악의적으로 비

---

20 이 기사는 삭제되고 지면 기사 〈조국 아내, 총장에 전화 '딸 표창 거짓 해명' 요구〉로 교체되어 1면 톱기사로 게재됐다. https://www.chosun.com/site/data/html_dir/2019/09/05/2019090500110.html

1부 검찰이 지워버린 표창장의 진실

튼 내용이었다.

최성해 동양대학교 총장은 "4일 조국 법무부 장관 후보자 아내인 동양
대 정경심(57) 교수가 오전에 전화를 걸어 와 '우리 딸 부산대 의학전
문대학원 입학이 취소될 수 있다. 딸이 동양대에서 받은 상장이 정상
발급됐다는 보도자료를 내달라'고 요구했다"고 밝혔다. 조 후보자 딸
의 동양대 총장 표창장 조작 의혹이 나오자 정 교수가 학교 명의로 이
를 반박해달라고 요구한 것이다. 검찰이 동양대 정 교수의 연구실을
압수수색한 지 하루 만에 정 교수가 대학을 상대로 사실상 증거인멸에
나선 것 아니냐는 지적이 나온다.

조 후보자 딸은 2012년 9월 동양대 표창을 받았고, 2014년 부산대 의
전원에 합격할 당시 자기소개서에 이 표창 사실을 기재했다. 동양대
표창이 의전원 합격에 영향을 미쳤을 가능성이 있다.

이와 관련, 최 총장은 "정 교수가 전화를 걸어 와 '상장은 동양대 어학
교육원에서 나간 것으로 해달라. 총장 직인이 찍혀 있지만 전결(위임)
사안이었다는 내용도 보도자료에 포함해달라'고 말했다"고 했다. 그러
면서 정 교수가 "학교 직원이 딸에게 상을 주자고 먼저 제안했고, 나는
그저 '알아서 하라'고만 했다"고 해명했다고 전했다. 그러나 최 총장은
"검찰이 관련 자료를 모두 압수했고, 아직 진상이 가려지지도 않았다"
며 거절했다고 밝혔다. 이에 법조계에선 "증거인멸 시도에 해당할 수
있는 행위"라는 평가가 나왔다.

《조선일보》기사를 본 정경심 교수는 완전히 쓰러질 지경이었다. 통화한 대로 보도자료를 내달라고 문자까지 따로 또 보내놓은 상태였었다. 정교수는 최성해 총장에게 문자를 보냈다.

총장님, 조선일보 단독 보도 보았습니다. 하늘이 무너집니다. 증거인멸을 시도한 것이 아니라 사실 그대로 대응해주실 것을 부탁드렸는데 어떻게 기사가 이렇게 나갈 수가 있을지요?
저는 너무나도 참담합니다. 딸의 문제를 넘어서서 희대의 사기꾼처럼 되고 있습니다. 저희 학교에서는 실제로 많은 일을 부서장 전결로 처리하고 있는 것이 사실이지 않습니까. 부디 이러한 기사가 더 나오지 않도록 팩트와 상황에 대한 현명한 해명을 부탁드립니다. 이러저러한 일로 학교와 총장님을 곤란하게 한 점 깊이 송구합니다.

이것이 정경심 교수와 최성해 총장 사이에 오간 마지막 대화였다. 그 뒤로는 전화도 문자도 주고받을 일이 없었다. 조국 전 장관과 정경심 교수 가족, 그리고 대한민국이 '표창장 사기극'의 수렁과 풍파로 빠져드는 순간이었다.

조국에게 불리한
허위 진술을 할 동기

　최성해 총장 진술의 신빙성은 이 사건의 가장 중요한 쟁점이다. 변호인은 최 총장이 '재정지원 제한대학' 지정 해제 청탁 거부에 대한 앙심과 함께, 정치적 배경 때문에 정경심 교수와 조국 전 장관에게 불리한 허위 증언을 한다고 주장했다.

　변호인단은 최 총장의 오락가락 증언 끝에 나온 "2019년 8월 말이나 9월 초 정경심 교수를 통해 표창장 문제를 알았다"는 진술과는 달리 그 이전부터 표창장 문제를 인지했으며, 표창장이 정상적으로 발급됐다는 사실을 기억하거나 그 정황을 알고 있음에도 불구하고 의도적으로 표창장 관련 사실을 부인하고 있다고 주장했다.

　그러나 재판부는 "최성해의 진술은 일관되고 구체적이어서 신빙성이 있다"는 표현을 수차례 반복하면서 "내가 내준 적 없고, 내가 모르면 없는 것"이라는 최 총장의 진술을 일방적으로 받아들였다. 그리고 오로지 그 증언 하나만을 근거로 모든 반대 증거와 증언들을 배척하고, 부정하고, 기각했다.

재판부는 판결문에서 '최성해가 피고인 또는 조국에게 불리한 내용의 허위 진술을 할 동기가 있는지의 여부'를 따지면서 ①최성해가 이사장으로 있는 한국교회언론회에서 2019년 8월 23일 조국에 대해 불리한 내용의 논평을 한 사실은 인정되지만, 최성해가 논평을 직접 작성했다거나 최성해의 지시나 승인 아래 논평이 게시됐다는 사실을 인정할 증거가 없는 점, ②최성해가 8월 27일 이후에도 피고인과 동양대를 보호하려는 태도를 보였던 점, ③곽상도 의원 질의에 대한 회신으로 총장상 수상 이력이 없다는 내용으로 회신하지 않고 '자료 없음으로 확인 불가'라는 내용으로 회신한 점, ④최성해가 조국으로부터 재정지원 제한대학 지정 해제에 관한 청탁을 거절당한 2018년 8월경부터 2019년 9월경까지 피고인이나 조국에게 적대적인 태도를 보이거나 피고인에게 불이익을 주었다고 볼 만한 자료가 없다는 점에서 "최성해가 조국에게 불리한 허위 진술을 할 동기가 없다"고 판단했다.[21]

정리하면, '최성해에게는 피고인 또는 조국에게 불리한 내용의 허위 진술을 할 정치적 배경이 없었고, 오히려 피고인과 동양대를 보호하려는 입장이었다'는 것이다.

---

[21] 판결문 267-268p

63빌딩 회동,
노골적으로 뒤집은 재판부

변호인단은 최성해 총장의 정치적 배경과 관련된 여러 정황을 제시했다. 그중 가장 결정적인 것은 2019년 8월 27일 서울에서 자유한국당 비대위원장이었던 김병준과 우동기 경북교육감과의 회동이다.

이날은 조국 전 장관에 대한 전방위 압수수색이 시작된 날로, 자유한국당 의원 곽상도와 주광덕이 조 전 장관 자녀의 총장상 수상에 관한 자료를 동양대에 요청했고 동양대에서는 이날을 전후로 표창장 문제가 논의된 보직자회의가 열리는 등 이 사건과 관련해 많은 일들이 가장 숨 가쁘게 돌아갔다.

최 총장은 2020년 3월 30일 공판에서 이 회동 사실에 대해 시인했지만 재판부는 납득할 수 없는 이유로 이 사실을 부정해버렸다.

2019년 3월 30일 최성해 변호인 반대 신문

문: 증인은 주광덕, 곽상도가 동양대학교에 총장상 관련 공문을 보낸 바로 그날, 2019년 8월 27일경 서울로 올라가서 자유한국당 국회의원 최교일의 주선으로 전 자유한국당 비대위원장 김병준, 전 교육감 우동기를 만난 사실이 있지요.

답: 우동기와 김병준은 63빌딩에서 만났습니다. 63빌딩 중국 식당에서 만났는데 최교일은 그 자리에 안 왔습니다.

문: 최교일은 없었나요.

답: 없었습니다.

문: 어떤 일로 만났나요.

답: 그때 아마 우동기 교육감이 교육감이 되고 김병준 의원이 한번 보자고 해서 만났지요. 식사를 내겠다고 해서. 그런데 셋이서 옛날부터 원래 좀 친합니다.

문: 그날 증인이 김병준이나 우동기를 만나서 조민의 표창장 이야기를 꺼낸 것 아닌가요.

답: 아닙니다. 저는 표창장을 알고 있지도 않았는데.

1심 판결문

5) 최성해가 2019. 8. 27. 김병준, 우동기와 만났다는 정재인의 진술

    가) 변호인은, 최성해가 2019년 8월 27일 서울에서 김병준, 우동기와 만나서 동양대 총장 표창장이 위조되었다는 허위 진술을 하기로 협의하였다는 취지로 주장하고 있는 바, 최성해는 이 법정에서 위 날짜에 김병준, 우동기를 만난 사실이 없다고 진술하였고, 변호인의 주장에 부합하는 증거는 2019년 9월 1일자 정○○, 김○○, 이○○의 대화 녹취록(증 제19호증의 3)이 유일하다.

    나) (중략) 위 녹취록의 기재만으로 최성해가 2019년 8월 27일 김병준과 우동기를 만난 사실을 인정할 수 없다.[22]

최성해 총장은 조금의 망설임과 주저함도 없이 김병준과 우동기와의

---

22 판결문 264p

회동을 시인했다. 변호인이 추궁한 것도 아니고, 이리 빼고 저리 빼다가 할 수 없이 시인한 것도 아니고, 묻자마자 바로 '흔쾌히' 회동 사실을 증언했다.

그런데도 재판부는 "최성해는 이 법정에서 위 날짜에 김병준, 우동기를 만난 사실이 없다고 진술"했다며 최성해의 증언 자체를 뒤집으며 허위 사실을 기록했다. 그러면서 최성해와 김병준, 우동기 회동 사실에 관한 증언을 제3자의 주장 혹은 전언으로 격하시킨 다음, 그것을 인정할 근거가 없다는 방식으로 회동 사실을 부정했다.

재판부가 증인의 증언을 인정하지 않거나 다른 의도로 해석하는 경우는 있어도 "만났다"고 증언한 것을 "안 만났다" 증언했다고 판결문에 기록하는 일은, 아마도 대한민국 사법 역사상 이 사건이 최초일 것이다. 어떻게 이런 일이 있을 수 있나.

이것은 실수나 오류로 볼 수 없다. 의도적인 '사실 뒤집기'다. 이날의 회동이 최성해 총장의 정치적 배경과 깊이 연관되어 있으며, 이를 인정하면 최 총장의 진술과 정치적 배경을 분리하는 것이 불가능해지기 때문에 안면에 철판을 깔고 노골적으로 뒤집은 것이다.

"학교 띄우기 위해 조국과 세게 붙었다"

1심 종결 후, 재판부의 "최성해에게는 피고인 또는 조국에게 불리한 내용의 허위 진술을 할 정치적 배경이 없었고, 오히려 피고인과 동양대를 보호하려는 입장이었다"는 판단을 뒤집는 최성해 총장의 발언이 여러 차례 있었다는 사실이 밝혀졌다. 최 총장은 학교를 위해 정경심 교수 사건을 이용하려고 했고, 정치적으로 조국 전 장관을 비롯한 정권 및 여권과 싸운다고 생각하고 있었으며, 조국 전 장관에 대한 분명하고도 노골적인 반감을 가지고 있었다.

《대구MBC》심병철 기자는 2012년 4월 19일 〈최성해 전 총장 '비례대표 제안받아' 수상한 행보〉 기사부터 최 총장 증언의 신빙성과 관련된 뉴스를 연속적으로 보도했다. 《대구MBC》는 4월 19일과 5월 5일 두 번에 걸쳐 표창장 사건에 대한 최 총장의 대응에 '의도'가 있었다는 뉴스를 보도했다.

최성해 총장 녹취

"그때는 내가 너무 힘들 때라서. 9월 1일 날, 9월 4일에 터졌으면 그전부터 나왔다는 소리지. 그전부터 내가 어떻게 애들을 요리해갖고, 내가 학교를 좀 띄워갖고 재벌들한테 돈을 받나, 이런 거를 생각할 때인데."
"나는 지금 학교 빚진 거 다니면서 도네이션받아갖고 빚 갚아야지. 재벌 기업들. 내 그래갖고 조국과 붙을 때 세게 붙었다고. 내가 붙어갖고 더 해야 되는데. 아, 얼마나 말리든지."[23]

이 녹취는 사건이 정점을 치닫고 있던 2019년 10월경에 최 총장이 측근과 통화한 것이다. 여기에서 '그때'란 9월 1일을 얘기하고, 9월 4일은

---

23 대구MBC, 〈최성해 '조국 딸 표창장 인지 시점' 훨씬 이전?〉(2021.05.05.) https://dgmbc.com/article/G1zgbFlavFn4GEr

1부 검찰이 지워버린 표창장의 진실

동양대 압수수색과 최 총장의 검찰 조사로 사건이 표면화된 시점을 말한다.

최 총장은 자신이 처음 관련 사실을 발설한 9월 4일은 사건이 대외적으로 터진 시점에 불과하며 그 이전부터 관련 내용이 나온 것이라고 얘기하고 있다. 특히 9월 1일 시점에서는 "내가 얘들(조국 전 장관과 정경심 교수)을 요리해갖고" 재벌들로부터 기부를 받을 수 있을까 궁리했다고 말하고 있다.

'요리를 한다'는 말은 정경심 교수와 조국 장관에게 불리하게 표창장 사건을 쟁점화하고, 사건을 확대시키겠다는 의미로 해석할 수 있다. 실제로 최 총장과 동양대는 최소한 사건이 표면화되기 훨씬 전인 8월 27일부터 매우 분주하게 움직였다.

또한 '9월 4일 아침에 일어난 일'에서 설명한 것처럼, 최 총장은 2019년 9월 3일 정경심 교수에게 직접 확인하는 과정 없이 검찰 조사 이전임에도《중앙일보》에 "나는 이런 표창장을 결재한 적도 없고 준 적도 없다"고 밝혔다. 그리고 정 교수가 부탁한 내용을 비틀어《조선일보》에 제보하여 그가 적절히 조치를 취해줄 것으로 믿고 있던 정 교수와 조 전 장관의 뒤통수를 쳤다.

이후 언론은 일제히 "표창장을 내준 적이 없다"는 최성해의 증언을 토대로 "정경심 교수가 (있지도 않은) 표창장 발급을 위임한 것으로 해달라"고 했다는 내용을 보도했다. 최 총장은 이날 오후 검찰 조사를 마치고 나오면서부터 매체들의 인터뷰에 적극적으로 응하며 "표창장을 내준 적이 없으며, 정경심 교수가 4일 아침 전화를 걸어와 '표창장을 위임했다'고

해달라고 부탁했다"고 강조했다.

특히 청문회 당일인 9월 6일은 새벽부터 "9월 4일 조국 후보자도 '딸 표창장 위임'을 종용했다"고 매체에게 알리기 시작했고, 매체들은 이를 일제히 보도했다. 이로써 9월 6일 청문회 초반은 조국 후보자가 최성해 총장에게 직접 압력을 행사했다는 주장이 청문회장을 뒤덮었다.

청문회 진행 중에는 여러 언론에 "조국 후보자가 직접 두 차례나 전화해 압력을 넣었다"며 "녹취록을 가지고 있다"고까지 말하기도 했다. 그 결과 청문회장의 야당 의원들은 수시로 올라오는 인터넷 기사를 인용하며 조국 후보자를 공격했다. 또한 청문위원으로 청문회에 참석하고 있던 자유한국당 김도읍 의원에게는 정경심 교수가 보낸 문자의 캡처 이미지를 직접 보내 김 의원으로 하여금 청문회에서 공개하게 했다.

3월 30일 최성해 변호인 반대 신문

문: 자유한국당 국회의원 김도읍은 9월 8일보다 이틀 앞선 2019년 9월 6일 국회에서 열린 조국 법무부장관 후보자에 대한 인사청문회에서 증인이 피고인으로부터 받은 문자메시지를 그대로 공개하였는데, 그 내용을 아나요.

답: 모릅니다.

문: 증인이 국회의원 김도읍에게 문자메시지를 보내주었다고 볼 수밖에 없는데, 언제 어떤 방법으로 보냈나요.

답: 김도읍 씨한테 직접 오지 않고 보좌관한테 왔습니다.

문: 보좌관한테 그것을 주었나요.

답 : (고개를 끄덕임)

최성해 총장이 김도읍 의원에게 전달해 청문회장에서 공개하게 한 문자메시지 이미지는 그대로 모든 언론으로 전달되어 보도됐다. 위 신문에서 변호인이 얘기한 9월 8일은 최 총장이 청문회 이후 《조선일보》와 인터뷰하면서 통화 내역 이미지를 제공한 날이다. 최 총장의 이러한 공격은 이후 상당 기간 이어졌다. 말 그대로 '세계 붙은 것'이다.

"위기절명,
조국 대통령 막으려고"

최성해 총장이 정경심 교수와 조국 전 장관에게 악의적인 입장을 가지고 있었다는 것을 밝혀주는 결정적인 보도는 2021년 6월 18일 《대구MBC》의 〈최성해 "위기절명, 조국 대통령 막으려고"〉 보도였다. 심병철 기자는 이 뉴스에서 "조 전 장관이 대통령이 되는 것을 막고 정경심 교수가 학교에 있어서는 안 되기 때문에 적극적으로 나섰다"고 한 최 총장의 육성 파일을 보도했다.

최성해 측근: 총장이 돼가지고, 그거 전반적으로 총장이 이거 다 알 수 있습니까? 나는 잘 모르겠습니다, 이랬으면.

최성해: 아니, 왜냐하면, 아니야, 아니야. 나는 그때 위기절명이었어. 왜 위기절명이었냐 하면 정경심 교수가 우리 학교에 있는 한 우리 학교는 이상하게 흘러가게 될 거고, 또 하나는 조국 씨가 대통령이

되면 법무부장관이 되어갖고 그 순서대로 밟아서 되면 우리나라 망한다… 이 생각을 했는 거야.[24]

이 녹취는 2019년 12월 1심 재판 직후 최 총장이 측근과 한 통화를 녹음한 것이다. 이 대화에서 최 총장 측근은 최 총장에게 잘 알 수 없는 표창장 발급 문제에 대해 마치 모든 것을 정확하게 알고 있는 것처럼 나섰던 이유를 물었다. 이에 최 총장은 정경심 교수를 학교에 계속 있게 할 수 없고, 조국 씨가 법무부 장관이 되면 대통령이 될 것이고, 그렇게 되면 우리나라가 망한다며 적극적으로 나섰던 이유를 분명하고 확고하게 밝혔다.

이 발언은 "최성해 총장이 정경심 교수를 보호하려고 했고, 조국 전 장관에게 적대적인 정치적 입장이 없었으므로 최성해가 정경심과 조국에게 불리한 허위 증언을 할 이유가 없다"는 1심 재판부의 판단을 정면으로 뒤집는 것이다.

최성해 총장은 정경심 교수가 무사히 학교에 남아 있는 한 학교가 야권의 공격에 시달릴 수밖에 없고, 정권에 호의적이지 않은 재벌로부터 기부를 받는 것이 어려워지며, 총체적으로 학교가 어려워질 것이라고 판단했다. 최 총장은 1심이 판단한 것처럼 정경심 교수를 보호할 이유가 전혀 없었으며, 오히려 기를 쓰고 내쳐야 할 대상이었던 것이다.

또한 그보다 더 중요한 것은 조국 전 장관에 대한 정치적 입장이다. "조국 전 장관이 법무부 장관이 되면 대통령이 될 것이고, 조국 대통령이

---

24 대구MBC(2021.06.18.) https://dgmbc.com/article/A8Hmor9yhm6vj

　　　　　　　　　　　　　　　1부 검찰이 지워버린 표창장의 진실

되면 나라가 망하기 때문에 적극적으로 나섰다"는 입장은 2021년 6월 23일 《평화나무》와의 인터뷰에서 다시 한번 강조됐다. 일시적이거나 의미없이 한 소리가 아니라는 뜻이다.

최 전 총장은 대구MBC가 보도한 내용대로 평화나무를 통해서도 "조국이 대통령 되면 나라가 망한다"라는 주장을 되풀이했다. 지인에게 이낙연 전 대표 이름을 거론하며 문제의 발언을 한 것은 "앞으로 조국이 대통령 되면 우리나라 망할 것 같다는 뜻에서 한 말이다", "조국 뜻대로 되지 않는다는 것을 가르쳐주고 싶어서 한 말이다", "지인들의 마음을 돌리기 위해 한 말"이라는 주장도 거듭했다. 또 "조국 전 장관이 대통령이 되면 나라가 망하나"라고 재차 묻자 "나뿐 아니라 나를 아는 사람들은 다 그렇게 생각한다"라고 말했다.[25]

최성해 총장이 《대구MBC》와 《평화나무》의 보도를 통해 "조국이 대통령 되면 나라가 망한다"라고 거듭 주장한 것은, 1심에서 제기됐으나 재판부가 인용하지 않은 최 총장의 조카 이○○ 씨의 "최성해가 '조국이 법무부 장관하면 절대 안 된다'고 했다"는 증언을 뒷받침하는 것이다.

8월 27일 이○○ 씨 변호인 반대 신문
문: 증인은 2019년 8월 말 내지 9월 초 무렵에 최성해로부터 직접 '내

---

25 평화나무, 〈난감한 최성해 "이낙연이 날 어찌 생각하겠나?"〉(2021.06.23.)

가 윤석열과 밥도 먹었고 윤석열과 더불어 우리나라 최고 권력자
인 문재인과 조국을 상대하여 싸우고 있다. 그러니 너 깝치지 마
라'는 이야기를 들었지요.

답: 예. 맞습니다.

문: 최성해는 증인에게 '조국이 법무부장관 하면 절대 안 된다. 나는
윤석열과 함께 대한민국 최고 권력자를 상대하는 사람이라 이제는
아무도 나를 건드리지 못한다. 너도 잘못하면 구속시켜버리겠다'
라고 말한 사실도 있지요.

답: 예. 있습니다.

이처럼 조국 전 장관에 대한 최성해의 정치적인 반감은 일시적인 것이
아니다. 법무부 장관으로 지명된 이후 사태가 본격화되기 이전인 2019년
8월 말 9월 초 시점부터 1심 재판이 끝난 2020년 12월, 그리고 최근인
2021년 6월 말까지 그야말로 일관되게 '조국 대통령이 되면 나라 망한
다'는 인식을 그대로 이어오고 있다. 더욱 중요한 것은 측근과의 통화에
서 조국 전 장관에 대한 정치적 반감을 표창장 사건에 대한 자신의 대응
과 연결시켜 강조해왔다는 것이다.

상상을 뛰어넘는
최성해의 극우 성향

6월 18일 《대구MBC》의 〈최성해 "위기절명, 조국 대통령 막으려고"〉
보도에서는 조국 전 장관에 대한 직접적인 언급 외에 최성해 총장의 정

치적 성향과 인식을 나타내는 발언이 함께 소개됐다.

"아니 우파 좌파보다 지금 현 정권이 너무 잘못하고 있잖아. 이렇게 잘못한 나라가 없어. 아니, 대통령이 국민을 생각 안 하고 중국을 더 생각하고 북한 국민을 더 생각하는 대통령이 어디 있느냐 말이야."
"통일이란 거는 절대로 안 돼. 통일을 하더라도 그런 통일을 내 원치 않아. 왜냐하면 통일이라는 거는 전쟁을 해서 이긴 사람이 집어먹는 게, 그래 된 통일이 진정한 통일이지. 이런 식으로 통일을 하면 틀림없이 북한 쪽에서 원하는 좌파로, 적화통일이 될 거고."[26]

이는 최 총장이 조국 교수가 법무부 장관이 돼서도 안 되고 대통령이 돼서도 안 되는 이유를 설명하는 부분이다. 이를 볼 때, 결국 최 총장은 현 정권과 진영에 극도의 반감이 있으며 '이런 식의 통일', 즉 평화공존을 통한 통일을 반대하고 무력을 통한 일방적 통일을 지향하는 극우적 사고를 가지고 있으며, 그러한 사고가 표창장 의혹에 대해 최 총장이 취했던 자세의 바탕이 되었음을 알 수 있다.

방송에서 공개되지 않은 부분에는 극우적인 것을 넘어 비이성적이고 비현실적인 인식을 드러내는 부분도 있다.

"적화통일이 되어버리면 남한에서 남한 사람들이 '우리가 통일하자고

---

26 대구MBC(2021.06.18.) https://dgmbc.com/article/A8Hmor9yhm6vj

했나, 정권이 통일하자고 했는데, 우리 이런 정권 밑에 못 있겠다' 제2의 빨치산이 나오는 거야. 산으로 올라가면 무기 들고 밤만 되면 내려오고. 북한 애들도 자본주의 통일이 되면 북한 애들도 마찬가지야. 그래가 1년에 군인들끼리 전쟁해서 사람 죽는 수는 얼마 안 돼. 왜냐하면 전쟁 작전 속에 아군을 보호하는 작전이 다 들어가 있기 때문에 어떡하면 안 다치게 하느냐, 이게 있는데 만약에 민간인들이 총을 갖고 덤벼들면 그때는 그러는 게 없어."[27]

이미 알려진 바와 같이 최 총장은 2020년 4월 총선을 앞두고 "미래통합당 공천을 제의받은 바 있고, 비례5번 내의 제안을 받았다"는 사실을 자기 입으로 밝힌 바 있다. 당시 미래통합당 원내대표였던 주호영 의원과 통화를 하는 등 야당과의 커넥션도 과시해온 바 있다. 그의 정치 성향과 극우적 사고를 감안하면 충분히 있을 수 있는 일인 것이다.

2020년 3월 동양대 관계자와 최성해의 통화 녹취

동양대 관계자 : 국회의원 나온다는 이야기 돌아서요.

최성해 : (미래통합당이) 공천도 해준다고 했고, 비례대표도 5번 안으로 준다고 했는데 안 나간다. 나섰다가 내가 (안 나가기로) 최종 결정지었어.[28]

---

27 최성해-측근 통화 녹취록(2020.12.)
28 대구MBC, 〈최성해 전 총장 "비례대표 제안받아" 수상한 행보〉(2021.04.19.) https://dgmbc.com/article/TKdFZMgR88

이는 최 총장의 처신과 증언이 1심 재판부가 노골적으로 부정했던 김병준, 우동기와의 회동은 물론 교회언론회 성명, 재판에 제출됐던 관련 녹취록, 자유한국당과의 커넥션 등이 지니고 있는 정치적 입장의 연장선상에 있는 것이며, 그 바탕에는 비이성적이고 비현실적인 극우적 사고가 자리 잡고 있다는 것을 입증한다.

허위 진술을 할 만한
충분한 동기

정경심 교수가 임용된 뒤 최성해 총장은 조국 전 장관 일가와 가까이 지내려고 무진 애를 썼다. 정 교수 내외는 물론 자녀들과 함께 자주 식사를 한 것에 대해, 최 총장은 다른 교수들 가족들과도 그런 자리를 가지는 것처럼 얘기했지만 그 예로 든 것은 최측근 교수와의 특수한 경우뿐이었다. 교수 가족과 자주 만남을 가지는 것은 최 총장에게 결코 일상적인 것이 아니었다.

이미 많이 알려진 대로 조민 씨를 자신의 아들과 연결해주려고 하기도 했고, 아들 조원 씨에게도 "천연 사이다를 좋아한다"는 말 한마디에 그걸 사다 택배로 보내주기도 했다. 조국 전 장관이 민정수석에 임명됐을 때 양복을 맞춰주겠다며 일방적으로 재단사를 보냈다가 거절당한 적도 있다. 이런 최 총장의 노력에 대해 조 전 장관 일가의 반응은 사실상 냉랭했다. 최 총장은 조민 씨에게 '예비 의사님'이라는 표현까지 써가며 매우 자주 문자를 보냈으나 조민 씨는 의례적으로 간간이 답을 했을 뿐이었고, 조원 씨는 최 총장이 일방적으로 보내는 카카오톡 메시지에 곤란해서 어쩔 줄 몰라하며 정경심 교수와 상의하기도 했다.

여기에 조국 전 장관이 민정수석 취임 후 양복을 맞춰주려는 시도도 매몰차게 거절하고, 재정지원 제한대학 지정 해제 청탁을 단칼에 거부하기까지 했으니, 최 총장이 조국 전 장관과 일가에 대해 반감과 앙심을 품을 이유는 충분하다.

또한 당시 동양대는 재정지원 제한대학 지정이 확실시되고 있었고, 총선을 반년 정도 앞둔 시점에서 야당이 승리할 가능성을 점치는 가운데 최 총장은 야당 인사들과 긴밀하게 교류해오고 있었다. 표창장 의혹과 관련한 처신을 '위기이자 기회'로 볼 이유도 충분했다.

그리고 무엇보다 그는 극우적 사고를 바탕으로 정권에 반감을 가지고 있었고, 조국 전 장관이 법무부 장관을 거쳐 대통령이 될 수 있는 가능성을 '현실'로 받아들이고 있었으며, 그것을 저지해야 할 그 나름대로의 불타는 '애국심'을 갖고 있었다.

이 모든 사실들은 "최성해에게는 피고인 또는 조국에게 불리한 내용의 허위 진술을 할 정치적 배경이 없었고, 오히려 피고인과 동양대를 보호하려는 입장이었다"는 1심 재판부의 판단을 정면으로 뒤집는 동시에 '정경심 교수와 조국에게 불리한 허위 진술을 할 동기'가 차고도 넘친다는 사실을 분명하게 보여주고 있다.

'번지지 않는 인주'와
SBS 오보

    2020년 4월 8일 열린 공판에서 검찰은 정경심 교수와 동양대 교원인 사팀장 박○○ 씨와의 통화 내용을 공개했다. 검찰의 전방위 압수수색이 벌어졌던 2019년 8월 27일부터 9월 7일까지 7차례 이루어진 통화의 녹취 내용이었다. 이 통화는 8월 중순 최성해 총장이 정 교수에게 "장관 인사청문회와 관련해서 도와줄 일이나 물어볼 일이 있으면 박○○ 팀장과 통화하라"고 해서 시작된 것이다.

    실제로 정 교수는 압수수색이 일제히 벌어지던 8월 27일 첫 통화를 가진 뒤, 9월 3일 동양대 압수수색부터 《SBS》 보도가 나왔던 9월 7일까지 큰일이 터질 때마다 박○○ 팀장에게 전화했다. 해명도 하고, 문의도 하고, 상의도 하기 위해서였다. 그러나 최 총장과 박 팀장은 이를 부인하고 있다.

검찰은 재판정에서 9월 5일과 9월 7일의 통화 내용을 공개했다. 이는 《SBS》'총장 직인 파일 발견' 오보와 같은 시기였다. 이 둘은 모두 검찰이 흘린 가짜 정보에 정경심 교수와《SBS》가 각각 반응한 것이다.《SBS》오보는 '표창장 위조'를 시각적으로 프레임화했고, 정 교수의 통화는 7개월 뒤에 다시 한번 사건을 시각화시키면서 유죄 판결의 근거로 인용됐다. 둘 다 검찰의 공작으로 의심할 수밖에 없다.

검찰의 여론전
"번지지 않는 인주"

검찰은 "어감이 중요하다"며 일부 녹음 파일을 법정에서 재생했다. 그 중에서도 특히 기자들을 발칵 뒤집어지게 한 것은 '번지지 않는 인주' 부분이었다. 청문회 전날이던 9월 5일의 통화에서 정 교수는 박 팀장에게 '디지털 직인'에 대해 집중적으로 물었다.

정경심(이하 '정') : 그러니까 이런 가능성은 없는 거죠. 예를 들면 인터넷
　　으로 이미지를 갖다가 이렇게 엎어서 찍거나 그럴 가능성은 아예
　　없는 거죠?
박○○(이하 '박') : 그거를 뭐 직원이나 누가 악의적으로, 직인대장의 도
　　장을 스캔 떠서 얹는다 그러면 얹을 수는 있겠죠. 그걸 뭐 포토샵
　　같은 거로 해서.
정 : 진짜?

박: 직인을 찍잖아요. 이게 빨간색 인주로 우리는 항상 찍어 나가거든요.

정: 이게 컬러프린팅이 아니고?

박: 예예. 그러다 보면 그 인주 묻어 있는 부분을 손으로 이래 문질러 보면은 지워지지 않습니까?

정: (잠시 침묵하다가) 그래요?

박: 예. 그렇게 되죠.

(중략)

박: 지금 뭐 어떤, 뭐 어떤 건 때문에 그러시죠? 지금? 인주가?

정: (잠시 침묵하다가) 집에 수료증이 하나 있는데 수료증에 내가 원이, 어… 저기, 민이보고 좀 찾아가지고 인주가 번지는지 좀 보라고. 이렇게 물어봤거든요. 그랬더니 그 (잠시 침묵) 안 번진다 그래서요.

박: 그래요?

정: 이해가 안 가서… 예예.

박: 아, 그게 지금 저희가 나가는 모든 상장은 그 인주로 된 도장을 다 찍어서 나갑니다.

이 대화를 두고 검찰은 총장 명의로 나간 표창장에는 총장 직인을 스캔한 이미지 파일을 사용하지 않는다며, 정 교수가 얘기한 인주가 번지지 않는 수료증이 (정 교수 측이 잃어버렸다고 얘기하는) '조민 씨의 표창장'을 말하는 것이며, 인주가 번지지 않는다는 것은 곧 위조됐다는 것을 말하는 것이라고 주장했다.

이를 두고 언론은 일제히 '표창장 위조의 물증'이나 '위조 표창장의 실물'이 확인된 것처럼 대대적으로 보도했다. 그 내용이 어떤 것이든 '녹취파일'과 '육성'은 대단한 파급력을 가진다.

- **조선일보** 〈정경심 "우리집 수료증 인주는 안 묻어나요"〉
- **조선일보** 〈"우리 아이 수료증은 인주가 안 번지는데… 혹시 파일도 쓰나요"〉
- **한국일보** 〈표창장 원본 못 찾았다던 정경심, 교직원에게 "집에 있는데…"〉
- **국민일보** 〈동양대 직원 "총장 직인은 늘 빨간 인주로"… 정경심 "이상하네"〉
- **중앙일보** 〈"인주가 안 번져요" 조국 청문회 전날, 정경심 왜 직인 물었나〉
- **세계일보** 〈정경심 "인주 안 번져"… 직인 스캔 가능성 언급〉
- **매일경제** 〈정경심 "총장 직인 이미지 덮어쓸 수 있나" 동양대 직원에 질문〉
- **서울신문** 〈동양대 인사팀장 "정경심, 총장 직인에 쓰는 인주 물어봤다"〉
- **경향신문** 〈조국 딸 표창장 진실공방… 검 "총장 직인은 인주만" 정 "대량 발급 땐 이미지 파일 사용"〉
- **머니투데이** 〈"인주가 안 번지네, 이상하다"… 검찰vs정경심, '표창장 직인' 법정공방〉

• YTN 〈정경심, 동양대 직원에 '직인 찍는 방식' 문의… 검찰, 재판서 녹취록 공개〉

　검찰은 박○○ 팀장을 신문하면서 "언론에서 갑자기 정경심 측이 압수수색을 하기 전에 동양대에서 가져간 업무용 PC를 임의 제출했는데 거기에 동양대 총장 직인 파일 발견됐다는 기사 본 적 있습니까? 사실은 이 보도 내용과는 다르게 이 PC에서 총장 직인이 발견된 건 아니었는데, 보도 내용 진위는 알 수 없었지요?"라고 물었다. 여기서 '기사'란 2019년 9월 7일 《SBS》의 〈[단독] 조국 아내 연구실 PC에 '총장 직인 파일' 발견〉 보도를 말한다.

　검사의 이 질문은 정 교수와 박 팀장의 대화가 '사실이 아닌 《SBS》 보도를 보고 범행이 발각 날까 두려워진 정 교수가 총장 직인이 디지털 파일 형태로도 발급된다는 사실을 박 팀장으로부터 확인받으려 했던 시도'로 규정하기 위한 것이었다. 《조선일보》는 이것을 받아 "직원에게 떠봤다"고 보도했다.

　여기에 더해 《세계일보》는 박 팀장이 언급하지도 않은 '스캔 파일'이라는 표현을 집어넣기도 했다. 박 팀장은 "총장님 나가는 게 컬러프린트로 나간 것은 절대 없다"며 "모든 상장은 인주로 된 도장을 찍어 내보낸다"고 했으나 《세계일보》는 이를 "(총장 직인) 스캔 파일을 쓰지 않고 항상 도장을 찍는다"과 바꿔 보도했다. 이는 상장의 직인 부분을 스캔해 표창장을 만들었다는 혐의를 상기시켰다.

　다른 언론들도 검찰의 의도에 맞게 정경심 교수가 디지털 직인 파일과 관련해 뭔가 찔리는 게 있어서 했던 통화라는 맥락으로 보도했다. 그러나 이 신문 과정을 통해《SBS》의 '직인 파일 예언 보도'가 오보였다는 것을 검찰이 밝혀냈다는 사실을 보도한 언론은 없었다.

《오마이뉴스》가 〈"인주 안 번져" 정경심 녹음 파일 놓고 검찰-변호인 공방〉 기사를 통해 변호인이 반대 신문에서 이 사실을 언급한 것은 보도 했지만, 오히려 변호인단의 일방적인 주장으로 묻히고 있었다.

> 유(유지원 변호사): 당시 언론이 '검찰이 압수수색한 정 교수 교수실 컴퓨터 에서 총장 직인 파일이 나왔다'고 보도했는데, 이를 두고 정 교수가 통화에서 '저는 도저히 알 수가 없는데 이런 일이 어떻게 생겼는지 아세요?'라고 묻죠.
>
> 박(○○ 팀장): 그렇죠.
>
> 유: 나중에 알고 보니 그게 오보였고, 그 컴퓨터에선 직인 파일이 안 나온 것 알고 계세요?
>
> 박: 그 컴퓨터에서 나왔는지 안 나왔는지 잘 모릅니다.

검찰 발 SBS 오보 확인을 둘러싼 공방

《SBS》의 '총장 직인 파일 발견' 보도가 오보였다는 사실이 검사에 의 해 확인됐다는 것을 밝히고 알린 것은 동양대 장경욱 교수와 유튜버 빨 간아재,《아주경제》의 김태현 기자, 그리고 개인 SNS 사용자들이었다.

장경욱 교수는 공판 다음 날인 4월 9일 페이스북에 글을 올려 "SBS의

총장 직인 파일 발견 보도가 오보였다는 것이 검찰에 의해 밝혀졌다"고
썼다.

> 작년 9월 7일쯤 SBS에서 단독 보도한 게 있습니다. "정 교수 PC에서
> 총장 직인 이미지 파일 나왔다" 이 뉴스가 당시에 꽤 충격적이었지요.
> 세상에, 오늘 (검찰 측에서 밝힌 것 같은데) 오보였답니다. 정 교수가 그게
> 오보인지도 모르고 교원인사팀장에게 전화를 해서 이것저것 물어본
> 거라 합니다. 그 순간 여러 가지 생각이 들었습니다.
> 기소 다음 날 나라 전체에 위조 확증 분위기를 확 끼었은 그 뉴스. 그
> 게 이제야 오보라고 하면 어떻게 되나요? 기사 내용, 댓글 다시 읽어
> 봅니다. 믿어지지 않습니다.
> 오보라고 치지요. 우리의 상식에 묻고 싶습니다. 그걸 당사자가 전해
> 들으면 어떻게 했을 것 같나요. 내 PC에 나도 모르는 직인 파일 나왔
> 다는데, 눈 뒤집혀서 여기저기 물어보고 했을 건데, 이제는 그렇게 물
> 어보고 전화한 걸 놓고는 또 위조 의심의 증거로 다시 몰아세웁니다.
> 기자님, 본인이 저런 상황에 있었다면 어떻게 했겠냐고, 오보 어떻게
> 책임질 것이냐고, 아니 그 기사 오보 맞긴 맞냐고, 도대체 어떻게 낸
> 거냐고… 정말 묻고 싶습니다.[29]

이 글은 SNS 유저들에 의해 '제2의 논두렁 시계 사건'이라며 맹렬하게

---

29 장경욱 교수 페이스북 https://www.facebook.com/kyongook.jang.7/posts/251640786231180

공유됐다. 그럼에도 이 사실을 확인하는 언론은 없었다. 오히려 당시 법조 출입으로 알려져 있던 《헤럴드경제》 좌영길 기자는 4월 10일 자신의 페이스북에 글을 올려 장경욱 교수가 언급한 "(검찰 측에서 밝힌 것 같은데)" 부분을 지적하며 오보 주장이 "악의적 사실 왜곡"이라고 공격했다.

변호인이 오보라고 하면 허위 보도?

정경심 교수의 연구실 PC에서 '총장 직인 파일'이 발견됐다는 보도가 오보라는 주장이 인터넷에 떠돌고 있다. '기레기 추적자'라는 사이트는 "공판 과정에서 오보로 밝혀짐"이라고 적었고, 동양대 장경욱 교수는 "세상에, 오늘 (검찰 측에서 밝힌 것 같은데) 오보였답니다"라고 했다.
(변호인 반대 신문 내용을 인용한 뒤)

일단 "검찰에서 오보라고 밝혔다"거나 "공판 과정에서 밝혀졌다"는 전혀 사실이 아니라는 걸 알 수 있다. 불리한 상황에 몰린 변호인이 증인을 상대로 "오보라는 거 아시죠?"라고 답변을 유도했지만 원하는 대답을 못 얻었을 뿐이다.
(중략)

정경심 교수가 자백에 가까운 문의를 한 대화 내용이 공개됐는데, 거꾸로 대화 일부를 편집해 불리한 보도를 "오보임이 밝혀졌다"고 해버린다. 이거야말로 악의적 사실 왜곡 아닌가. 이런 식으로 따진다면 변호인이 법정에서 증인에게 "피고인이 억울한 거 아시죠?"라고 물으면

무죄겠다. 이 논리면 재판은 왜 하나.[30]

좌영길 기자는 "SBS 보도가 오보라고 주장한 것은 매우 곤란한 처지에 몰린 정경심 교수 측 변호인이 검찰에 의해 공개된 내용을 반박하기 불가능해지자, 언론 보도를 언급하거나 녹음한 정황이 수상하다는 식의 발언을 했다"고 지적했다. 진중권 씨는 좌 기자의 이 글을 공유하면서 "인지 부조화를 해결하는 저들의 방식"이라며 비난했다.

유튜버 빨간아재 박효석 씨는 4월 11일 〈검찰이 설마… '공작'이 아니라고 누가 근거 좀 대주세요〉[31] 동영상을 올려 자신이 정리한 증인 신문

 Jungkwon Chin
8시간 · 🌐   •••

손바닥으로 하늘을 가리는 거죠. 기꺼이 속을 준비가 돼 있는 문빠들은 속여도, 설마 재판장이 속겠습니까? 이미 다 드러난 사실. 뭐 하러 그런 속여다 보이는 언론플레이를 하는지. 지금 우리는 인지부조화를 해결하는 저들의 방식을 보고 있는 겁니다. 앞으로도 계속 엉뚱한 소리 할 겁니다. 구경이나 하죠.

 좌영길
9시간

*변호인이 오보라고 하면 허위보도?

정경심 교수의 연구실 PC에서 '총장 직인 파일'이 발견됐다는 보도가 오보라는 주장이 인터넷에 떠돌고 있다. '기레기 추적자'라는 사이트는 〈공판과정에서 오보로 밝혀짐〉이라고 적었고, 동양대 장경욱 교수는 〈세상에, 오늘 (검찰 측에서 밝힌 것 같은데…

더 보기

---

30 좌영길 기자 페이스북
　https://www.facebook.com/100003234563980/posts/2808946445889813/?d=n
31 빨간아재 유튜브 https://www.youtube.com/watch?v=brdvcyccmtw

기록을 제시하며 좌영길 기자와 진중권 씨의 지적과 비판을 강력하게 반박했다.

박효석 씨는 자신의 기록을 근거로 "안 모 검사가 SBS 보도 기사를 제시하면서 '임의 제출한 PC에서 동양대 직인 파일이 발견됐다고 보도됐는데 이 PC에서는 파일이 발견 안 됐다'고 질문한 것이 분명하다"고 확인했다. 그리고 "장경욱 교수의 글에 대한 좌영길 기자와 진중권 씨의 공격 문제는 일단락됐다"며 "이제 SBS의 보도가 어떻게 나오게 된 것인지에 집중해야 한다"고 강조했다. 이후 빨간아재 박효석 씨는 자신의 채널은 물론 4월 22일 〈YTN 뉴있저〉에 출연하면서 《SBS》 오보 문제를 집중적으로 제기했다.

4월 11일 《아주경제》 김태현 기자는 〈검찰의 실수?… 증인 신문 도중 "정경심 PC에는 총장 직인 파일 없었다" 실토〉[32] 기사를 올려 "정경심 교수 연구실 PC에서 총장 직인 파일이 발견된 보도가 있었죠. 근데 이 PC에서 발견된 사실이 없었거든요. 증인은 이 진위 여부는 알 수 없었죠?"라는 검찰 측 발언을 전하며 "7개월 만에 법정에서 검찰과 증인의 입을 통해 '오보'임이 확인된 셈"이라고 보도했다. 이어 4월 14일 〈자꾸 바뀌는 증인들의 말… 검찰에게도 녹록지 않은 '법원의 시간'〉[33]을 통해 "지난해 9월 7일 SBS가 검찰이 확보한 컴퓨터에서 동양대 총장의 직인 파일이 발견됐다고 보도한 내용이 오보로 밝혀지면서 이 같은 논란은 더 커지고 있는 상황"이라고 보도했다.

---

32 아주경제 https://www.ajunews.com/view/20200411171147986
33 아주경제 https://www.ajunews.com/view/20200414165615173

김태현 기자의 보도를 토대로 4월 22일 〈TBS 김어준의 뉴스공장〉에서도 이 문제를 다루면서 논란이 확산되자,《경향신문》유설희 기자는 5월 1일 〈[팩트체크] 정경심 PC에서는 '총장 직인 파일'이 발견됐을까?〉[34]라는 기사를 올렸다. 그러나 이 기사는 "결론부터 말하면, 정 교수 PC에서는 총장 직인 파일이 발견됐다. 하지만 검찰이 공소사실에 적은 총장 직인 파일은 정 교수가 임의 제출한 PC가 아니라 보도 이후 동양대에서 임의 제출받은 PC에서 나온 것"이라며 "강사 휴게실 PC나 연구실 PC나 모두 정경심 교수 PC이므로 SBS 보도의 오보 여부와 관계없이 '정 교수 PC에서 총장 직인 파일이 발견됐다'는 것은 사실"이라는 취지의 내용이었다.

5월 7일에 이르러《SBS》는 〈'동양대 총장 직인 파일' 논란 계속… 당시 상황은?〉이라는, 자다가 남의 다리 긁는 식의 해명도 아니고 뭣도 아닌 기사를 올렸다. 내용은 "'총장 직인 관련 파일'이 발견됐다는 것이 정확한 표현이었지만 '총장 직인 파일'이 발견됐다고 보도했다"는 내용이었다.《SBS》의 이 보도는 6월 3일 방송통신심의위원회 소위를 거쳐 6월 22일 전체회의에서 법정제재인 '주의' 결정을 받았다.

4월 8일 공판 이후 6월 3일 방심위 소위 결정이 내려질 때까지 장경욱 교수와 빨간아재 박효석 씨,《아주경제》김태현 기자와 이를 지원한 〈YTN 뉴있저〉와 〈TBS 김어준의 뉴스공장〉, 그리고 이를 맹렬하게 공유하고 전파한 시민들 외에 2019년 9월 7일《SBS》의 총장 직인 파일 발

---

34 경향신문 https://www.khan.co.kr/national/national-general/article/202005011745001

견 보도가 오보였다는 사실이 검찰의 입으로 밝혀졌다는 것을 알리며 《SBS》의 해명을 촉구한 매체는 단 한 개도 없었다. 거짓말처럼 단 한 개도 없었다.

'인주와 직인', 같은 뿌리의 두 가지 공작

《SBS》의 '총장 직인 파일 발견' 보도는 단순한 오보가 아니었다. 치밀한 공작의 흔적이 느껴지는 '사건'이었다. 시민들이 '제2의 논두렁 시계 사태'라고 부르기에 충분했다. 이 보도가 나온 2019년 9월 7일은 조국 장관 후보자에 대한 청문회가 열리던 9월 6일 심야에 정경심 교수를 전격 기소한 바로 다음 날이었다. 이 보도는 검찰의 기소가 확고한 물증을 바탕으로 한 것이라는 믿음을 심어주어 무리한 기소라는 반발과 의혹을 간단하게 잠재웠고, 사건의 내용을 '총장 직인 파일로 표창장을 위조한 사건'으로 명확하게 형상화했다. 민주언론시민연합(민언련)은 5월 19일 낸 보고서에서 《SBS》 보도의 영향을 다음과 같이 정리했다.

SBS 보도가 있었던 작년 9월 7일 저녁부터 10일까지 나흘간, 6개 종합일간지(경향신문·동아일보·조선일보·중앙일보·한겨레·한국일보)와 5개 경제지(머니투데이·매일경제·서울경제·아시아경제·한국경제), 8개 방송사(KBS·MBC·SBS·JTBC·TV조선·채널A·MBN·YTN), 3개 통신사(연합뉴스·뉴시스·뉴스1)에서 '정경심 총장 직인 파일' 키워드를 포함한 기사가 쏟아져 나왔습니다. 동아일보를 제외한 21개 매체에서 82건의 기사를

보도했는데, 대부분은(57건) 9월 8일 나왔습니다.[35]

이 보도는 추석 여론을 뒤흔든 뒤 9월 17일 이후 매체들을 뒤덮은 '영화 기생충식 위조' 보도로 이어졌다. 이로써 동양대 표창장 위조는 이미 사회적으로 기정사실이 되어버린다. 수사도 재판도 필요 없이 그 사건은 '의심의 여지 없는 사실'로 자리를 잡아버렸다. 어떤 항변과 해명도 전혀 먹히지 않았다. 이런 구도는 항소심 과정에서 새로운 증거와 검찰의 조작 흔적이 밝혀지기 전까지 조금도 흔들리지 않은 채 굳건하게 이어졌다.

《SBS》는 방심위 소위에서 "9월 7일의 보도가 9월 3일 임의 제출된 정경심 교수의 연구실 PC에서 아들 상장이 발견됐다는 것을 토대로 했다"는 사실을 간접적으로 시인했다. 《SBS》는 취재원을 명확하게 밝히지 않았지만, 그 정보의 출처가 검찰이라는 것은 굳이 따져볼 필요도 없다.

> 이소영 위원: 그 당시에 1차 제출된, 즉 임의 제출된 컴퓨터에서 아들의 상장 파일이 발견됐다. 확인하셨습니까, SBS?
> 김정인 SBS 법조팀장: 그러니까 그러한 식의 증거가 있다는 것으로만 했습니다.[36]

'김경록 PB가 임의 제출한 정경심 교수의 PC 하드디스크에서 아들 상장이 나왔다'는 사실은 이미 법조 출입기자들을 통해 언론계에 전부 전

---

35 미디어오늘 http://www.mediatoday.co.kr/news/articleView.html?idxno=207134
36 조국백서추진위원회, 《검찰개혁과 촛불시민》, 오마이북, 2020, 233-234p

파되어 있었다. 내용도 훨씬 구체화되어 있었다. 김경록 PB는 2019년 9월 10일 《KBS》 법조팀과의 인터뷰 당시 《KBS》 법조팀장이 "검찰은 이미 모든 것을 다 알고 있다. 원이랑 민이랑 상장 교체해서 바꿨다. 원이는 상을 받았고, 거기서 오려서 민이 걸로 제출했다는 것까지 다 알고 있다"고 강조했다고 밝힌 바 있다.

이뿐만이 아니었다. 당시 〈YTN 김어준의 뉴스공장〉과의 인터뷰 등을 통해 폭포처럼 쏟아지는 의혹 보도에 맞서고 있던 동양대 장경욱 교수도 이 무렵 방송사에 근무하는 지인으로부터 "검찰이 당장 정 교수를 구속하고도 남을 만큼 완벽한 물증을 확보하고 있다"며 "너무 강하게 나서지 않는 게 좋겠다"는 우려 섞인 충고를 듣기도 했다.

모두 9월 10일 강사 휴게실 PC가 발견되기 전이었다. 그런 무엇이 나올 수 없는 시기였다. 어떤 경우를 상상해보더라도 《SBS》 보도와 《KBS》 법조팀장의 확신과 장 교수 지인의 충고는 달랑 '원이 상장' 하나만을 근거로 검찰이 펼쳐낸 뇌피셜에 불과했다. 그 뇌피셜이 마치 바이블처럼 언론계를 장악하고 있었고, 《SBS》 보도를 통해 국민들의 인식에도 '움직일 수 없는 사실'로 자리 잡기 시작했다.

미리 계획했던 것인지까지는 알 수 없지만, 《SBS》의 보도나 《KBS》 법조팀장의 확신은 검찰의 뇌피셜로 만들어진 조작된 정보의 의도적인 유출에 의한 것이었다. 2020년 4월 8일 서울중앙지법 법정을 뒤흔들었던 '번지지 않는 인주' 통화도 같은 시기에 같은 방법에 의해 나온 것이었다.

2019년 9월 5일은 이틀 전 김경록 PB가 임의 제출한 연구실 PC 등의 하드디스크에 대한 포렌식 작업이 이루어진 날이었다. 정경심 교수는 이 작업에 참관한 변호인으로부터 "교수님 연구실 PC에서 총장 직인 파일이 나왔답니다"라는 연락을 받았다. 무슨 영문인지 알 도리가 없었다. 총장 직인 파일은 뭐며, 그게 왜 거기서 나왔다는 건지.

정 교수는 이미 하루 전인 9월 4일 있는 그대로 보도자료를 내달라고 했지만 "딸 표창장 정상 발급됐다고 해달라고 압력을 넣었다"고 《조선일보》에 뒤틀어 말한 최성해 총장에게 뒤통수를 맞아 만신창이가 되어 있었다. 그런 정 교수에게 연구실 PC에서 영문도 모르는 총장 직인 파일이 나왔다는 것은 큰 위협일 수밖에 없었다. 그래서 무슨 일인지 여기저기 물어보고 이 생각 저 생각하던 중에 박○○ 팀장에게 연락해 물어본 것이다.

검찰은 연구실 PC의 포렌식이 끝난 9월 5일 직후, 아들 상장 파일만 나온 상태에서 총장 직인 파일이라는 창의적인 뇌피셜을 《SBS》에 흘리고, 더 나아가 "아들 상장 오려서 딸 표창장 만들었다"는 전혀 근거 없는 가짜뉴스를 돌려 언론을 장악했다. 또한 그것을 변호인을 통해 정경심 교수에게 흘려 당황한 정 교수로 하여금 박○○ 팀장과 통화하게 하고, 대화 과정에서 번지지 않는 인주 콘셉트를 잡아낸 뒤 잘 쥐고 있다가, 4월 8일 공판에서 육성으로 공개함으로써 또 하나의 시각적 프레임을 만들어낸 것이다.

그리고 검찰은 이를 '위조의 인식'으로 활용하는 한편, '인주가 번지지 않는 수료증이 바로 위조된 표창장 실물'이라는 주장을 내세우는 근거로 삼았다. 그리고 재판부는 그 논리를 그대로 유죄의 근거로 삼았다.

피고인이 박준규와 통화하면서 언급한 인주가 번지지 않는 수료증은 동양대 총장 표창장일 가능성이 크다.[37]

피고인은 2019년 9월 5일 박준규와 전화 통화를 할 때 조민이 동양대 총장 표창장의 총장 직인 부분을 문질러도 번지지 않는다고 말하였으므로, 피고인과 조민은 그 무렵에도 동양대 총장 표창장 원본을 소지하고 있었던 것으로 판단된다. 그럼에도 피고인은 검찰 조사를 받은 때부터 이 법정에 이르기까지 동양대 총장 표창장 원본을 분실하였다는 이유로 동양대 총장 표창장 원본을 제출하지 않고 있다.[38]

위와 같이 피고인이 동양대 총장 표창장을 위조하였는지를 판단할 수 있는 동양대 총장 표창장 원본과 표창장 사진 파일의 원본 파일을 모두 분실하였다고 주장하면서 수사기관 및 이 법원에 제출하지 않는 사정도 피고인이 동양대 총장 표창장을 위조하였다는 점을 뒷받침한다.[39]

---

37 판결문 244p
38 판결문 259p
39 판결문 259-260p

1부 검찰이 지워버린 표창장의 진실

2부

포렌식으로
밝혀진 진실과
검찰의 허위 기망

01

표창장 사건
포렌식 개요

정경심 교수 재판의 포렌식 관련 설명을 하려면 필자가 어떤 경위로, 언제 이 재판에 참여하게 되었는지와 검사 측이 제시한 포렌식 분석 보고서들이 얼마나, 어떤 양상으로 제시되었는지에 대한 개략적인 이해가 필요하다. 이런 문제들을 간략히 설명하고 넘어가겠다.

아울러, 여기서부터 설명하는 포렌식 분석 관련의 내용은 최소한의 IT 지식은 있어야 이해가 용이하다는 점에 대해 독자분들에게 양해를 구한다. 포렌식 분석의 특성상 기술적 내용이 너무 많아 기초적인 내용까지 설명하기에는 지면의 한계가 너무도 컸다. 가급적이면 쉬운 설명을 곁들이려 애썼고 피치 못하게 등장하는 기술 용어들도 간략하게나마 설명하려 했지만, 그럼에도 적어도 윈도우 PC를 매우 능숙하게 사용하는 분들만이 내용 일부라도 이해할 수 있을 것 같다. 이해가 되지 않는 대목에는 너무 집착하지 마시고, 이해가 되는 부분만이라도 읽어주면 감사하겠다.

필자의 포렌식
개입 시점

필자가 포렌식과 관련하여 정경심 교수 변호인단을 돕기 시작한 것은 2020년 8월 초경이었다. 당초 변호인단은 외부 업체에 의뢰하여 독자적 포렌식을 진행했지만, 그 결과가 검사 측의 포렌식 주장에 대항하기에는 많이 역부족이었다. 특히 2020년 7월 23일 공판에서 포렌식 분석관에 대한 검사 측 신문 이후 8월에 변호인 측 신문이 예정되어 있었는데, 공판 소식을 전해 듣기로는 무언가 불안한 느낌이 있었다. 이런 이유로 필자가 변호인단에 연락하여 도움을 제공할 것을 자청했다.

시기적으로 매우 늦게 참여한 만큼, 당시에는 전면적으로 포렌식 분석을 다시 해볼 여유 따위는 없었다. 포렌식 분석관들에 대한 검사 측 증인 신문이 지난 후라 변호인 측 증인 신문이 임박해 있었기 때문이다. 무엇보다 검사 측이 유죄를 주장하는 원천이었던 포렌식 보고서들부터 읽어봐야 했는데, 첫날 전달받은 분량부터 압도적이었다. 이후 12월 말에 1심 선고가 나오기 전까지, 필자는 4개월이 넘는 기간 내내 이 포렌식 보고서들의 명시적 오류들을 지적하고 기술적 공방을 주고받는 일에 전념해야 했다.

필자가 포렌식에 참여하기 전에도 검사 측은 대량의 포렌식 보고서는 물론이고 검사 측 핵심 증거물인 'PC1'과 'PC2' 등의 PC 하드디스크 등 사도 계속 미루다 한참이나 늦게 허용했다. 그래서 필자는 8월에 변호인단 조력자로 참여하기 시작한 후로도 1심 과정에서는 변호인 측 포렌식 작업을 다시 해볼 여유가 있을 리가 없었고 전혀 엄두조차 낼 수조차 없었다. 검사 측 주장만이 가득한 포렌식 보고서들 분석해 내용적 허점만 가지고 검사들과 다투는 형편이었다. 방어에만 급급할 뿐 제대로 된 공격은 불가능한 상황만 연속될 뿐이었다.

다행히, 짧은 시간 내에 검사 측 유죄 주장을 흔들 만한 유의미한 무죄 정황들을 다수 찾아냈다. 그러나 재판부는 변호인 측의 중요한 주장들 대부분을 가볍게 배척해버렸고, 2020년 12월 23일에 표창장 위조 혐의 유죄를 포함한 1심 판결이 내려졌다.

항소심을 준비하던 2월 초경, 필자는 변호인단에 한 가지 제안을 했다. 기존의 포렌식 보고서 분석을 넘어서, 필자가 포렌식 분석을 전면 다시 해보겠다는 것이었다. 그러기 위해 고가의 포렌식 프로그램인 'Magnet AXIOM'을 구입해달라는 요청도 했다. 이미 변호인 측도 다른 유명한 포렌식 프로그램들을 확보하고 있었지만, 검사 측이 무기처럼 휘두르는 유죄 근거들 중 많은 것들이 이 프로그램으로 분석한 결과였기 때문이다. 상대가 신무기를 휘두르는데 구시대 무기로 대항할 수는 없지 않은가.

무엇보다 필자 개인적으로도, 1심 재판부가 판결문에서 중요 유죄 판단 사유로 적시한 〈7828 보고서〉의 미스터리를 풀고 싶었다. 도대체 어떻게 1심 법정에서 한 번도 거론조차 되지 않은 포렌식 보고서가 유죄 근거가 될 수 있는지, 본문이 4페이지인데 별첨 자료는 640페이지가 넘는 이 보고서는 뭘 분석했다는 건지, 대체 검사 측은 왜 이 보고서를 제출한 건지, 문서상 설명도 없고 법정에서도 변론 한번 없었던 보고서에서 재판부가 직접 640페이지의 별첨 엑셀 문서를 분석해 유죄 증거를 찾는 게 가능한 일인지, 전혀 별개의 증거물인 PC1과 PC2의 분석 결과들은 왜 한 엑셀 문서에 뒤섞여 있는지 의문점들이 차고 넘쳤다.

특히 PC1과 PC2에서 완벽히 동일한 시점에 같은 웹 주소로 접속한 흔적이 최소 수십 군데 나타난 이유를 알아내야 했다.[40] 그리고 〈7828 보고서〉의 별첨 자료를 산출한 프로그램이 AXIOM으로 적시되어 있었으므로, 이 프로그램이 반드시 필요했다.

국내에서 AXIOM 프로그램은 인터넷 쇼핑몰에서 클릭 한두 번으로 구입할 수 있는 것이 아니었다. 판매사에 직접 문의해 구입 계약을 한 후 상당 기간이 걸려 본사로부터 라이선스를 전달받는다. 그래서 변호인 측이 구입을 결정해준 후에도 실제 AXIOM 프로그램을 입수해 돌려볼 수 있게 된 것은 2021년 3월에 이르러서였다. 그때는 이미 항소심 공판 준

---

[40] 별개의 PC인 PC1과 PC2에서 동일한 웹 주소에 초 단위까지 같은 시각 접속한 흔적이 나온 것은, 그 흔적에 표시된 시간이 실제 '접속 시간'이 아닌 '서버 수정 시간'이었기 때문이었다. 이후 자세히 설명한다.

비 기일이 열리고 있었다. 시간이 너무도 부족했다.

가장 급하고 중요한 순서대로 포렌식을 진행하면서 동시에 법정 대응을 진행할 수밖에 없었다. 앞에서 한 전투를 벌이는 동안 뒤에서는 또 다른 전투가 벌어지는, 말 그대로 내내 전쟁판이었다. 일분일초가 촉박했고, 그 일분일초마다 새로운 진실들이 드러났다. 포렌식 분석에서 반전을 기대했다가 오히려 필자도 감당하기 버거울 만큼의 놀라운 사실을 계속해서 발견해냈다.

검사 측의
포렌식 보고서들

검사 측은 2019년 9월 3일에 정경심 교수의 동양대 연구실 PC를 압수수색한 후로 표창장 위조 혐의 관련으로만 총 25차례 포렌식 보고서를 작성, 제출했다. 아래는 그 목록이다. 여기서 '12033'으로 표기된 것은 정 교수의 연구실 PC이고, '12424-1', '12424-2'는 각각 강사 휴게실 PC 1호 및 2호이다.(이 책에서 다루는 포렌식 절대다수가 '강사 휴게실 PC 1호, 2호'이므로 수도 없이 반복해서 지칭하게 될 것이다. 따라서 이하에서는 간략하게 'PC1' 및 'PC2'라고 지칭하겠다.)

포렌식 보고서들 중 대부분은 대검 디지털수사과의 이○○ 분석관 1인이 분석한 것이다. 전체 25건 중 단 3건만이 다른 분석관들이 작성한 것이고 나머지 22건은 이 분석관이 작성했다. 표창장 혐의 관련의 포렌

지원 번호	분석 시작	분석 종료	분석 대상	작성자
2019 지원 12033	2019.09.04.	2019.09.09.	12033 PC 최초 분석	이○○
2019 지원 12467	2019.09.11.	2019.09.17.	12424-1/2 PC 재분석[41]	이○○
2019 지원 12783	2019.09.19.	2019.10.01.	12424-1/2, 12465-2, 12466-1 PC 재분석	이○○
2019 지원 13118	2019.09.25.	2019.10.01.	12424-2 PC 재분석	이○○
2019 지원 13119	2019.09.25.	2019.10.01.	12424-1 PC 재분석	이○○
2019 지원 13628	2019.10.02.	2019.10.07.	12424-1/2 PC 재분석	이○○
2019 지원 13879	2019.10.10.	2019.10.14.	12424-1/2 PC 재분석	이○○
2019 지원 13975	2019.10.10.	2019.10.16.	12466-1 PC 재분석	윤○○
2019 지원 13976	2019.10.10.	2019.10.16.	12466-1 PC 재분석	윤○○
2019 지원 13997	2019.10.14.	2019.10.15.	12424-1 PC 재분석	이○○
2019 지원 14152	2019.10.16.	2019.10.24.	12424-1/2 PC 재분석	이○○
2019 지원 14253	2019.10.18.	2019.11.07.	12424-2 PC 재분석	이○○
2019 지원 14426	2019.10.22.	2019.11.14.	12424-2 PC 재분석	이○○
2019 지원 14852	2019.10.31.	2019.11.07.	12424-1/2, 12465, 12466 PC 재분석	이○○
2019 지원 15084	2019.11.06.	2019.12.09.	15084 PC 분석	박○○
2020 지원 1407	2020.02.18.	2020.03.02.	12033, 12424-1/2, 12465, 12466 PC 추가 분석	이○○
2020 지원 5258	2020.05.13.	2020.05.15.	12424-1/2 PC 재분석	이○○
2020 지원 7694	2020.06.26.	2020.07.01.	12424-1/2 PC 재분석	이○○
2020 지원 7828	2020.06.30.	2020.07.09.	12424-1/2 PC 재분석	이○○
2020 지원 7829	2020.06.30.	2020.07.14.	12424-2 PC 추가 분석	이○○
2020 지원 7891	2020.07.01.	2020.07.03.	12424-1/2 PC 추가 분석	이○○
2020 지원 7987	2020.07.02.	2020.07.06.	12424-1/2 PC 추가 분석	이○○
2020 지원 8101	2020.07.03.	2020.07.07.	12424-1/2 PC 추가 분석	이○○
2020 지원 8201	2020.07.07.	2020.07.13.	12424-1/2 PC 추가 분석	이○○
2020 지원 8552	2020.07.14.	2020.07.15.	12424-1/2 PC 추가 분석	이○○

| 검사 측 포렌식 보고서 목록

---

41 〈2019 지원 12467〉 보고서의 의뢰 사항이 '재분석'이라고 된 부분은, 12424 PC들에 대한 이보다 앞선 '최초' 분석 보고서가 제출되지 않았다는 점에서 의심스러울 수밖에 없는 부분이며, 해당 분석관 증인 신문 당시 변호인 측에서 이 부분을 지적하고 질의했으나 분석관은 명쾌하게 해명하지 않았다.

식 분석을 혼자 독점하다시피 한 것이다. 게다가 2019년 가을부터 쏟아져나온 표창장 혐의 유죄 정황이라고 보도된 내용들 전부가 이 분석관의 보고서에서 나온 내용이고, 후술하겠지만 그 내용들 중엔 기술적으로 명백한 허위 및 의도적 기망으로 볼 수밖에 없는 부분들이 매우 많았다.(반면, 이○○ 외에 다른 분석관들이 작성한 3건의 포렌식 보고서들에서는 기술적으로 문제로 지적할 부분이 발견되지 않았다.)

분석 시작 일자와 종료 일자를 보면 알 수 있듯이, 검사 측은 2019년 9월 초부터 포렌식 분석을 시작해 2019년 말까지 거의 쉴 새 없이 포렌식 분석을 하고 또 했다. 그리고 2020년에 들어서 1심 재판이 한창 진행 중인 상황에서도 10건의 보고서를 추가로 작성했는데, 보다시피 그 대부분인 8건이 포렌식 분석관들의 증인 출석이 임박한 2020년 6월 말부터 증인 출석 직전인 2020년 7월 중순까지 양산해낸 것이다.

수사 단계를 한참이나 지나 이미 공판이 6개월이나 진행 중인 상태에서 포렌식 분석관의 증인 신문을 앞두고 무려 8건의 추가 보고서를 뽑아냈다는 것은, 그 사실만으로도 검사 측의 애초 수사가 얼마나 부실했는지 스스로도 인식하고 있었다는 방증일 것이다.

예를 들어, 이중 마지막인 〈2020 지원 8552〉 보고서는 2019년 10월에 작성했던 〈2019 지원 14253〉에서 아무 근거도 없이 엉터리로 추론했던 내용을 작성 분석관이 스스로 취소하고 정정한 내용이었는데, 이 정정한 내용조차 기술적으로 엉터리여서 필자가 재반박한 바 있다. 이렇게 증인 신문이 임박해서 작성 제출한 보고서들 대부분이 기존의 부실한 보고서들을 보완하거나 정정한 것들이었다.

PC1의 지리적
위치 추정

'2013년 6월 16일 PC1이 어디에 있었는가?'는 이 사건의 가장 핵심적 쟁점이었다. 검찰은 PC1이 방배동에 있었다고 주장했다. 당시 정경심 교수가 서울에 있었던 것이 확실하므로 그들이 주장하는 위조가 실행되려면 관련 파일이 발견된 PC1이 방배동에 있어야 했기 때문이다. 그러나 정경심 교수는 처음부터 "그 PC는 동양대에서 쓰다가 2014년에 방배동으로 가져왔다"고 말했다. 그래서 변호인단은 1심 초기에 이건 사건 자체가 안 된다고 판단했다. 2013년 6월 16일 정경심 교수는 서울에 있었고 PC1은 동양대에 있었기 때문에 정 교수가 그 안에 있는 파일들을 가지고 뭘 한다는 것이 원천적으로 불가능했기 때문이다.

그러나 검찰은 희한한 방법으로 PC1의 위치를 특정했다. 복잡한 설명 과정을 거쳐 "2012년 7월 17일에서 2014년 4월 6일 사이에 PC1에서 '192.168.123. 137'이라는 IP주소가 22번이나 발견된다"는 것이었다. 1심 재판부는 이 IP 기록과 (이후 설명할) 심야 시간 웹 접속 기록을 들어 2013년 6월 16일 PC1이 방배동에 있었다고 인정해버렸다.

하지만 항소심 단계에서 필자는 '192.168.123.137' 외에 다른 두 IP주소가 30번이나 더 나온 것을 발견했다. 검찰이 은폐한 것으로 의심되는 것이다. 검찰은 이에 대해 "분석 방법의 차이일 뿐이지 고의적으로 누락시키거나 은폐한 것은 아니다"라고 변명했지만, 여러 측면에서 전혀 납득이 안 되는 변명이다.

필자는 정 교수의 일정과 PC1의 사용 기록을 비교해 PC1이 2013년 5월 20일에 동양대에서 사용됐다는 것을 확인했다. 다음으로, 2013년 8월 22일 정경심 교수가 오전 10시 10분 풍기우체국에 다녀온 등기영수증의 스크린샷을 발견하고, 그 직전과 직후 시간에 PC1이 사용된 기록을 확인했다. 또한 우체국에 다녀오는 시간 동안 PC1이 사용되지 않은 채 작동되고 있던 기록도 확인했다. 이로써 2013년 8월 22일에도 역시 PC1은 동양대에 있었음이 입증되는 것이다.

검사 측의 IP주소 기반
PC1 위치 주장

검사 측이 2013년 6월 16일 강사 휴게실 PC1이 방배동 자택에 있었다고 주장하는 데 시발점이자 가장 핵심이 되는 근거는 검사 측 포렌식 보고서 〈2019 지원 12467〉에 나타나 있다. 이 보고서는 사설 IP주소의 유사성으로 지리적 위치를 추정한 것이다. 당시 PC2가 자택에 있었다는 데는 검사 측과 변호인 측이 이견이 없었다. 그런데 PC1과 PC2의 사설 IP주소 대역대가 '192.168.123.x'로 같게 나왔다. 이에 따라 두 PC는 방배동 자택에 있었다는 게 검사 측 주장이다.

그러나 이는 황당하기 짝이 없는 말이다. '192.168.123.x'라는 대역대는 가장 흔하게 볼 수 있는 '192.168.0.x'에 버금갈 정도로 흔한 대역대다. 시중에서 흔히 볼 수 있는 유니콘, LG, 삼성 등 수많은 브랜드의 공유

다) 위 컴퓨터의 IP 할당 정보를 EnCase를 이용하여 분석한 바, 다음과 같은 사실을 확인하였다. (<표8> 참조)
- 할당된 IP : 192. 168. 123. 137
- 위 IP는 사설IP 로써, 2016. 12. 26. 마지막으로 할당되었다.

- 위 IP는 증거2호의 IP(192. 168. 123. 5) 와 동일한 대역의 IP이다. 따라서 양 컴퓨터는 지리적으로 같거나 인접한 위치에서 사용되었을 것으로 추정된다.

기들에서 기본적으로 사용하고 있는 주소 대역대이기 때문이다. 이런 브랜드의 공유기들을 사용하는 곳이라면 위치가 어디라도 같은 대역대의 사설 IP주소가 나온다.

이 주장은 마치 강남의 삼성전자 본사 사옥에 101호가 있고 여의도의 LG전자 본사 사옥에는 102호가 있으니, 두 주소는 지리적으로 인접한 위치라고 주장하는 것과 같은 일이다. 혹은 서울 모 고등학교에 2학년 1반이 있고 가평 모 초등학교에 2학년 2반이 있으니 이 역시 인접한 곳이라는 주장과도 같다. 기술적으로 너무 어이가 없어 반박할 의지마저 들지 않는다.

그런데 검사 측의 주장엔, 우연히도 최종 결과 면에서 어느 정도 맞는 부분이 있다. PC1의 IP주소 '192.168.123.137'은 방배동 자택에 할당된 것이 맞기는 한 것이다. 그렇다고 검사 측의 추론이 타당한 것은 결코 아닌 것이, 이 추론의 중요 단계인 PC2의 IP주소가 틀렸기 때문이다. 후술하겠지만, 2012~2013년 당시 PC2가 방배동 자택에서 사용하던 IP주소는 '192.168.123.5'가 아니라 '192.168.123.160'이었다. 이 보고서에서 주장하는 PC2의 IP주소 '192.168.123.5'는 PC2가 3년이나 자택이 아닌 다른 곳들을 떠돌다 자택으로 돌아온 2015년 이후에 새로 할당된 것이다.

⟨2019 지원 12467⟩을 작성한 분석관은 PC2의 2013년 당시 IP 내역은 아예 조사해보지도 않고 PC2의 2016년 최종 IP주소만으로 이런 주장을 펼쳤다. 심지어 두 IP주소를 할당한 공유기조차 서로 다른 기종이었다.

즉, 해당 보고서를 쓴 포렌식 분석관이 "PC2의 IP주소와 대역대가 같으니 PC1의 137 주소 역시 자택"이라고 주장한 것은, 그야말로 소 뒷걸음치다 쥐 잡은 격이다. 추정한 방법이 이중 삼중으로 엉터리였는데 우연의 연속으로 맞춘 셈이기 때문이다. 게다가 후에 살펴보겠지만 '192.168.123.x' 대역대의 IP주소는 방배동 자택이 아닌 다른 위치에서도 등장한다.

2) [2013. 6.경 전후 증거1호의 네트워크 정보 분석]

가) 증거1호 이미지의 비할당영역에서 위 1) 가)항의 IP(192.168.123.137)에 관한 정보를 키워드 분석한 바, 다음과 같은 사실을 확인하였다. ⟨표⟩ 참조)

– 하드디스크 포맷 이전인 2012. 7. 17.경부터 2014. 4. 6.경 사이에 192.168.123.137 IP가 할당된 흔적 22건이 복원되었고, 주요 접속내역은 다음과 같다.

– ❶ [2012-07-17] 192.168.123.137 컴퓨터에서 마이크로소프트사의 시간동기화 서버 (65.55.21.13)에 접속하였다.

– ❷ [2013-08-30] 192.168.123.137 컴퓨터에서 마이크로소프트사의 시간동기화 서버 (65.55.21.13)에 접속하였다.

– ❸ [2013-11-09] 192.168.123.137 컴퓨터에서 한국투자신탁의 뱅킹시스템에 접속하였다. 특히 복원된 인터넷 주소에서 증거1호 컴퓨터의 네트워크 카드의 MAC 주소 (E0CB4ED92460)가 확인되었다.[4]

| '192.168.123.137' IP주소가 22건 발견되었다는 포렌식 보고서 내용

2부 포렌식으로 밝혀진 진실과 검찰의 허위 기망

검사 측의 IP주소 기반 PC1의 위치 추정은 이에 그치지 않고 포렌식 보고서 〈2019 지원 13997〉에서 '22건의 137 IP' 주장으로 한발 더 나아간다. 이는 2012년 7월부터 2014년 4월 사이에 PC1에서 137 IP주소가 할당된 흔적을 22번이나 찾아냈다는 것이다.

앞서 12467 보고서의 "137은 자택 IP" 주장에 이은 이 주장으로, 검사 측은 "2012년 7월 17일~2014년 4월 6일 사이 PC1은 자택에 있었다"라는 논리를 완성하였다. 꽤 그럴듯하게 들리지 않는가.

그런데 여기에 중대한 허점이 있었다. 검사 측이 주장한 22건의 137 IP 주소가 나온 일시들은 중간에 1년이 넘는 기간이 비어 있다. 검사 측은 1심 당시엔 이 '1년 1개월의 공백'이라는 치명적인 문제를 주목받지 않고 넘어가는 데 성공했다.

검사 측이 공개하지 않은
새로운 IP주소들

필자가 항소심 단계에서 포렌식 분석을 다시 진행하자, PC1에서는 검사 측이 주장한 '192.168.123.137' 외에 '172.30.1.7'과 '192.168.123.112'라는 새로운 IP주소들이 더 나왔다. 더욱이 이 두 IP주소는 검사 측이 말한 22건의 137 IP주소에서 1년 넘게 비어 있던 공백 기간을 대부분 채우는 것이었다.

검사 측이 PC1에 대해 주장한 22건의 137 IP주소 중 단 2건을 제외한 20건은 이벤트로그에 남은 이벤트 35의 기록을 정리한 것으로서, 이는 과거 IP주소를 확인하기에는 매우 제한적인 방법이다. 윈도우의 이벤트 35는 윈도우 운영체제 기능의 일부인 'W32Time' 서비스의 동작 결과 로그로서, W32Time 서비스는 정기적으로 마이크로소프트사의 시간

2부 포렌식으로 밝혀진 진실과 검찰의 허위 기망

서버(NTP Server)에 접속해 PC의 시간을 정확한 시간으로 조정해주는 '시간 동기화(Time Synchronization)' 기능을 담당한다.

원래 이벤트 35 로그의 목적은 IP주소를 기록하는 것이 아니지만, 윈도우XP까지는 그 결과를 이벤트로그에 기록할 때 PC의 IP주소와 시간 서버의 IP주소를 부수적으로 기록했다.[42] 이벤트 35의 예를 보면 앞 페이지에서 제시한 것과 같이 'Event Data' 항목에 'time.windows.com (ntp,m|0x1| 192.168.123.137:123-〉65.55.21.13:123)'이라고 기록되어 있다. 검사 측 분석관은 이 내용을 보고 총 22건 중 20건의 '192.168.123.137' 주소를 수집한 것이다.

그런데 검사 측 포렌식 보고서 〈2019 지원 13997〉에서는 이벤트 35의 여러 흔적 중 오직 '192.168.123.137' IP주소가 나온 것만 카운트했다. 하지만 필자의 변호인 측 포렌식 재분석 결과, 검사 측이 주장하는 22건의 '192.168.123.137' IP주소 외에 16건의 '172.30.1.7'과 14건의 '192.168.123.112'가 추가로 나왔다. 새로 나온 IP주소들의 흔적이 총 30건으로 검사 측이 주장한 22건보다 더 많고, 게다가 이 새로운 IP주소들의 흔적은 22건의 137 IP 주장의 빈 공백 1년 1개월 중 대부분인 11개월을 채우는 것이었다.

---

[42] 윈도우 시간 동기화 서비스의 IP주소 기록은 윈도우XP까지만 제대로 된 IP주소를 남기고, 이후 버전인 윈도우7에서는 PC IP주소가 0.0.0.0으로 익명화되어 유의미한 IP주소가 기록되지 않는다.

:	E... :	Secu... :	Created Date... ▲ :	Pro... :	Event Data :	Source
	35	n/a	2011-10-21 AM 11:56:48	W32Time	time.windows.com (ntp.m|0x1|192.168.10.113:123-...	2019지원12424호_증거1호_hdd
	35	n/a	2011-10-28 AM 11:56:36	W32Time	time.windows.com (ntp.m|0x1|192.168.10.117:123-...	2019지원12424호_증거1호_hdd
	35	n/a	2011-11-04 AM 11:56:40	W32Time	time.windows.com (ntp.m|0x1|192.168.10.117:123-...	2019지원12424호_증거1호_hdd
	35	n/a	2012-07-17 AM 9:16:12	W32Time	time.windows.com (ntp.m|0x1|192.168.123.137:23-...	2019지원12424호_증거1호_hdd
	35	n/a	2012-07-26 PM 6:17:53	W32Time	time.windows.com (ntp.m|0x1|172.30.1.7:23->65.5...	2019지원12424호_증거1호_hdd
	35	n/a	2012-08-11 AM 9:29:49	W32Time	time.windows.com (ntp.m|0x1|172.30.1.7:23->65.5...	2019지원12424호_증거1호_hdd
	35	n/a	2012-08-19 PM 8:49:54	W32Time	time.windows.com (ntp.m|0x1|172.30.1.7:23->65.5...	2019지원12424호_증거1호_hdd
	35	n/a	2012-08-26 PM 8:48:21	W32Time	time.windows.com (ntp.m|0x1|172.30.1.7:23->65.5...	2019지원12424호_증거1호_hdd
	35	n/a	2012-09-04 PM 11:19:38	W32Time	time.windows.com (ntp.m|0x1|172.30.1.7:23->65.5...	2019지원12424호_증거1호_hdd
	35	n/a	2012-09-16 PM 6:15:43	W32Time	time.windows.com (ntp.m|0x1|172.30.1.7:23->65.5...	2019지원12424호_증거1호_hdd
	35	n/a	2012-09-23 PM 6:14:53	W32Time	time.windows.com (ntp.m|0x1|172.30.1.7:23->65.5...	2019지원12424호_증거1호_hdd
	35	n/a	2012-10-02 AM 11:06:02	W32Time	time.windows.com (ntp.m|0x1|172.30.1.7:23->65.5...	2019지원12424호_증거1호_hdd
	35	n/a	2012-10-09 PM 8:06:55	W32Time	time.windows.com (ntp.m|0x1|172.30.1.7:23->65.5...	2019지원12424호_증거1호_hdd
	35	n/a	2012-10-19 PM 6:46:41	W32Time	time.windows.com (ntp.m|0x1|172.30.1.7:23->65.5...	2019지원12424호_증거1호_hdd
	35	n/a	2012-10-27 PM 4:20:56	W32Time	time.windows.com (ntp.m|0x1|172.30.1.7:23->65.5...	2019지원12424호_증거1호_hdd
	35	n/a	2012-11-04 PM 10:12:26	W32Time	time.windows.com (ntp.m|0x1|172.30.1.7:23->65.5...	2019지원12424호_증거1호_hdd
	35	n/a	2012-11-05 AM 12:04:03	W32Time	time.windows.com (ntp.m|0x1|172.30.1.7:23->65.5...	2019지원12424호_증거1호_hdd
	35	n/a	2012-11-16 PM 8:36:09	W32Time	time.windows.com (ntp.m|0x1|172.30.1.7:23->65.5...	2019지원12424호_증거1호_hdd
	35	n/a	2012-11-16 PM 11:56:45	W32Time	time.windows.com (ntp.m|0x1|172.30.1.7:23->65.5...	2019지원12424호_증거1호_hdd
	35	n/a	2012-11-22 PM 11:45:35	W32Time	time.windows.com (ntp.m|0x1|172.30.1.7:23->65.5...	2019지원12424호_증거1호_hdd
	35	n/a	2012-11-30 AM 9:46:48	W32Time	time.windows.com (ntp.m|0x1|192.168.123.112:123-...	2019지원12424호_증거1호_hdd
	35	n/a	2012-12-21 PM 12:12:33	W32Time	time.windows.com (ntp.m|0x1|192.168.123.112:123-...	2019지원12424호_증거1호_hdd
	35	n/a	2012-12-29 PM 10:47:10	W32Time	time.windows.com (ntp.m|0x1|192.168.123.112:123-...	2019지원12424호_증거1호_hdd
	35	n/a	2012-12-31 AM 10:19:28	W32Time	time.windows.com (ntp.m|0x1|192.168.123.112:123-...	2019지원12424호_증거1호_hdd
	35	n/a	2013-02-08 AM 10:29:32	W32Time	time.windows.com (ntp.m|0x1|192.168.123.112:123-...	2019지원12424호_증거1호_hdd
	35	n/a	2013-02-16 AM 11:32:48	W32Time	time.windows.com (ntp.m|0x1|192.168.123.112:123-...	2019지원12424호_증거1호_hdd
	35	n/a	2013-02-24 PM 4:33:33	W32Time	time.windows.com (ntp.m|0x1|192.168.123.112:123-...	2019지원12424호_증거1호_hdd
	35	n/a	2013-03-03 PM 11:27:47	W32Time	time.windows.com (ntp.m|0x1|192.168.123.112:123-...	2019지원12424호_증거1호_hdd
	35	n/a	2013-03-11 PM 5:34:51	W32Time	time.windows.com (ntp.m|0x1|192.168.123.112:123-...	2019지원12424호_증거1호_hdd
	35	n/a	2013-03-31 AM 10:54:34	W32Time	time.windows.com (ntp.m|0x1|192.168.123.112:123-...	2019지원12424호_증거1호_hdd
	35	n/a	2013-04-13 AM 10:14:44	W32Time	time.windows.com (ntp.m|0x1|192.168.123.112:123-...	2019지원12424호_증거1호_hdd
	35	n/a	2013-04-21 PM 6:52:38	W32Time	time.windows.com (ntp.m|0x1|192.168.123.112:123-...	2019지원12424호_증거1호_hdd
	35	n/a	2013-05-02 PM 10:36:51	W32Time	time.windows.com (ntp.m|0x1|192.168.123.112:123-...	2019지원12424호_증거1호_hdd
	35	n/a	2013-05-18 AM 11:48:53	W32Time	time.windows.com (ntp.m|0x1|192.168.123.112:123-...	2019지원12424호_증거1호_hdd
	35	n/a	2013-08-30 AM 8:18:57	W32Time	time.windows.com (ntp.m|0x1|192.168.123.137:23-...	2019지원12424호_증거1호_hdd
	35	n/a	2013-09-08 PM 11:32:23	W32Time	time.windows.com (ntp.m|0x1|192.168.123.137:23-...	2019지원12424호_증거1호_hdd
	35	n/a	2013-09-21 PM 11:55:11	W32Time	time.windows.com (ntp.m|0x1|192.168.123.137:23-...	2019지원12424호_증거1호_hdd
	35	n/a	2013-09-29 AM 10:38:25	W32Time	time.windows.com (ntp.m|0x1|192.168.123.137:23-...	2019지원12424호_증거1호_hdd
	35	n/a	2013-10-06 AM 11:03:13	W32Time	time.windows.com (ntp.m|0x1|192.168.123.137:23-...	2019지원12424호_증거1호_hdd
	35	n/a	2013-10-18 PM 1:14:38	W32Time	time.windows.com (ntp.m|0x1|192.168.123.137:23-...	2019지원12424호_증거1호_hdd
	35	n/a	2013-12-08 PM 11:49:11	W32Time	time.windows.com (ntp.m|0x1|192.168.123.137:23-...	2019지원12424호_증거1호_hdd
	35	n/a	2013-12-16 PM 3:56:12	W32Time	time.windows.com (ntp.m|0x1|192.168.123.137:23-...	2019지원12424호_증거1호_hdd
	35	n/a	2013-12-24 PM 11:55:59	W32Time	time.windows.com (ntp.m|0x1|192.168.123.137:23-...	2019지원12424호_증거1호_hdd

2부 포렌식으로 밝혀진 진실과 검찰의 허위 기망

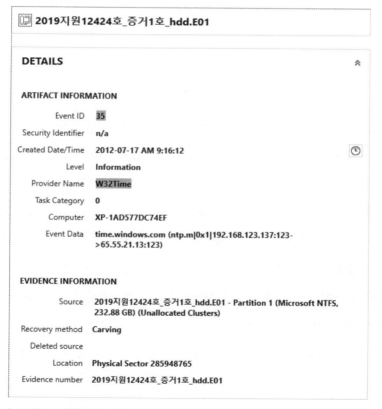

35	n/a	2013-12-31 PM 11:54:32	W32Time	time.windows.com (ntp.m	0x1	192.168.123.137:	23-...	2019지원12424호_증거1호_hdc
35	n/a	2014-01-07 PM 11:54:43	W32Time	time.windows.com (ntp.m	0x1	192.168.123.137:	23-...	2019지원12424호_증거1호_hdc
35	n/a	2014-01-23 PM 8:16:22	W32Time	time.windows.com (ntp.m	0x1	192.168.123.137:	23-...	2019지원12424호_증거1호_hdc
35	n/a	2014-01-24 AM 1:15:50	W32Time	time.windows.com (ntp.m	0x1	192.168.123.137:	23-...	2019지원12424호_증거1호_hdc
35	n/a	2014-02-01 PM 12:40:39	W32Time	time.windows.com (ntp.m	0x1	192.168.123.137:	23-...	2019지원12424호_증거1호_hdc
35	n/a	2014-02-22 AM 10:43:19	W32Time	time.windows.com (ntp.m	0x1	192.168.123.137:	23-...	2019지원12424호_증거1호_hdc
35	n/a	2014-03-13 PM 12:40:12	W32Time	time.windows.com (ntp.m	0x1	192.168.123.137:	23-...	2019지원12424호_증거1호_hdc
35	n/a	2014-03-22 AM 4:33:54	W32Time	time.windows.com (ntp.m	0x1	192.168.123.137:	23-...	2019지원12424호_증거1호_hdc
35	n/a	2014-03-29 PM 10:51:04	W32Time	time.windows.com (ntp.m	0x1	192.168.123.137:	23-...	2019지원12424호_증거1호_hdc
35	n/a	2014-04-06 PM 10:49:15	W32Time	time.windows.com (ntp.m	0x1	192.168.123.137:	23-...	2019지원12424호_증거1호_hdc

| 'W32Time 이벤트 35'로 검색한 결과, 검사 측의 137 IP주소 22건 외에 다른 IP주소 30건이 추가로 발견됨

📇 2019지원12424호_증거1호_hdd.E01

DETAILS   ⌃

ARTIFACT INFORMATION

Event ID	**35**	
Security Identifier	**n/a**	
Created Date/Time	**2012-07-17 AM 9:16:12**	🕐
Level	**Information**	
Provider Name	**W32Time**	
Task Category	**0**	
Computer	**XP-1AD577DC74EF**	
Event Data	**time.windows.com (ntp.m|0x1|192.168.123.137:123->65.55.21.13:123)**	

EVIDENCE INFORMATION

Source	**2019지원12424호_증거1호_hdd.E01 - Partition 1 (Microsoft NTFS, 232.88 GB) (Unallocated Clusters)**
Recovery method	**Carving**
Deleted source	
Location	**Physical Sector 285948765**
Evidence number	**2019지원12424호_증거1호_hdd.E01**

| W32Time 이벤트 35 사례

미공개 IP주소들
무능인가, 의도인가

   '22건의 137 IP주소' 주장은 검사 측이 표창장 작업 일자인 2013년 6월 16일 당시 PC1이 방배동 자택에 있었다고 주장해온 핵심 논거였다. 그런데 실제로 해당 날짜는 검사 측이 주장한 22건의 137 IP주소 기간이 통째로 비어 있던 1년 1개월 기간에 포함되어 있었다. 그런데도 전후로 1년 1개월이나 비어 있는 137 IP주소 기록으로 PC1이 당시 방배동 자택에 있었다고 주장해온 것이다. 게다가 필자가 새로 찾아낸 IP주소들의 기록인 2013년 5월 18일이 검사 측의 8월 30일 기록보다 문제의 2013년 6월 16일에 훨씬 더 가깝다.

   이렇게 '22건의 137 IP주소' 논리에는 엄청난 허점이 있었는데, 검사 측이 오직 '192.168.123.137' IP주소만 검색해보고 그 외에 다른 주소는 전혀 찾아보지 않았다는 변명이 사실일 수 있을까?

아래는 검사 측 포렌식 보고서 〈2019 지원 13997〉 내용의 일부다. 제목에서부터 아래와 같이 2013년 6월경의 IP주소 흔적을 찾아내려는 것이 목적임이 분명히 명시되어 있다. 그런데 이 분석관이 찾았다는 22건의 137 IP주소들은, 그중 2013년 6월 16에 가장 가까운 2013년 8월 30일조차도 2개월 반이나 차이가 있어, 공소사실의 입증에 실질적으로 거의 도움이 되지 않는다.

비유하자면 피의자가 6월 16일에 사건 장소에 갔던 흔적을 찾으려다가 2달 반이나 이후 시점의 흔적만 찾아낸 셈인데, 과연 검사 측은 이것을 범죄 혐의 입증에 충분한 것이라고 판단했는지 의문이다. 이런 논리적 모순점에 대한 해결책으로, 검사 측 분석관은 제목에서 본인이 강조했던

2) [2013. 6.경 전후 증거1호의 네트워크 정보 분석]

　가) 증거1호 이미지의 비할당영역에서 위 1) 가)항의 IP(192.168.123.137)에 관한 정보를 키워드 분석한 바, 다음과 같은 사실을 확인하였다. (<표3> 참조)

　- 하드디스크 포맷 이전인 2012. 7. 17.경부터 2014. 4. 6.경 사이에 192.168.123.137 IP가 할당된 흔적 22건이 복원되었고, 주요 접속내역은 다음과 같다.

　- ❶ [2012-07-17] 192.168.123.137 컴퓨터에서 마이크로소프트사의 시간동기화 서버(65.55.21.13)에 접속하였다.

　- ❷ [2013-08-30] 192.168.123.137 컴퓨터에서 마이크로소프트사의 시간동기화 서버(65.55.21.13)에 접속하였다.

　- ❸ [2013-11-09] 192.168.123.137 컴퓨터에서 한국투자신탁의 뱅킹시스템에 접속하였다. 특히 복원된 인터넷 주소에서 증거1호 컴퓨터의 네트워크 카드의 MAC 주소(E0CB4ED92460)가 확인되었다.[4]

| 제목에서 '2013년 6월경 전후'의 흔적을 분석하겠다 명시

특정 시기 2013년 6월경에 대한 대답 대신, 뜬금없이 "2012년 7월 17일 경부터 2014년 4월 6일경 사이"라는 기간으로 대답했다. 동문서답을 한 것이다. (더욱이 이런 동문서답 사실을 밝히지 않음으로써, 마치 제목대로 2013년 6월의 흔적을 찾은 것처럼 읽히도록 했다.)

2013년 6월경을 목표로 검색을 했는데 1년 1개월이나 공백 기간이 나왔으면, 더 검색을 해보는 것이 전문가로선 상식적인 일이다. 여기서 누구나(전문가라면 더욱) 하게 될 선택은, 당연하게도 검색 방법을 바꾸어 재검색을 해보는 것이다. 이 분석관에게는 2차로 추가 검색을 해볼 방법이 2가지나 있었고, 둘 다 이 분석관이 생각도 못 했다고 보기에 매우 무리한 것들이다.

첫 번째 방법은 앞서 PC1과 PC2의 IP주소 앞부분이 같다면서 스스로도 주목했던 IP 대역대의 앞부분 '192.168.123.'을 키워드로 검색해보는 것이다. 이것만 해도 14건의 '192.168.123.112'를 찾아낼 수 있다. 다른 방법은 22건 중 이벤트 35 항목에서 20건이나 나왔으므로, 아예 '이벤트 35'로 검색해보는 것이다. 이 방법으로 추가 검색을 했으면 14건의 '192.168.123.112'는 물론 16건의 '172.30.1.7'까지 모두 찾아낼 수 있다. 실제로 필자가 그렇게 이 새로운 IP주소들을 찾아냈다.

검사 측은 22건의 '192.168.123.137' IP주소만을 찾았던 것에 대해 "IP주소를 알아야 검색을 할 것 아니냐"는 식의 변명을 하고 있다. 그러나 전문가가 아니라 일반인들도 네이버나 구글에서 검색할 때 1차 검색에서 찾아낸 단서로 2차, 3차 검색을 한다. 포렌식 전문가가 단순 1차 검색만 해보고 그 결과를 최종 결과라고 특정하고 포렌식 보고서에 썼다고 주장하다니, 기가 막힐 노릇이다.

이 분석관은 혐의 날짜가 포함된 1년 1개월간의 공백을 모를 수가 없었고 얼마든지 추가로 더 찾아볼 방법도 있었던 만큼, 그가 더 찾아보지 않고 1차 분석 결과의 중대한 허점(1년 1개월의 공백)을 숨기고 '22건'과 '기간'만 강조한 것은 어떻게 보아도 고의가 아닐 수가 없다. 정황상, 이 분석관이 추가로 찾아보고도 137 외에 다른 IP주소들이 더 나오자 보고서에 기재하지 않았다고 의심하는 것이 합리적일 수밖에 없는 상황이다.

이 분석관이 1년 1개월간의 공백을 포렌식 보고서에 적시하지 않은 점도 큰 문제다. 보고서 일부에서 보았다시피 보고서에 기재된 내용에는 "2012년 7월 17일경부터 2014년 4월 6일경 사이"라며 1년 9개월간의 기간을 명시하고 있는데, 실제로는 비어 있는 공백 기간이 1년 1개월이니 실제 이 분석관이 찾아낸 흔적의 기간은 총 8~9개월 정도에 불과하다. 결과적으로, 가장 중요한 주인공격의 날짜를 포함해 1년 1개월이 비어 있는 8~9개월의 기간에만 나타난 흔적들이 1년 9개월간의 것인 듯 대폭 부풀려진 것이다. 이래도 의도적인 기망이 아닐 수 있을까.

피고인 오프라인 일정과
PC1의 IP주소 비교 검토

2013년 5월 20일 수업 일정과
PC1 사용 흔적

검사 측이 PC1의 IP주소로 '192.168.123.137' 외에 표창장 제작 일인 2013년 6월 16일과 밀접한 '192.168.123.112'를 공개하지 않은 것은 매우 중요한 사실이지만, 여전히 이 112 IP주소의 발견만으로 당시 PC1의 위치를 특정할 수는 없다. 하지만 112 IP주소의 마지막 기록이 2013년 5월 18일인 만큼, 피고인의 2013년 5월경의 일정과 비교하면 당시 PC1의 지리적 위치를 확인할 수 있는 가능성은 있다.[43]

---

43 당초에는 2013년 5월 20일 외에 5월 7일, 5월 29일의 흔적도 제시하였으나, 검사 측 반론을 접수한 후 재확인해보니 포렌식 데이터를 잘못 해석하였음을 확인했고, 이 두 날짜에 대한 분석 의견은 추가 의견서에서 공식 철회하였다.

정경심 교수님 수업 시간표 (2013년)

학기		
2013-1 월 2시-4시	스크린잉글리쉬	
2013-1 화 오전 10시	미국문화와 예술	
오후 2시	학사운영회의	
2013-2 월 2시-4시	영화와 현대문화	
2013-2 화 오전 10시	유럽의 문화와 예술	
오후 2시	학사운영회의	

| 동양대 서버에서 발견된 2013년 정 교수 수업 시간표

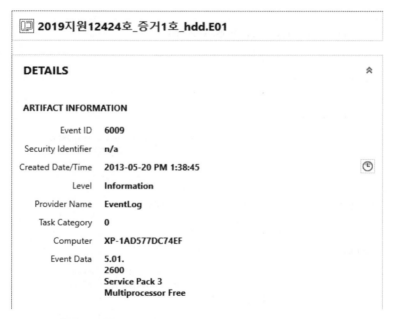

| 2013년 5월 20일 오후 1시 38분 45초 PC1 부팅

앞 페이지의 표는 동양대의 EClass 서버로부터 확인되는 정경심 교수의 당시 수업 시간표이다. 2013년에는 매주 월요일 오후 2시부터 4시까지 '스크린 잉글리시' 수업이 있었다는 사실이 확인된다.

그다음 포렌식 흔적 사진을 보면, 월요일인 2013년 5월 20일 오후 1시 38분 45초부터 오후 1시 47분 5초 사이에 PC1을 부팅한 후 '영재협력사업계획서[1].hwp', 'DYU_StudentExchange[1].docx' 등 업무 관련 파일 작업을 한 사실이 확인된다.

이후 PC1은 사용이 전혀 없다가 오후 6시 16분에 종료되었다. 이 두 파일은 정 교수의 학교 업무 파일들로서, 특히 '영재협력사업계획서[1].

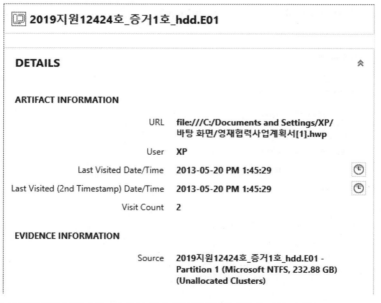

| 2013년 5월 20일 오후 1시 45분 29초 '영재협력사업계획서' 파일 열어봄

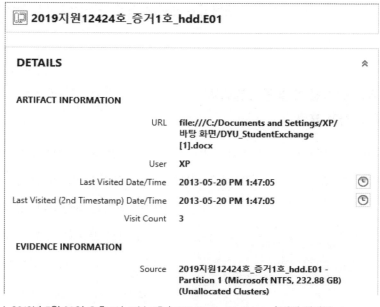

| 2013년 5월 20일 오후 1시 47분 5초 'DYU_StudentExchange' 파일 열어봄

hwp'는 경북도교육청에 예산 지원을 신청하는 신청서 등의 문서로 정 교수가 직접 신청하고 수행한 사업이다.

이날 동양대에서 수업 시작 직전까지 PC1을 사용한 사실이 확인되므로, 이에 따라 2013년 5월 20일에 정 교수는 동양대에 있었던 사실이 확인됨은 물론, PC1도 동양대에 있었다는 것을 알 수 있다. 이 하나만으로도 PC1이 내내 방배동 자택에만 있었다는 검찰의 대전제는 깨져버린다.

또한 2013년 5월 22일은 PC1에서 '192.168.123.112' IP주소가 발견된 2013년 5월 18일보다 불과 나흘 후이다. 즉, '192.168.123.112' 주소

는 방배동 자택이 아닌 동양대에서 사용한 주소일 가능성이 매우 높아지는 것이다.

2013년 8월 22일 등기 발송과
PC1 사용 흔적

한편, PC1에서 112 IP주소가 마지막으로 발견된 것은 2013년 5월 18일이고, 바로 앞에서 살펴본 대로 2013년 5월 20일에는 PC1이 동양대에 있었던 것으로 확인되나, 방배동 자택 위치로 보이는 137 IP주소가 다시 나타나기 시작하는 2013년 8월 30일까지는 3개월에 가까운 IP 공백이 있다. 따라서 여기까지의 증거들만으로는 2013년 6월 16일 당시 PC1의 위치를 추정하기에는 합리성이 부족하다.

하지만 필자의 포렌식 과정에서, 2013년 8월 22일 PC1의 위치를 확인할 수 있는 중요한 증거 파일이 추가로 발견됐다. 이 파일은 PC1에 백업되어 있던 정 교수의 휴대폰 스크린샷 파일 'Screenshot_2013년8월 22-11-

| 2013년 8월 22일 오전 10시 10분 발송된 등기 영수증

2부 포렌식으로 밝혀진 진실과 검찰의 허위 기망

46-05.png'인데, 다음과 같이 2013년 8월 22일 오전 10시 10분에 우체국에서 발송한 등기우편물의 영수증 사진이다. 아쉽게도 이 사진에는 발송 우체국의 이름이 명시되는 최상단 부분이 찍히지 않았으나, 다행히 등기번호로 발송 우체국을 알아낼 수 있었다.

등기번호에는 우체국마다 고유하게 부여되는 '등기용 국기호(이하 '국기호')'라는 네 자리 숫자가 포함되어 있다. 국기호는 등기번호의 앞에서 두 번째 자리부터 네 개의 숫자인데, 해당 등기우편을 발송한 우체국 지점의 고유한 기호이다.

이 영수증 등기번호에서 알 수 있는 국기호는 '7148'이다. 등기용 국기호는 네 자리 중 첫 번째 자리가 광역 지역 기호인데, 예를 들어 서울은 1이고 7은 경북이다. 이 첫 번째 숫자 하나만으로도, 이 등기 영수증은 방배동 자택이 있는 서울이 아닌 경북 지역의 우체국에서 발송된 점을 알 수 있다.

우여곡절 끝에, 국기호 7148과 일치하는 국기호를 포함하는 등기 영수증을 확보하였다. 다음에

SKT 7:36 ▲　　　　📷📷📍📶46%📶

영주풍기우체국
101-83-02925 ☎054-636-28[ ] ‖ 삭제 ‖ 이동 ‖
고객문의 전화 : 1588-1300
평일(09~18시),토요일(09~13시),공휴일(ARS만가능)
영수증NO :10118880
접수일자 :2020-09-25 17:20, 창구:101 김세형
———————————————
〈국내등기(통상/소포)우편물〉
발 송 인 : 36040 장경욱
경상북도 영주시 풍기읍 동양대로 145 (산법리 동양대학교)
———————————————
등기번호	요금	우편번호	수취인
1714802219963	3,550	12463	박지훈
통상 익일특급			

| 합계 | 1통 | 3,550원 | |
———————————————
총요금 :　　(즉납) 3,550원
수납요금 :　　　　　3,550원
신용카드 :　　　　3,550원
카드번호 :4477-03**-****-3810
카드사명 :IBK 비씨체크, 매입사명 : 비씨카드
할부개월 :일시불, 승인금액 :3,550
승인번호 :32758474, 가맹점번호 :732037142

🏠　　　←　　　→　　　👤　　　🎧
홈　　　　　　　　　　　마이페이지　콜센터연결

| 등기용 국기호 7148이 영주풍기우체국임이 확인되는 최근의 등기 영수증

서 보다시피, 국기호 7148를 가진 우체국은 영주풍기우체국이며 이곳은 동양대학교에서 차량으로 4~5분 거리에 있는, 가장 가까운 우체국이다.

부끄럽게도, 이 등기우편물의 수신자는 영수증에서 알 수 있듯 필자 '박지훈'이다. 2020년의 1심 과정에서 변호인 측을 도와 'HP Photosmart 2600'을 입수해 프린트 테스트를 하던 중, 동양대 상장 용지가 필요해 동양대 장경욱 교수에게 도움을 요청했었다. 이 등기우편은 장 교수가 상장 용지들을 구해 등기로 보내준 것이다.(이 기억을 까맣게 잊고 엉뚱한 곳에서 7148 국기호의 우체국을 찾아 헤맸다.)

이처럼 2013년 8월 22일 오전 10시 10분, 당시 정경심 교수가 동양대

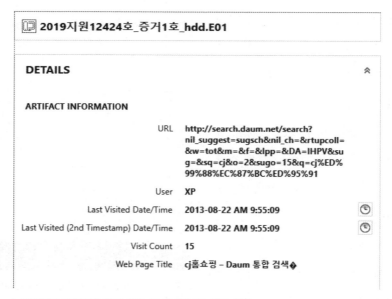

| 오전 9시 55분 9초 등기 발송 전 마지막 PC 사용 흔적

바로 인근인 영주풍기우체국에 있었음이 확인됐다. 그런데 이 시점의 직전과 직후 시점에 PC1을 사용한 흔적들이 여럿 발견되었다. 이날 PC1은 오전 8시 30분 41초에 처음 부팅된 후, 여기저기 웹 서핑을 하다가 2013년 8월 22일 오전 9시 55분 9초에 포털 '다음'에서 'CJ홈쇼핑'을 검색하고, 이후 40분 정도 후인 오전 10시 36분 10초에 'CJ몰' 웹 페이지에 접속했다.

이 두 웹 접속 시간 사이에는 아무런 활동이 없었던 점이 중요하다. 비할당 영역 복구 결과여서 두 시점 사이에 활동이 있었어도 '덮어쓰기'가 돼 복구되지 않을 가능성도 있으나, 포렌식 결과에서 이 두 시점 사이에 아무

📭 **2019지원12424호_증거1호_hdd.E01**

DETAILS ⌃

ARTIFACT INFORMATION

URL	www.cjmall.com/
User	xp
Last Accessed Date/Time	2013-08-22 AM 10:36:10 🕐
Last Modified by Web Server Date/Time	2013-08-22 AM 10:36:10 🕐
Visit Count	20

EVIDENCE INFORMATION

Source	2019지원12424호_증거1호_hdd.E01 - Partition 1 (Microsoft NTFS, 232.88 GB) (Unallocated Clusters)

| 오전 10시 36분 10초 등기 발송 후 첫 PC 사용 흔적

기록도 남아 있지 않은 것이 아니라 이벤트로그에 7036, 7035 이벤트가 1분 내외 간격으로 빈틈없이 기록되어 있다. 두 시점 사이에 사용자 활동이 있었는데 삭제되어 복구되지 않았을 가능성은 사실상 없는 것이다.

이 같은 내용을 변호인 변론과 전문가 의견서로 제출하자, 검사 측은 '검사 곽○○' 명의의 의견서에서 다음과 같은 반론을 제기했다.

1. 동양대 직원 등이 정 교수 이름으로 등기우편을 발송했을 가능성이 있다.
2. 정 교수는 영주에 있고 PC1은 자택의 다른 가족이 사용했을 가능성도 있다.
3. 등기 영수증이 스크린샷으로 남아 있는 것을 보아 동양대 직원 등이 등기를 보냈을 가능성이 높다.

1번과 2번의 주장에 대한 필자의 재반론 의견은 다음과 같다. 이런 '가능성' 주장은 PC1의 접속 기록이 우체국에서의 등기 접수 시간과 완벽하게 딱 들어맞는 점을 전혀 설명하지 못한다. PC1에서 CJ홈쇼핑을 검색한 시간인 당일 오전 9시 55분, 등기우편 접수 시간인 당일 오전 10시 10분, 다시 PC1에서 CJ몰 사이트에 접속한 시간이 당일 오전 10시 36분이다. 이 세 시점의 시간에는 빈틈이 없고 9시 55분과 10시 36분 사이에 PC1 사용 내역도 전혀 없다. 따라서 검사 측 주장은 이렇게밖에 설명되지 않는다.

1. 피고인 이름으로 동양대 직원 등이 등기우편을 발송했는데, 정확하게 직원이 우체국을 다녀오는 시간 동안만은 피고인이 PC1 사용을 자제하고 있었다.
2. 피고인은 영주에 있으면서 PC1은 자택에 있어 다른 가족이 사용했는데, 그 다른 가족은 하필 피고인이 우체국에 다녀오는 딱 그 시간만큼만 PC1 사용을 자제하고 있었다.

이렇게 검사 측의 주장은 합리성이라고는 전혀 없는 허황에 가깝다.

다음으로 스크린샷 관련 주장에 대해 짚어보자. 영수증을 사진으로 찍어 남긴 것이 아니라 스크린샷으로 남겼으니, 꽤 그럴듯하게 들리기도 할 것이다. 하지만 검사 측은 이 문제의 진실을 모를 수가 없다. PC1에 백업되어 있는 정 교수의 휴대폰 파일들을 살펴보면, 기억해두어야 할 의미 있는 기록들은 모두 스크린샷과 녹음 파일로 남겨두었다. 백업된 폴더에 일반 사진 파일은 30여 개에 불과한 반면, 스크린샷 파일은 무려 765개나 된다. 그 내용 면에서도, 일반 사진 파일들은 기록으로서 유의미한 것이 별로 보이지 않으나, 기록으로서 중요할 만한 것들은 모두 스크린샷 파일로 남겨져 있다. 심지어는 본인이 휴대폰으로 찍은 것이 분명해 보이는 사진마저도 다시 스크린샷으로 남겨둔 경우도 여럿 나타났다. 정 교수에겐 스크린샷을 매우 즐겨 사용하는 습관이 있는 것이다. 검사 측이 이런 정 교수의 습관을 모를 리가 없는데도, 억지 주장을 한 것이다.

검사 측 주장대로라면 직원으로부터 영수증 사진을 받았을 가능성이 높다는 것인데, 그런 가능성조차도 받은 사진을 스크린샷으로 남긴 것은 여전히 어색하다. 어떤 경우든 스크린샷으로 남기는 정 교수의 습관의 문제이지 다르게 해석할 여지가 없는 것이다. 물론 이런 내용은 재차 제출한 반론 의견서에서 조목조목 설명하였다.

PC1의 '동양대 → 자택' 이동 일시 추정

    PC1의 2013년 8월 22 날짜에서, 등기우편을 보내는 등의 해당 시점 이후의 흔적을 추가로 살펴보면, PC1은 동양대를 떠나 자택으로 돌아온 날도 같은 날이었음을 강하게 시사한다.(이는 2013년 8월 30일부터 자택 추정 IP주소 '192.168.123.137'이 다시 기록되기 시작하는 포렌식 결과에 정확하게 부합한 다.)

    PC1에는 오전 10시 36분 10초 시점의 CJ몰 웹사이트 접속 이후, 이어 서 20여 초 후인 2013년 8월 22일 오전 10시 36분 34초에 CJ몰의 계열 사이트인 '오클락'에 접속한 기록이 남아 있다. 오클락 접속 이후, PC1에 서는 또다시 7035, 7036 이벤트만 오후 늦은 시간까지 계속 이어졌다. PC1이 계속 켜져 있는 상태에서 사용 없이 방치된 것이다. 그러다가 오

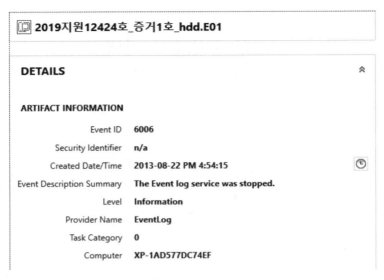

| 🔲 **2019지원12424호_증거1호_hdd.E01**

DETAILS

ARTIFACT INFORMATION

Event ID	**6006**
Security Identifier	**n/a**
Created Date/Time	**2013-08-22 PM 4:54:15**
Event Description Summary	**The Event log service was stopped.**
Level	**Information**
Provider Name	**EventLog**
Task Category	**0**
Computer	**XP-1AD577DC74EF**

| 오후 4시 54분 15초 PC1 종료 흔적

후 4시 54분 15초 시점에 이벤트 6006이 발생하며 PC1이 종료되었다.

그리고 몇 시간 후인 오후 7시 31분 52초에 Tcpip 이벤트 4201이 발생하고, 바로 이어서 오후 7시 31분 54초에 이벤트 6009가 발생한 것을 볼 수 있다. 여기서 이벤트 6009는 PC가 부팅될 때 기록되는 이벤트로서, 그중에서도 정상 부팅을 의미한다.(이와 달리 6008은 비정상 종료 이후 부팅 시 발생하는 이벤트이다.)

여기서 부팅 이벤트 6009 직전에 Tcpip 이벤트 4201이 발생한 점이 매우 유의미하다. 이벤트 4201는 네트워크가 끊어졌다가 다시 연결되었을 때 기록되는 이벤트로, 특히 유선 네트워크일 경우 물리적으로 네트워크 케이블이 분리되었다가 연결되었을 때 발생한다.

오후 7시 31분 52초 PC1이 켜지면서 네트워크 변경 이벤트 기록됨

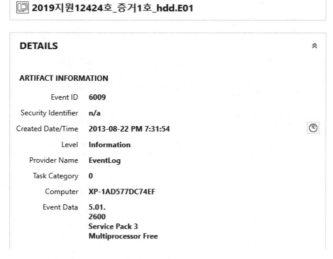

오후 7시 31분 54초 PC1 부팅 시작 흔적

앞서 PC1이 종료되었던 시간은 오후 4시 54분 15초였고 다시 부팅된 시간은 오후 7시 31분 54초로, 두 시점 사이의 간격은 2시간 37분 39초이다. 이 시간은 동양대가 위치한 영주에서부터 피고인의 방배동 자택까지 이동하는 데 충분한 시간이다. 도로가 이례적으로 붐빌 때가 아닌 한, 동양대로부터 방배동 자택까지는 통상적으로 2시간 내외가 소요된다.

아울러 이번 PC1이 부팅된 시점(2013년 8월 22일 오후 7시 31분 54초) 이전에는 피고인 외 가족 구성원의 사용으로 볼 수 있는 흔적이 거의 없다가, 이 시점부터 가족 사용 흔적이 대량으로 발생하기 시작한다. 예를 들면 같은 날 저녁 7시 59분에는 딸의 사용 흔적으로 보이는 고려대학교 메일 서버 접속 기록이 나타나고, 같은 날 저녁 8시 2분에는 조국 전 장관의 사용 흔적으로 보이는 서울대학교 홈페이지 접속 흔적, 같은 날 밤 10시 24분에는 아들의 사용 흔적으로 보이는 게임 '사이퍼즈' 홈페이지 접속 흔적이 나타났다.

이런 기술적, 지리적, 기타 다른 여러 정황을 종합하여, 필자는 2013년 8월 22일 오후 7시 31분경을 PC1이 동양대를 떠나 방배동 자택으로 돌아온 시점으로 특정하였다. 이런 결론은 검사 측이 주장하는 방배동 자택 IP주소 '192.168.123.137'이 1년 1개월간의 공백 이후 다시 나타나기 시작한 시점 2013년 8월 30일과도 아무 충돌이나 모순 없이 부합한다.

PC1이 자택을 떠난
일시 추정

앞서 필자는 검사 측이 제시한 22건의 '192.168.123.137' IP주소 확인 외에 포렌식 분석을 통해 '172.30.1.7', '192.168.123.112' IP주소를 총 30건 더 찾아냈다고 서술한 바 있다. 해당 기록 화면을 다시 보면, 2012년 7월 17일까지는 '192.168.123.137'이 기록되다가 2012년 7월 26일부터 '172.30.1.7'이 나타나기 시작했다.

'172.30.1.7' IP주소는 수많은 공유기 브랜드들이 기본 설정으로 가지고 있는 '192.168.123.x' 대역대에 비해 상당히 특징적이기 때문에 비교적 쉽게 그 장비를 추정할 수 있다. 이 주소 대역대는 통신사 KT에서 가정용 인터넷 가입 시 함께 설치해주는 장비에서 특징적으로 사용하는 주소이다. 구체적으로, KT에서 설치해주는 'GIGA 인터넷용 공유기'에서 사용하는 IP 대역대다. KT의 상품명으로는 'KT 홈 허브', 'KT GIGA WiFi 홈 허브' 등으로 불린다.

그런데 정 교수의 방배동 자택에서는 장기간 KT 인터넷을 사용하고 있었다. 따라서 원론적으로 보자면 '172.30.1.7' IP주소는 정 교수 자택에서 남은 흔적일 가능성도 없지 않다. 하지만 결론부터 말해서 그럴 가능성은 매우 낮고 자택이 아닌 다른 위치인 것으로 판단된다.(2021년 3월 통계 기준으로 초고속인터넷 시장에서 KT의 점유율은 41.2%나 되기 때문에 서로 전혀 다른 두 장소의 인터넷이 우연히 KT로 서로 일치할 가능성은 매우 높다는 점을 염두에 두어야 한다.)

'172.30.1.7'이 방배동 자택인지 다른 위치인지를 가늠해보기 위해서는 동일 시점에 자택에 있었던 것으로 확인되는 다른 PC, 즉 PC2의 IP주소가 중요한 참고가 된다. 다음은 PC2의 IP주소 내역의 일부다. 보다시피, 해당 시점인 2012년 7월 말경 자택에 있었던 PC2는 '192.168.123.160' IP주소를 사용하고 있었다.(참고로, PC2는 2013년 11월

MATCHING RESULTS (65 of 124,271)   Column view ▾

	Even...	Sec...	Created Date... ▴	Pro...	Event Data		Source
	35	n/a	2012-07-14 PM 10:36:50	W32Time	time.windows.com (ntp.m|0x1	192.168.123.160:	23-...	2019지원12424호_증거2호_hd
	35	n/a	2012-07-21 PM 10:36:37	W32Time	time.windows.com (ntp.m|0x1	192.168.123.160:	23-...	2019지원12424호_증거2호_hd
	35	n/a	2012-07-29 AM 7:45:23	W32Time	time.windows.com (ntp.m|0x1	192.168.123.160:	23-...	2019지원12424호_증거2호_hd
	35	n/a	2012-08-05 AM 8:48:08	W32Time	time.windows.com (ntp.m|0x1	192.168.123.160:	23-...	2019지원12424호_증거2호_hd
	35	n/a	2012-08-12 AM 9:31:43	W32Time	time.windows.com (ntp.m|0x1	192.168.123.160:	23-...	2019지원12424호_증거2호_hd
	35	n/a	2012-08-19 AM 9:30:08	W32Time	time.windows.com (ntp.m|0x1	192.168.123.160:	23-...	2019지원12424호_증거2호_hd
	35	n/a	2012-08-26 AM 9:29:58	W32Time	time.windows.com (ntp.m|0x1	192.168.123.160:	23-...	2019지원12424호_증거2호_hd
	35	n/a	2012-09-02 PM 6:07:10	W32Time	time.windows.com (ntp.m|0x1	192.168.123.160:	23-...	2019지원12424호_증거2호_hd

| 2012년경 PC2의 IP주소 기록

2부 포렌식으로 밝혀진 진실과 검찰의 허위 기망

말까지는 자택 위치에서 변동이 없는데, 2013년 12월경 자택을 떠나 다른 위치로 이동했다.)

만약 PC1의 '172.30.1.7' IP주소가 자택이라고 가정하면, PC2가 사설 공유기(192.168.123.x IP 할당)에 연결하고 있는 동일 시점에 PC1은 그 상단의 KT 공유기(172.30.1.x IP 할당)에 연결됐다는, 매우 비상식적인 상황이 된다. 물리적으로 불가능하지는 않으나 이것은 필자를 포함해 전문가나 IT에 익숙한 사용자들은 관례적으로 하지 않는 네트워크 설정 방식이어서 기술적으로 개연성이 매우 낮다. 반대로 일반인의 경우에는 둘 이상의 PC를 서로 다른 두 공유기에 각각 따로 연결한다는 발상 자체가 어려울 것이다. 더욱이 그 직전까지 PC1은 사설 공유기에 연결해 '192.168.123.137' IP주소를 할당받고 잘 사용하고 있었는데, 뜬금 없이 그 상단의 KT 장비에 직접 연결했을 개연성은 더욱 낮을 것이다.

이렇게 기술 상식적으로 '172.30.1.7'은 자택이 아니라고 해석할 수밖에 없다. 그런데 이것은 동양대의 IP주소라고 보기도 좀 무리다. 이 KT 장비가 통상 가정용 인터넷 회선에만 설치되는 장비이기 때문이다.

이와 관련해 포렌식 의뢰인인 변호인단에 문의해본 결과에 상당히 의외의 해답이 있었다. 2012년 중순 즈음, 정경심 교수의 부모님 두 분이 동시에 병환을 얻어 간호할 사람이 마땅치 않게 되자 정 교수는 영주에 따로 아파트를 얻었다. 그리고 여러 해 동안 본인 부모님과 함께 생활하였으며, 이 영주의 아파트로 주민등록상 전입까지 했다는 것이다. 즉, 정경심 교수에게는 방배동 자택 외에 '영주 자택'이 추가로 있었다. 방배동 아파트에서는 자식들을 챙기고, 영주 아파트에서는 부모님을 챙기는 '두

집 살림'을 한 셈이다. 자식들과 부모님을 모두 챙기기 위해 일주일 동안에도 며칠은 방배동에, 며칠은 영주에서 거주했다.

추가로 영주 아파트에서는 따로 가정용 KT 회선을 사용한 것으로 기억한다는 답도 들었다. 이렇게 '172.30.1.7'의 유력한 지리적 위치가 확인된다. 2012년 중순 즈음부터 두 집을 오가면서 거주하게 된 정 교수가 영주 아파트에서도 PC를 사용할 일이 종종 있었고, 그래서 자택에 있던 PC1과 PC2 중 하나를 옮겨놓은 것으로 해석하면 매우 합리적이다.

PC1의 위치 이동
히스토리

앞서 살펴본 단계들 이후로는, 다양한 윈도우 이벤트 기록들(1002, 1007, 4201)과 레지스트리의 TCP/IP 게이트웨이 기록 등을 복합적으로 연계 분석함으로써 PC1의 지리적 위치 이동 히스토리를 상당히 구체적으로 추정해냈다. 재판부에 제출한 전문가 의견서에서는 이런 위치 추정의 경위를 기술적으로 구구절절 장황하게 설명하였으나, 여기서는 지면의 한계상 생략한다.

최종적으로, PC1의 이동 히스토리를 간략하게 정리한 버전은 다음 페이지의 표와 같다.

검사 측은 PC1의 이동 내역에 대해 "내내 방배동 자택에 있다가 2016년 말 동양대 강사 휴게실로 이동했다"라고 주장했다. 그 근거는 매우 빈

기간	위치
~2012년 2월 14일	아이보라
2012년 2월 14일~2012년 6월 23일	동양대학교
2012년 6월 24일~2012년 7월 21일	방배동 자택
2012년 7월 22일~2012년 11월 22일	영주 아파트
2012년 11월 23일~2013년 8월 21일	동양대학교
2013년 8월 22일~2016년 12월 26일	방배동 자택

* 2015년 5월 15일, 2016년 6월 30일 두 날짜는 불명 위치

| PC1 이동 히스토리

약하게도 사설 IP주소 대역과 22건의 137 IP주소 두 가지였다. 그에 비해 필자는 검사 측 주장에서 표창장 제작 일시도 포함되는 1년 1개월의 공백 기간을 다 채워 넣었고, 기술적으로 충분히 합리적인 추정을 위해 매우 복잡한 단계를 거쳤다.

다만, PC1이 동양대에 있었던 것으로 판단한 기간 중에도 이따금씩 필요에 따라 일시적으로 방배동 자택으로 옮겨 사용한 경우들도 있었던 것으로 보인다. 예를 들어, 검사 측은 항소심 4차 공판에서 뒤늦게 'USB 연결 흔적'과 '고정 IP 접속' 등을 들어 필자가 앞서 설명한 위치 이동 내역을 부인하는 주장을 추가로 내놓았다.

그중 2013년 3월 1일의 흔적을 정밀 검토해본 결과, 이즈음에 PC1이 일시적으로 방배동 자택으로 이동했던 것으로 판단되었다. 3월 1일부터 3월 3일까지는 고등학교 개학 직전의 3일간의 연휴였는데, 이 3일 내내 정 교수의 아들이 학교에 제출할 리포트 성격의 문서들을 대량으로 작성한 흔적들이 나타났다.

2부 포렌식으로 밝혀진 진실과 검찰의 허위 기망

또한 연휴가 끝나자마자 3월 4일부터 6일 늦은 밤까지 PC1은 전혀 켜지지도 않았다. 만일 PC1이 계속 방배동 자택에 있었다면 해당 시기 PC2에서는 매우 많은 사용 흔적이 있는데 PC1은 사용은커녕 켜지지도 않은 사실이 합리적으로 설명되기 어려울 것이다. 이런 추론에 따라, PC1은 3월 4일 즈음에 다시 동양대로 돌아간 것으로 판단했다.

한편 앞서 PC2의 경우 2013년 12월경에 자택을 떠났다고 썼는데, 이 주장을 뒷받침하는 근거는 IP주소 변경, 신규 프린터의 설치 흔적 등 여러가지가 있지만 그중 가장 결정적인 것은 2014년 4월 14일 PC2에 윈도우7이 설치될 당시 동양대 네트워크망 장비인 '익스트림 네트웍스'사 장비에 직접 연결한 흔적이 있었던 점이다. 이 역시도 PC1, PC2가 내내 방배동 자택에만 있다가 2016년 말에 동양대 강사 휴게실로 이동했다는 검사 측 주장이 정면으로 부인되는 내용이다. PC2는 2013년 8월 22일에 방배동 자택으로 돌아온 PC1을 대신해서 2013년 12월경 방배동 자택을 떠나 동양대로 갔던 것으로 보인다. 그리고 2014~2015년 사이 추정조차 엄두를 낼 수 없을 정도로 다양한 곳을 떠돌다 2015년 10월 27일에야 자택으로 돌아온 사실이 확인되었다.

한 가지 특기할 만한 것은, 검사 측의 공소사실 관련 시기인 2013년 당시의 자택 공유기와 강사 휴게실 PC들이 자택에서 마지막으로 사용된 2016년 당시의 공유기는 서로 다른 기종이라는 사실이다. 2013~2014년 당시의 자택 공유기는 유니콘의 'WIN-400'으로 추정되고, 2016년경부터 현재까지 사용하고 있는 공유기는 삼성의 'SWW-3100 BG'이다. 이 두 공유기 모두 할당 IP주소 대역대가 '192.168.123.x'이다.(앞서 유니콘,

LG, 삼성 등의 브랜드에서 이 대역대의 사설 IP주소를 할당한다고 설명한 바 있다.)

| 유니콘 WIN-400 공유기

| 삼성 SWW-3100BG 공유기

2부 포렌식으로 밝혀진 진실과 검찰의 허위 기망

PC1, PC2는 손쉽게
이동이 가능한가

PC1과 PC2는 포렌식 기록상 피고인 자택이나 동양대 등에 고정적으로 사용된 것이 아니라 자주, 또 여러 곳에 이동되었던 것이 확인되었다. 그러면 자연스럽게 떠오를 수 있는 의문이 있다. '노트북도 아닌 데스크톱 PC를 그렇게 쉽게, 자주 옮기는 것이 상식적인가' 하는 의문이다. 답부터 말하자면 상식적이다. 이 두 PC는 쉽게 이동이 가능한 작고 가벼운 '미니PC'이기 때문이다.

검사 측 포렌식 보고서 〈2019 지원 12467〉에 따르면, PC1과 PC2는 ASUS사의 'P6-P5G41E' 기종이다. 이 PC는 노트북은 아니니 데스크톱으로 분류되지만, 일반적인 PC들이 통상 10Kg은 쉽게 넘어가는 무게인데 비해 이 기종은 '미니PC' 규격으로 설계되어 매우 작고 가볍다.

| PC1, PC2와 동일한 ASUS P6-P5G41E 제품

| ASUS P6-P5G41E의 크기를 가늠할 수 있는 동영상 캡처

해외 사이트의 제품 정보 페이지[44]에 따르면, 이 기종은 두께가 11.2cm에 크기도 A4 용지보다 조금 더 큰 정도이며, 무게는 5.73Kg에 불과하다.[45] 즉, 통상적으로 보는 묵직하고 두툼한 데스크톱 PC들에 비하면 오히려 노트북의 느낌에 더 가깝다. 요즘 나오는 '초미니PC'들에 비할 정도는 아니지만, 가벼운 데다 두께도 얇으니 한 손으로 덜렁덜렁 들고 다닐 수도 있는 정도다. 따라서 여성이라도 큰 부담 없이 쉽게 옮길 수 있으며, 폭이 10cm 전후로 매우 슬림해서 옆구리에 끼고 한 손으로 가볍게 받쳐 들고 이동할 수도 있다.

실제 동양대의 동료 교수의 증언에서는 정 교수가 2015년 여름 즈음에 PC를 차에 싣고 있는 것을 목격하고 "집으로 가져간다"라는 말을 들었다는 증언이 있었다. 필자의 포렌식 결과와 대조해보면 당시 정 교수가 동양대로부터 옮긴 PC는 PC2로서, 방배동 자택이 아니라 영주의 아파트로 옮긴 것이 확실시된다.(이 시기의 '영주 아파트'는 부모님이 모두 작고하신 후로 앞서 2012~2013년경 거주하던 큰 아파트가 아니라 원룸형의 작은 아파트였다.)

---

44 OverClockers.uk, 'AUS P6-P5G41E BAREBONE SYSTEM (SOCKET 775)' https://www.overclockers.co.uk/asus-p6-p5g41e-barebone-system-socket-775-fs-070-as.html
45 엄밀하게 말하면, 이 제품은 배어본(Bareborn) 상태의 제품으로서, 최초 판매 시에는 하드디스크, CPU, 메모리 등의 일부 부품이 빠진 상태라서 최종적으로 PC를 완성하고 나면 이 5.73KG보다는 더 무거워진다. 하지만 PC의 무게에서 대부분을 차지하는 케이스 및 파워서플라이의 무게는 포함되어 있고, 추가할 부품 중 유의미하게 무게가 나가는 것은 하드디스크 정도이다. 검사 측 포렌식 보고서에 따르면, 해당 하드디스크는 시게이트의 250GB 하드디스크인 ST3250410AS였고 그 무게는 380g이다. 여기에 CPU, 메모리를 더해도 이 PC의 무게는 6Kg 초반대일 것이다.

03

HP 2600 복합기의 행적과
검사 측 허위 주장

검사 측은 2013년 6월 16일 당시 PC1에서 표창장을 출력했다고 주장하면서, 출력에 사용한 프린터를 'HP Photosmart 2600' 복합기로 특정했다. 하지만 이는 검사 측의 희망 사항일 뿐, 실제 PC1의 포렌식 결과에는 이 HP 2600 복합기로 출력한 흔적이 1건도 나오지 않았다. 검사 측이 표창장 프린트 관련의 증거는 물론 그와 비슷한 정황조차도 전혀 없는데도 HP 2600 복합기로 출력했다는 주장을 고수하는 이유는, 이 주장을 철회하면 곧 표창장 관련 공소사실이 송두리째 무너지기 때문일 것이다.

검사 측은 이 복합기가 내내 방배동 자택에 있었다는 주장을 하기 위해 복합기 관련의 흔적에 대해 황당하기 그지없는 허위 주장들을 내놓았다. 그러나 이 복합기에는 PC1이 동양대에 있던 기간에만 진정한 연결 흔적이 있었고, 방배동 자택으로 돌아온 후의 흔적들은 모두 사용 흔적이 아닌 이전에 설치된 드라이버가 남아 있었던 흔적에 불과했다. 검사 측은 심지어 복합기 드라이버를 삭제하려다 실패한 흔적까지도 '복합기와 상호작용한 흔적'이라며 황당한 주장을 늘어놓고, 복합기가 연결되어 있지 않은 탓에 프린터 연결을 확인하라는 에러 메시지까지도 복합기 사용 흔적이라고 주장했다.

PC들과 HP 2600 복합기의
연결 이력

    검사 측의 표창장 위조 관련 공소사실은 "정경심이 자택에서 PC1로 표창장을 위조했다"라는 것이다. 그런데 2013년 6월 16일의 표창장 파일의 하단에는 붉은색 직인 부분이 있어, 반드시 컬러 프린터로 인쇄를 해야만 표창장을 제대로 완성할 수 있다. 그런데 실제 정 교수의 방배동 자택에 현존하는 프린터 및 다른 PC들의 프린터 흔적들은 모두 흑백 레이저 프린터들뿐이었다. 따라서 검사 측의 입장에서 정 교수와 연결점이 있는 프린터 중 컬러 프린터는 오직 HP 2600 복합기 하나뿐이다. 이런 이유로, 검사 측이 공소사실을 유지하려면 근거가 없어도 HP 2600 복합기가 자택에 있었고 그 복합기로 표창장을 출력했다고 주장해야만 하는 것이다.

2부 포렌식으로 밝혀진 진실과 검찰의 허위 기망

검사 측의 HP 2600 복합기 관련 주장은 증거나 단서에 의한 것이 아니라 단지 검사 측의 필요에 따라 고수된 것이다. 이렇게 증거가 아닌 필요에 의해 HP 2600 복합기 관련 주장을 내놓다 보니, 복합기와 관련한 검사 측 포렌식 보고서들의 내용들에서도 여기저기 명백한 허위 서술들과 의도적 기만들이 다수 발견되었다.

그런데 HP 2600 복합기와 관련해서 매우 자명한 사실인데도 불구하고 검사 측이 전혀 언급하지 않는 중요한 사항들이 있다. HP 2600 복합기는 PC1을 제외한 다른 모든 PC들에서 전혀 흔적이 발견되지 않았다는 것이다. PC2, 연구실 PC, 조국 PC, 아들 PC 등 어디에서도 이 복합기가 설치되었던 흔적은 나오지 않았다.

| 필자가 입수해 테스트하던 HP Photosmart 2600 복합기

이는 이 복합기가 방배동 자택에 설치된 적이 있었다면 납득할 수 없는 일이다. 이 복합기는 2009년 즈음에 출시된 매우 오래된 것이지만 당시로서는 상당히 고사양인 네트워크 연결 기능이 있었다. 그래서 단일 PC에만 연결하는 것이 아니라 여러 PC들에 네트워크를 동시 연결할 수 있었다. 방배동 자택의 다른 모든 프린터들은 흑백 프린터들이기 때문에, 유일한 컬러 프린터인 이 복합기가 자택에 있었다면 PC2를 포함 자택의 다른 모든 PC들에 한 번도 연결된 이력이 없다는 것은 전혀 상식적이지 않다.

게다가 유일하게 이 복합기의 연결 흔적이 있는 PC1조차도, 실제 흔적은 2013년 2월과 8월뿐이다.(이어서 설명하겠지만, 검사 측은 이 복합기가 2013년 11월, 2014년 1월, 2014년 2월 등의 시기에도 사용되었다 주장했으나 이는 허위 주장이다.) 또한 2014년 4월 11일 윈도우7 설치가 된 이후로는 이 복합기와 관련하여 아무런 흔적도 나오지 않았다. 이 복합기의 진정한 흔적이 나온 2013년 2월과 8월은 앞서 정리한 PC1이 동양대에 있었던 기간에 포함된다. 즉, 이 복합기는 오직 PC1이 동양대에 있었던 시기에만 잠시 사용되었을 뿐 2013년 8월 22일 자택으로 돌아온 이후로는 전혀 사용되지 않았다. 2014년 이후 PC1에서 프린트 흔적들이 몇몇 남아 있으나, 모두 자택에 있던 흑백 레이저 프린터들의 사용 흔적들이다.

이렇게 자택의 다른 PC들에는 최소한의 흔적조차 전혀 없다는 점과 PC1에서도 동양대에 있었던 짧은 기간에만 흔적이 나왔다는 점은 HP 2600 복합기가 오직 동양대에만 있었을 뿐 방배동 자택에는 한 번도 있어본 적이 없다는 것을 방증한다. 그런데 이 간단한 결론만으로도 검사 측의 표창장 혐의 공소사실이 무너진다. 이것이 이 복합기 관련으로 검사 측의 허위 주장들이 나오게 된 배경이다.

HP 2600 복합기와 관련된 검찰 주장에서 사실인 것은, 2013년 2월의 드라이버 설치와 2013년 8월의 드라이버 설치뿐이다. 하지만 검사 측이 PC1의 2013년 11월 이후의 복합기 흔적이라며 내놓은 것들은 모두 명백한 허위다. 그중에는 뻔히 보이는 거짓 증거를 들이대고는 눈앞에서 코베어 가는 수준의 황당하기 짝이 없는 허위 주장들도 있다.

포렌식 보고서
〈2019 지원 13628〉의 허위

　이○○ 분석관은 포렌식 보고서 〈2019 지원 13628〉에서 2013년 11월 30일, 2014년 1월 5일~1월 24일, 2014년 2월 3일의 흔적들을 "복합기와 상호작용하였다"라고 썼다. 마치 이 시기에도 PC1에 HP 2600 복합기가 정상적으로 연결되어 사용되었다고 주장한 것이다.

　하지만 이 시기들의 흔적들은 복합기 사용 흔적이거나 상호작용 등의 흔적이 아니다. 드라이버 파일 일부가 '부트 프리패치[46]'에 등록되었거나, 복합기 드라이버를 삭제하려다 실패해 삭제 시도가 무한 자동 반복

---

46 '부트 프리패치'는 PC 기동 시 초기 부팅 속도를 높이기 위해 윈도우에서 자주 사용되는 파일들을 한꺼번에 읽어들이기 위해 따로 모아 등록해놓은 것으로, 그 목적상 윈도우 시스템에 설치되어 있는 드라이버는 당연히 포함된다. 즉, 부트 프리패치에 복합기 드라이버가 등록되어 있는 사실은 복합기 드라이버가 아직 삭제되지 않은 상태였다는 점 외에 아무것도 증명할 수 없다.

(2) HP Photosmart 2600 series 복합기 사용 흔적 복원7) (<표3> 참조)

- ① [2013-11-30] 부팅시 복합기와 상호작용하였다.8)
- ② [2014-01-05] 윈도우 이벤트 로그에 FAX 관련 경고 이벤트가 발생하였다.9)
- ③ [2014-01-07] 윈도우 이벤트 로그에 FAX 관련 경고 이벤트가 발생하였다.
- ④ [2014-01-08] 윈도우 이벤트 로그에 FAX 관련 경고 이벤트가 발생하였다.
- ⑤ [2014-01-14] 윈도우 이벤트 로그에 FAX 관련 경고 이벤트가 발생하였다.
- ⑥ [2014-01-23] 윈도우 이벤트 로그에 FAX 관련 경고 이벤트가 발생하였다.
- ⑦ [2014-01-24] 윈도우 이벤트 로그에 FAX 관련 경고 이벤트가 발생하였다.
- ⑧ [2014-02-03] MS 엑셀 문서에서 인쇄 오류 이벤트가 발생하였다.
- ⑨ [2014-02-03] 부팅시 복합기와 상호작용하였다.
- ⑩ [2014-02-25] 부팅시 복합기와 상호작용하였다.

| HP 2600 복합기 관련 흔적들에 대한 검사 측의 허위 주장들

되었거나, 프린트 실패 흔적 등이었다. 즉, 이 시기들에 해당 복합기가 연결되어 사용 중이었던 흔적이 아니라 오히려 연결되어 있지 않았던 정황 증거에 더 가깝다.

다음 이미지에서 보다시피, 포렌식 보고서에 복합기 사용 증거라며 첨부해놓은 화면에서조차 "A printer module is pending deletion."라는 텍스트가 뚜렷이 보인다. 의심의 여지 없이 복합기 드라이버를 삭제하려다 실패한 흔적인 것이다. 이것이 복합기 사용 증거인가?

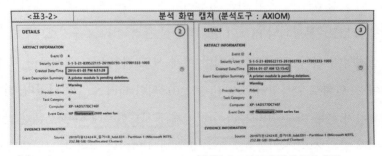

| 'A printer module is pending deletion.' 복합기 드라이버 삭제 시도 흔적

다음 이미지 역시 검사 측 보고서의 일부로, 이 경우는 더 기가 막힌다. 에러 메시지에 "컴퓨터와 프린터가 제대로 연결되어 있는지 확인하십시오."라는 텍스트가 뻔히 보이지 않는가?

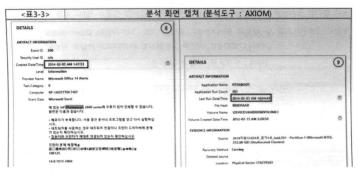

| 컴퓨터와 프린터 연결 체크를 알리는 메시지

프린터를 교체하거나, 프린터에 연결되어 있던 노트북을 이동해 프린터 연결이 끊어진 상태에서 사용해본 경험이 있는 사람들이라면 누구나이 상황이 어떤 상황인지 감이 올 것이다. 현재는 존재하지 않는 프린터인데 여전히 PC에 등록되어 있어, 실수로 출력 명령을 이 존재하지 않는 프린터로 보냈을 때 흔히 겪는 상황이다. 검사 측은 이런 뻔한 에러 메시지를 보고도 "복합기와 PC1이 상호작용한 흔적"이라고 주장했다.

심지어 앞서의 프린터 드라이버 삭제 시도 케이스는, 실제로는 그 흔적이 초 단위로 반복되어 20일간 총 2,108회의 에러 로그가 남았다. 최초 사용자가 한두 번 프린터 드라이버 삭제를 시도했는데 내부 오류가 발생하면서 같은 시도가 자동으로 무한 반복해서 일어난 것이다. 그런데도 이 포렌식 보고서를 작성한 분석관은 자의적으로 그중 6개만 골라 보고서에 복합기 사용의 사례라고 실었다. 2천 회 넘게 기록이 있다고 사실대로 썼다면 재판부가 상식적인 의문을 가질 수밖에 없기 때문이다.

이 외에도 해당 보고서에는 "부팅 시 복합기와 상호작용하였다"라고 적힌 부분도 있는데, 이것은 복합기의 드라이버가 부트 프리패치된 흔적으로 단지 드라이버가 삭제되지 않고 남아 있던 흔적일 뿐이다. 드라이버를 삭제하려다 실패했으니 복합기가 연결되어 있지 않음에도 드라이버는 PC1에 여전히 설치된 상태였던 것이다.

포렌식 보고서 〈2019 지원 13879〉의 허위 및 법정 증언에서의 위증

이○○ 분석관은 포렌식 보고서 〈2019 지원 13879〉에서 2013년 8월 22일에 나타난 이벤트 7036 기록의 "PML Driver HPZ12"라는 문구를 HP Photosmart 2600 복합기를 이용한 인쇄 흔적이라고 주장하였고, 이

| 이벤트 7036을 '프린터 출력' 흔적이라고 주장한 검사 측 포렌식 보고서

런 주장을 1심 법정에 증인으로 출석해서도 그대로 반복하여 증언했다.

그런데 해당 이벤트 7036의 의미부터가 이 분석관이 주장한 프린터 출력 흔적과는 전혀 무관하다. 이 이벤트는 단순히 윈도우 운영체제의 내부 기능인 서비스들이 '실행' 혹은 '중지'되었다는 기록일 뿐이다.[47] 즉, 프린트 출력이 아닐 뿐만 아니라 아예 사용자 행위 흔적이 아닌 PC 내부의 자동적 동작의 흔적이다.

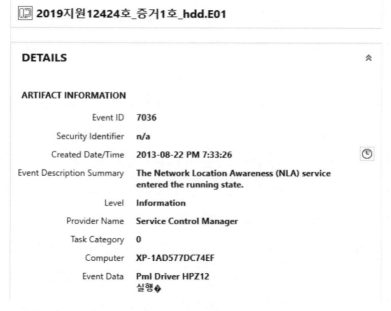

| 이벤트 7036, HP PML 드라이버를 로드한 흔적

---

47 Microsoft Documents, 'Event ID 7036 — Basic Service Operations' https://docs.microsoft.com/en-us/previous-versions/windows/it-pro/windows-server-2008-R2-and-2008/cc756308(v=ws.10)?redirectedfrom=MSDN

게다가 이 드라이버 서비스는 정확하게는 프린터 드라이버도 아니다. 이 분석관이 이 서비스 실행 흔적을 프린터 출력이라고 주장한 것은 오직 이 이벤트의 'Event Data'에 나타난 "Pml Driver HPZ12"이라는 내용에 'HP'라는 알파벳 두 글자가 들어 있다는 이유일 것이 분명한데, HP 문자열이 들어갔다고 모두 프린터 출력 기능인 건 아니다.

Pml Driver HPZ12라는 이름은 HP의 범용 프린터 드라이버의 일부인 'hpzipm12.exe'의 서비스 이름이다. 여기서 'Pml'은 'HP Printer Managment Language'의 약자로,[48] HP가 프린터를 '관리'하는 목적으로 사용하는 언어 혹은 명령어들이다. 예를 들면 프린터가 현재 연결되어 있는 온라인 상태인지, 잉크가 부족하지 않은지, 이런 프린터 상태를 모니터하고 관리하는 기능들이 Pml Driver에 있다. 이것은 'HP Universal Driver', 즉 HP의 '프린터 드라이버 통합 패키지'에 포함되어 PC로 설치된다. 필요하면 빼고 설치할 수도 있고 통합 패키지 설치가 아닌 실제 프린터 출력 기능의 드라이버 자체만 설치하는 것도 가능하다. 쉽게 말해, 이 PML 드라이버가 아예 없어도 프린터 인쇄를 하는 데 문제가 없고, 단지 편의 목적으로 추가 제공되는 기능인 것이다.

요컨대, 이 이벤트 흔적은 프린트를 했다는 기록도 아닐뿐더러 심지어는 프린트 기능 관련의 흔적조차도 아니다. 오랜 경력의 포렌식 전문가가 어떻게 이것을 "문서 파일을 프린터 출력하였다"라고 주장할 수 있는지 어처구니가 없는 노릇이다. 무엇보다, 부팅 과정에서 수십 개 이상 발생

---

48 'PML - HP Printer Managment Language'
   http://www.undocprint.org/formats/printer_control_languages/pml

한 동일한 이벤트 7036이 뻔히 보이는데 그중 하나를 골라 프린터 출력 흔적이라고 주장한 것은 어떻게 보아도 의도적인 허위 주장이 아닐 수 없다.

그럼 혹시 이것이 이 분석관의 단순 실수나 오인일까? 절대로 그렇게 볼 수 없다. 검사 측 분석관이 프린트 흔적이라며 주장한 이벤트 7036에 Pml driver HPZ12가 기록된 것과 동일한 이벤트가 이날 2013년 8월 22일 하루 동안에만 무려 555회나 발생했기 때문이다. 그것도 쉴 새 없이 1분 미만 간격으로 2회씩 연속으로 발생했다. 이렇게 뚜렷한 경향성을 가

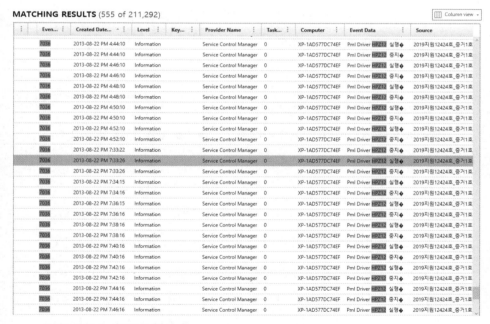

MATCHING RESULTS (555 of 211,292)

Even...	Created Date...	Level	Key...	Provider Name	Task...	Computer	Event Data	Source
7036	2013-08-22 PM 4:44:10	Information		Service Control Manager	0	XP-1AD577DC74EF	Pml Driver HPZ12 실행◆	2019지원12424호_증거1호
7036	2013-08-22 PM 4:44:10	Information		Service Control Manager	0	XP-1AD577DC74EF	Pml Driver HPZ12 중지◆	2019지원12424호_증거1호
7036	2013-08-22 PM 4:46:10	Information		Service Control Manager	0	XP-1AD577DC74EF	Pml Driver HPZ12 실행◆	2019지원12424호_증거1호
7036	2013-08-22 PM 4:46:10	Information		Service Control Manager	0	XP-1AD577DC74EF	Pml Driver HPZ12 중지◆	2019지원12424호_증거1호
7036	2013-08-22 PM 4:48:10	Information		Service Control Manager	0	XP-1AD577DC74EF	Pml Driver HPZ12 실행◆	2019지원12424호_증거1호
7036	2013-08-22 PM 4:48:10	Information		Service Control Manager	0	XP-1AD577DC74EF	Pml Driver HPZ12 중지◆	2019지원12424호_증거1호
7036	2013-08-22 PM 4:50:10	Information		Service Control Manager	0	XP-1AD577DC74EF	Pml Driver HPZ12 실행◆	2019지원12424호_증거1호
7036	2013-08-22 PM 4:50:10	Information		Service Control Manager	0	XP-1AD577DC74EF	Pml Driver HPZ12 중지◆	2019지원12424호_증거1호
7036	2013-08-22 PM 4:52:10	Information		Service Control Manager	0	XP-1AD577DC74EF	Pml Driver HPZ12 실행◆	2019지원12424호_증거1호
7036	2013-08-22 PM 4:52:10	Information		Service Control Manager	0	XP-1AD577DC74EF	Pml Driver HPZ12 중지◆	2019지원12424호_증거1호
7036	2013-08-22 PM 7:33:22	Information		Service Control Manager	0	XP-1AD577DC74EF	Pml Driver HPZ12 중지◆	2019지원12424호_증거1호
7036	2013-08-22 PM 7:33:26	Information		Service Control Manager	0	XP-1AD577DC74EF	Pml Driver HPZ12 실행◆	2019지원12424호_증거1호
7036	2013-08-22 PM 7:33:26	Information		Service Control Manager	0	XP-1AD577DC74EF	Pml Driver HPZ12 중지◆	2019지원12424호_증거1호
7036	2013-08-22 PM 7:34:15	Information		Service Control Manager	0	XP-1AD577DC74EF	Pml Driver HPZ12 실행◆	2019지원12424호_증거1호
7036	2013-08-22 PM 7:34:16	Information		Service Control Manager	0	XP-1AD577DC74EF	Pml Driver HPZ12 중지◆	2019지원12424호_증거1호
7036	2013-08-22 PM 7:36:15	Information		Service Control Manager	0	XP-1AD577DC74EF	Pml Driver HPZ12 실행◆	2019지원12424호_증거1호
7036	2013-08-22 PM 7:36:16	Information		Service Control Manager	0	XP-1AD577DC74EF	Pml Driver HPZ12 중지◆	2019지원12424호_증거1호
7036	2013-08-22 PM 7:38:16	Information		Service Control Manager	0	XP-1AD577DC74EF	Pml Driver HPZ12 실행◆	2019지원12424호_증거1호
7036	2013-08-22 PM 7:38:16	Information		Service Control Manager	0	XP-1AD577DC74EF	Pml Driver HPZ12 중지◆	2019지원12424호_증거1호
7036	2013-08-22 PM 7:40:16	Information		Service Control Manager	0	XP-1AD577DC74EF	Pml Driver HPZ12 실행◆	2019지원12424호_증거1호
7036	2013-08-22 PM 7:40:16	Information		Service Control Manager	0	XP-1AD577DC74EF	Pml Driver HPZ12 중지◆	2019지원12424호_증거1호
7036	2013-08-22 PM 7:42:16	Information		Service Control Manager	0	XP-1AD577DC74EF	Pml Driver HPZ12 실행◆	2019지원12424호_증거1호
7036	2013-08-22 PM 7:42:16	Information		Service Control Manager	0	XP-1AD577DC74EF	Pml Driver HPZ12 중지◆	2019지원12424호_증거1호
7036	2013-08-22 PM 7:44:16	Information		Service Control Manager	0	XP-1AD577DC74EF	Pml Driver HPZ12 실행◆	2019지원12424호_증거1호
7036	2013-08-22 PM 7:44:16	Information		Service Control Manager	0	XP-1AD577DC74EF	Pml Driver HPZ12 중지◆	2019지원12424호_증거1호
7036	2013-08-22 PM 7:46:16	Information		Service Control Manager	0	XP-1AD577DC74EF	Pml Driver HPZ12 실행◆	2019지원12424호_증거1호

| 하루 동안 동일한 이벤트 555회 발생

지고 하루 종일 반복적으로 나타나는 흔적을 '프린트 흔적'이라고 실수로 오해하는 것이 가능할까?

한술 더 떠서, 이 분석관이 포렌식 보고서에서 이런 황당한 주장 아래에 추가해놓은 각주를 보면 555개의 동일 이벤트 중에서 왜 오후 7시 33분 26초의 흔적 하나를 콕 찍어 골랐는지 이유가 언급되어 있다. 이 분석관은 각주에 "자기소개서를 열람한 시간과 HP 복합기를 실행한 시간과의 간격이 13초에 불과하여, 위 2개의 흔적은 서로 순차적으로 발생한 이벤트라고 판단했다"고 적어놓았다. 즉, 555개의 동일한 이벤트 7036 흔적 중에서 단지 '조민자기소개서2013-6-16.hwp' 파일이 열린 시각 오후 7시 33분 13초에 가장 가까운 것 하나를 골라 "시간 간격이 13초에 불과"하다면서 "자기소개서 문서 파일을 프린터 출력하였다"라고 주장한 것이다. 기가 막힐 노릇이다.

8) 조민의 자기소개서를 열람한 시간과 HP 복합기를 실행한 시간과의 간격이 13초에 불과하여, 위 2개의 흔적은 서로 순차적으로 발생한 이벤트 인 것으로 분석되었다.

| 동일 이벤트 555개 중에서 자기소개서 시간과 가장 가까운 것을 골라놓고 13초 차이라고 주장

게다가 이 각주를 보면 이 분석관은 자신이 주장하는 프린터 출력이 HP 복합기라고까지 주장하는데, 이는 문제의 HP Photosmart 2600을 지칭한다. 프린트 흔적이 전혀 아닌 것을 프린트라고 주장한 것에서 다시 한번 거침없이 허위 주장을 펼친 것이다. 이벤트 기록에 "Pml Driver HPZ12"라는 텍스트가 있고 거기에 단 두 글자 'HP'가 포함되어 있을 뿐인데, 'Photosmart'나 '2600'이라는 내용은 아예 등장하지도 않았어도

이 분석관에게는 상관도 없었고, 단지 HP만 등장하면 HP Photosmart 2600이라고 단정하는 데에 아무런 장애가 되지 않았다.

하지만 정 교수의 자택에 있던 흑백 레이저 프린터가 바로 HP 제품이었다. 심지어 PC1이 동양대로 이동하기 전 2012년에 HP의 흑백 레이저 프린터의 드라이버를 설치했던 흔적이 있고, 이는 2013년 동양대에서 두 차례 설치한 HP 2600 복합기 드라이버보다 먼저 설치된 것이다. 따라서 'PML Driver HPZ12'는 HP 2600 복합기가 아니라 자택에 있던 흑백 HP 프린터 드라이버를 설치하는 과정에서 함께 설치된 것이다. 다시 말해, 이 흔적에서 보이는 HP 문구는 HP 2600 복합기에 의해 설치된 드라이버의 흔적이 아니다. 겨우 HP라는 두 글자만 가지고 HP 2600 복합기가 자택에서도 사용되었다는 엉터리 주장을 한 셈이다.

검사 곽○○ 의견서의 복합기 관련 입장 선회

검사 측은 2021년 6월 9일자에 제출된 '검사 곽○○' 명의의 의견서

> ② **본건과 무관, 무용, 무익한 주장**
>
> ○ 그러나, 변호인 주장에 의하더라도 동양대 위조 표창장이 생성 및 출력된 **2013. 6. 16.경 전후인 2013. 2.경 및 2013. 8.경 HP Photosmart 2600 Series 복합기의 사용흔적이 확인되었다는 취지이므로 2013. 11.경 이후에 해당 프린터가 사용되었는지 여부는 본건 공소사실과 별다른 관련성이 없어 무용하고 무익한 의견**이라 할 것이므로 이에 대한 더 자세한 검찰 의견은 생략하고자 합니다.

| 검사 측의 복합기 관련 반론 포기

〈[항소심I-1]표창장 위조 파일 관련 변호인 주장의 허구성〉의 말미에서, "공소사실과 관련성이 없어 무용하고 무익한 의견"이라면서 사실상 반론을 포기했다.

하지만 이 검사 측 의견서의 말에서처럼 정말 "무용하고 무익"했다면, 1심 재판 초기부터 왜 그토록 집요하게 이 복합기 관련 허위 주장들을 고수해왔는지 묻지 않을 수 없다. 또한 기존 주장을 철회한 것이 아니라 단지 반론만 포기한 것이므로, 기존의 허위 주장들과 법정 위증을 그대로 고수하고 있는 것이다.

검사 측이 내세운 2013년 11월 30일 및 2014년 1월, 2014년 2월 등의 허위 주장들은, HP 2600 복합기가 PC1과 함께 방배동 자택에 '내내'

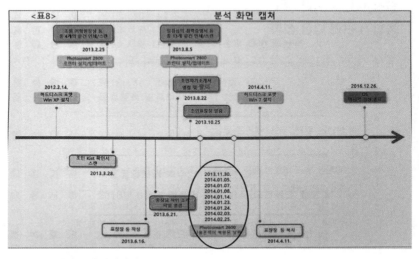

| HP2600 허위 주장 타임라인

있었다는 주장의 근거로서 제시되었던 것들이다. 실제 포렌식 보고서 〈2019 지원 13879〉의 마지막 페이지에서는 앞의 이미지에서 보듯 타임라인 도식까지 그려놓고는 HP 2600 복합기 관련 허위 주장들을 하나하나 빠짐없이 명시해놓았다. 이 타임라인 도식만 보아도, 검사 측이 "PC1이 내내 자택에 있었다"라는 주장의 근거로 활용하기 위해 복합기 관련 허위 주장을 내놓았음을 확인할 수 있다.

검사 측은 이렇게 의도가 명백했던 허위 주장들을, 그 황당할 정도의 허위성이 낱낱이 탄핵당하자 기존 주장들을 철회하지도 않고 "무용하고 무익"했다며 슬그머니 넘어가려 했다. 기존에 장시간 고수했던 허위 주장들을 무용, 무익하다는 기만적인 말로 슬쩍 덮어버리고는 철회하지도 않고 무마하려 한 것이다.

원론으로 돌아가서, 만약 검사 측 주장대로 PC1이 2012년부터 2016년까지 내내 방배동 자택에 있었다면 이렇게 HP 2600 복합기의 연결 흔적이 2013년 2월과 8월에만 나온 사실을 합리적으로 설명할 수 없을 것이다.

04

2013년 6월 16일의
PC1, PC2 관련 알리바이 증거들

검사 측이 정경심 교수가 자택에서 표창장을 위조했다고 주장하는 날짜는 2013년 6월 16일이다. 앞서 살펴본 2013년 전후 PC1의 이동 히스토리는, 단지 2013년 6월 16일의 흔적이 부족해 대략 그즈음의 정황적인 증거로서 제시하기 위해 뒤져본 것이다. 이는 필자만이 아니라 검사 측도 마찬가지였다.

그런데 검사 측이 필자의 전문가 의견서에 반론을 제기하기 위해 2021년 6월 9일 제출한 '검사 곽○○' 명의의 의견서 중 하나에서, 매우 중요한 단서가 발견되었다. '동양대학교 정경심 교수 웹메일 접속 이력(201301-201304).xlsx'라는 엑셀 파일 출력본으로, 이전에 필자가 변호인단으로부터 받지 못했던 증거물이었다. 검사 측이 그간 포렌식 보고서들과 의견서들에서 거론하지도 않아 필자로선 존재조차 모르고 있었다.

변호인 측으로서는 검사 측의 문서 증거라면 무엇이든 등사해 받을 수 있기는 하다. 그러나 알다시피 소위 '조국 사태' 동안 검찰이 벌인 수사의 범위와 기간이 기록적인 수준이었던 만큼 문서 증거들도 그 분량이 엄청났기 때문에, 중요도를 막론하고 필자가 모두 받아볼 수 없었고 사건과 관련이 있거나 분석이 필요하다고 판단되는 문서들만 전달받았던 것이다. 1심이 있던 2020년 8월 초부터 11월 말까지, 포렌식 보고서 25건에만 내내 붙들려 있었으니, 필자로서도 표창장 관련한 문서 증거라면 일단 다 전달해달라고 요청할 상황도 아니었다.

그런데 이 동양대 웹메일 접속 이력에 2013년 6월 16일 당시 PC1과 관련하여 유의미한 내용이 있었다. 이것이 결정적인 힌트가 되어 PC2의 동일 시점 흔적을 정밀 재조사하게 되었고, 그 결과 PC2에서 정경심 교수의 동 시간 알리바이 증거들을 여럿 찾을 수 있었다.

2013년 6월 16일
동양대 웹메일 접속 이력과 PC1의 관계

　검사 측 문서 증거인 '동양대 웹메일 접속 이력'은 검사 측이 요구해서 동양대 컴정원으로부터 받은 것으로, 동양대 웹메일 서버 내 정경심 교수 웹메일 아이디의 2013년 전후 접속 로그 데이터다. 특기할 것은, 이 자료에는 접속한 날짜 시간 외에도 동양대 웹메일 서버로 접속한 IP주소도 기록되어 있다는 점이다.

　동양대 웹메일 접속 이력에서 발견된 중요 단서는 2013년 6월 16일 오후 4시 34분경에 검사 측이 서울 방배동의 공인 IP주소로 특정한 '14.52.135.xxx'에서 동양대 메일에 접속한 흔적이 발견된 것이다. 자택의 PC들은 사설 IP주소를 사용했지만, 이 사설 IP주소들은 공유기를 거쳐 외부로 접속할 때는 그 공유기의 고정 IP주소로 번역된다. 즉, 2013년

62818	kschung	110.70.53.	2013	6	14	16	0	2	5	Google Chrome 27.	Unknown(Mozilla/5.0 (Linux; Android 4.1.2; SHV-E25
62909	kschung	110.70.56.	2013	6	15	0	48	2	6	Google Chrome 27.	Unknown(Mozilla/5.0 (Linux; Android 4.1.2; SHV-E25
63064	kschung	14.52.135.	2013	6	16	16	34	2	0	Internet Explorer 8.0	Windows XP
63118	kschung	14.52.135.	2013	6	16	23	26	2	0	Google Chrome 27.	Unknown(Mozilla/5.0 (Linux; Android 4.1.2; SHV-E25
63446	kschung	192.168.22.	2013	6	17	17	48	2	1	Internet Explorer 10.	Windows 7

| 동양대 웹메일 접속 기록의 2013년 6월 16일 날짜 흔적들

6월 16일 오후 4시 34분에 방배동 자택에 있던 PC가 정경심 교수의 아이디로 동양대 웹메일에 접속한 것이다.

2013년 6월 16일 메일 접속 흔적은 총 2건으로, 하나는 오후 4시 34분, 다른 하나는 오후 11시 26분이다.(표에서 파란색 테두리로 표시한 부분) 엑셀 표에서 가장 마지막 열과 그 앞의 열은 웹 브라우저의 'Agent' 정보[49]로부터 추출된 웹 브라우저의 종류 및 운영체제 정보이다. 2013년 6월 16일의 접속 흔적 중 오후 4시 23분의 것을 보면, 브라우저는 구글 크롬이고 운영체제는 안드로이드, 기종명은 'SHV-E25', 즉 갤럭시 노트2임을 알 수 있다. 정 교수가 2013년 즈음 사용하던 휴대폰 기종과 일치한다.

두 접속 건 모두 접속한 고정 IP주소가 방배동으로 특정된 '14.52. 135.171'로 명시되어 있다. 두 접속 흔적 중 오후 11시 26분의 휴대폰 접속 역시 PC 접속 건과 같은 내부 네트워크를 연결한 것이다. 즉, 이 휴대폰 접속은 LTE가 아닌 방배동 자택의 공유기에 WiFi로 연결된 것이며, 같은 공유기에 PC도 연결되어 있었던 것이다. 2013년 6월 16일에 정 교수가 방배동 주변에 있었던 것은 검사 측도 인정하는 사실이므로, 이날 PC와 휴대폰으로 동양대 웹메일에 접속한 기록은 정 교수의 흔적이라고

---

49 모질라 문서 사이트, '사용자 에이전트를 이용한 브라우저 감지' https://developer.mozilla.org/ko/docs/Web/HTTP/Browser_detection_using_the_user_agent

특정할 수 있다.

여기서 휴대폰 접속은 정 교수가 당시 자택에 있었다는 점 외에는 유의미하지 않지만, PC 접속 건은 매우 중요하다. '웹메일 접속 이력'을 보면 이 PC의 운영체제가 윈도우XP로 명시되어 있는데, 이는 당시 PC1, PC2의 운영체제와 동일하다.

변호인 측은 1심부터 일관되게 2013년 6월 16일 당시 PC1은 동양대에, PC2는 방배동 자택에 있었다고 주장해왔고, 반대로 검사 측은 PC1과 PC2가 모두 방배동 자택에 있었다고 주장해왔다. 즉, 동양대 웹메일 접속 이력에서 나타난 2013년 6월 16일의 방배동 접속 건이 PC1이냐 PC2냐가 검사측의 표창장 위조 주장의 입증 여부에 핵심적인 관건이 되는 것이다.

검사 측의 일관된 표창장 위조 타임라인 주장에 따르면 당일 오후 4시 34분은 정 교수가 '표창장을 위조하고 있었던' 시점에 해당한다. 따라서 검사 측 주장대로 이날 정 교수가 방배동 자택에서 PC1을 이용하여 표창장을 제작했다면, 그것은 곧 해당 시점에 PC1에서 동양대 웹메일에 접속했다는 뜻이 된다.

오후 4시 34분,
PC1 사용자는 MS워드 문서 작업 중

방배동에서 동양대 메일에 접속했던 PC가 PC1이었는지 확인하기 위해 2013년 6월 16일 오후 4시 34분경 PC1의 포렌식 타임라인을 보자. 오후 4시 20분의 흔적과 오후 4시 39분의 흔적은 있으나, 그 사이 시점인 오후 4시 34분에 웹메일에 접속한 기록은 존재하지 않는다. 이 결과대로라면 정경심 교수는 해당 시점 표창장 작업이 진행 중이던 PC1의 사용자가 아니며, 따라서 해당 표창장을 만든 작업자는 제3의 인물이 된다.

이 문제가 검사 측이 주장하는 표창장 위조 공소사실에 치명적인 만큼, 검사 측으로선 "해당 시점에 PC1에 웹메일 접속이 있었으나 비할당 영역에서 복구되지 않고 없어졌을 뿐이다"라고 주장할 수밖에 없다. 하지만 수사 단계에서는 근거가 부족해도 다양한 가능성을 상정할 수 있으

	Date/time	Date/time attribute	Timeline c...	Category	Type	Item...	Item value
			300	**1 TIMESTAMP**			
	2013-06-16 PM 4:10:37	Last Accessed Date/Time	Browser usage	Web Related	Internet Explorer PrivacIE Records	URL	naver.net/201306/*/7f32158d-4990-4dc9-8
	2013-06-16 PM 4:10:37	Last Accessed Date/Time	Browser usage	Web Related	Internet Explorer PrivacIE Records	URL	naver.net/201306/*/f0a35fc7-798f-4b8e-a8
	2013-06-16 PM 4:10:37	Last Accessed Date/Time	Browser usage	Web Related	Internet Explorer PrivacIE Records	URL	naver.net/ad3/1047/*/280_150_106.jpg
	2013-06-16 PM 4:10:37	Last Accessed Date/Time	Browser usage	Web Related	Internet Explorer Cookie Records	URL	i57.icast-ad.com/
	2013-06-16 PM 4:10:37	Last Modified by Web Server Date/Time		Web Related	Internet Explorer Cookie Records	URL	i57.icast-ad.com/
	2013-06-16 PM 4:20:22	Created Date/Time		Operating System	Windows Event Logs	Event ID	1003
	2013-06-16 PM 4:20:36	Last Modified Date/Time	File/folder opening	Media	Pictures	File Name	총장님 직인.png
	2013-06-16 PM 4:20:36	Modified	File/folder opening	File system	File		총장님 직인.png
	2013-06-16 PM 4:20:43	Created Date/Time		Operating System	Windows Event Logs	Event ID	300
	2013-06-16 PM 4:39:58	Created Date/Time		Operating System	Windows Event Logs	Event ID	1003
	2013-06-16 PM 4:40:00	Last Modified Date/Time	File/folder opening	Documents	Word Documents	Filename	문서2.docx
	2013-06-16 PM 4:40:00	Created Date/Time	File knowledge	Documents	Word Documents	Filename	문서2.docx
	2013-06-16 PM 4:40:00	Last Modified Date/Time	File/folder opening	Documents	Word Documents	Size (Bytes)	1113461
	2013-06-16 PM 4:40:00	Created Date/Time	File knowledge	Documents	Word Documents	Size (Bytes)	1113461
	2013-06-16 PM 4:40:05	Last Modified by Web Server Date/Time	Browser usage	Web Related	Edge/Internet Explorer 10-11 Co...	URL	https://encrypted-tbn3.gstatic.com/images
	2013-06-16 PM 4:40:23	File System Last Modified Date/Time	File/folder opening	Documents	Word Documents	Filename	문서2.docx
	2013-06-16 PM 4:40:23	Modified	File/folder opening	File system	Image		문서2.docx
	2013-06-16 PM 4:41:38	Last Visited Date/Time	Browser usage	Web Related	Internet Explorer Main History	URL	file:///C:/Documents and Settings/XP/My D

| PC1의 오후 4시 34분 전후 흔적들. 동양대 웹메일 접속 흔적이 존재하지 않는다.

나, 재판에서 피의 사실 인정 여부와 직접 연관된 주장을 펼치려면 단순 가능성 제기 수준이 아닌 충분히 합리적인 근거가 있어야 한다. 피고인이 유죄라는 '신념'이나 유죄여야 한다는 '의지' 수준의 확증편향으로 최소한의 근거나 단서조차도 없이 상상에만 의존하여 "있었지만 없어졌다"라는 주장을 재판에서 꺼내놓아서는 안 될 것이다.

기술 전문가로서 이 전후의 흔적을 살펴봤을 때, 이 시점에 PC1에서 동양대 웹메일 접속이 있었지만 복구되지 않았다고 가정하는 것은 매우 무리하다고 판단된다. 이 시점 전후의 다른 흔적들이 웹메일 접속과 전혀 관련성이 없는 문서 작업들뿐이기 때문이다.

다시 포렌식 타임라인 화면을 보자. 2013년 6월 16일 오후 4시 20분 43초에 나타난 이벤트 300은 MS오피스 제품군에서 문서를 편집하다가

┌───┐
│ 🖵 **2019지원12424호_증거1호_hdd.E01**   │
│   │
│ **DETAILS**   ⌃   │
│   │
│ **ARTIFACT INFORMATION**   │
│   │
│   Event ID   **300**   │
│ Security Identifier   **n/a**   │
│ Created Date/Time   **2013-06-16 PM 4:20:43**   🕐   │
│   Level   **Information**   │
│   Provider Name   **Microsoft Office 14 Alerts**   │
│   Task Category   **0**   │
│   Computer   **XP-1AD577DC74EF**   │
│   Event Data   **Microsoft Word**   │
│   │
│   **변경 내용을 문서1에◆**   │
│   **𝄐壇◆♪떤젫鴵瘂▯◆**   │
│   **200054**   │
│   │
│   **14.0.6029.1000**   │
└───┘

❘ 이벤트 300 아티팩트

저장하지 않고 종료하려 할 때, 정말 종료하겠느냐고 사용자에게 물어보
는 팝업이 뜨면서 기록되는 이벤트다.

다음은 2013년 당시의 PC1과 동일한 환경인 윈도우XP와 MS오피스
2010 버전을 설치해 이벤트 300을 재연해본 결과이다. MS워드에서 문
서 편집 중에 프로그램을 종료하려 시도했을 때 화면에 나타난 팝업과
그 시점에 기록된 이벤트 300 기록이며, PC1에서 오후 4시 20분에 발견
된 포렌식 흔적과 동일하다.

앞서 제시한 이벤트 300 흔적의 세부 내용을 살펴보아도 'Event Data'

| 이벤트 300 다이얼로그

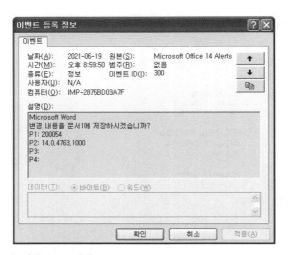

| 이벤트 300 이벤트로그

항목에 "Microsoft Word"라는 프로그램 이름과 함께 "변경 내용을 문서
1에(이하 한글 깨짐)"라는 텍스트가 남아 있다. 즉, 오후 4시 20분 시점에
PC1의 사용자는 MS워드 프로그램을 이용하여 문서 작업 중이었음이 확
인된다.

한편, 2013년 6월 16일 오후 4시 39분 58초에 나타난 이벤트 1003은
MS오피스가 설치된 PC에서 적절한 라이선스가 적용되지 않았을 경우에

2019지원12424호_증거1호_hdd.E01

DETAILS

ARTIFACT INFORMATION

Event ID   **1003**
Security Identifier   **n/a**
Created Date/Time   **2013-06-16 PM 4:39:58**
Level   **Information**
Provider Name   **Office Software Protection Platform Service**
Task Category   **0**
Computer   **XP-1AD577DC74EF**
Event Data   **59a52881-a989-479d-af46-f275c6370663**

**1: 191301d3-a579-428c-b0c7-d7988500f9e3, 1, 0 [(0 [0xC004F014, 0, 0], [(?)(?)(?)(?)(?)(?)])(1)(2)]
2: 6f327760-8c5c-417c-9b61-836a98287e0c, 1, 1 [(0 [0x00000000, 1, 0], [(?)(?)(1 0x00000000 30 0 msft:rm/algorithm/volume/1.0 0x00000000 249618)(?)(?)(?)])(1)(2)]
3: fdf3ecb9-b56f-43b2-a9b8-1b48b6bae1a7, 1, 0 [(0 [0xC004F014, 0, 0], [(?)(?)(?)(?)(?)(?)])(1)(2)]**

| 이벤트 1003 아티팩트

기록되는 이벤트이다.

이 상황을 재연해보기 위해, 앞서와 같이 2013년 당시의 PC1과 동일한 환경에서 의도적으로 MS오피스 라이선스를 입력하지 않아 오피스 프로그램 실행 시 이벤트 1003이 기록되도록 유도했다. 테스트 결과 MS워드 등의 오피스 프로그램들을 사용할 때 "Microsoft Office 인증 마법사"라는 제목의 팝업 창에 "인증되지 않았습니다"라는 내용이 나타났다. 또한 이벤트로그에는 PC1에서 발견된 것과 동일한 이벤트 1003이 기록되었다.

　이로써 2013년 6월 16일 오후 4시 34분 전후인 오후 4시 20분과 4시 39분 흔적 모두, PC1 사용자는 문서 작업을 하고 있었음이 확인되었다.

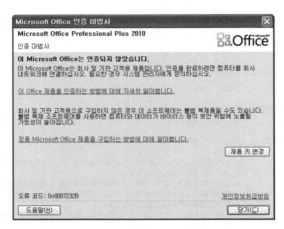

| 이벤트 1003 다이얼로그

| 이벤트 1003 이벤트로그

포렌식 타임라인에서 전후 상황을 더 살펴보면, 이 시점들 후인 오후 4시 40분에는 작업 중이던 문서를 '문서2.docx'라는 이름으로 저장했고, 오후 4시 41분 시점에는 이 '문서2.docx' 파일을 다시 열어본 사실이 확인된다. 이어서 PC1에서는 '스크랩.shs' 파일 저장, '총장님 직인.png' 열어보기, '총장님 직인.jpg' 생성(다른 곳에서 복사 혹은 실제 생성 모두 가능), '스크랩.shs' 파일 재저장 등의 작업이 오후 4시 43분부터 47분까지 이어졌다. 오후 4시 53분에는 표창장 파일로 보이는 '(양식)상장[1].pdf' 파일이 나타났다.

즉, 2013년 6월 16일 당시 PC1 작업자는 오후 4시 20분 이후로 일관되게 표창장 관련의 문서 작업만 하고 있었음이 확인된다. 이는 검사 측 포렌식 보고서들에서도 동일하게 설명하고 있다.

다만, 오후 4시 34분 직전 흔적과 직후 흔적 사이(4시 20분~4시 39분)에는 19분의 간격이 있으므로, 이 사이에 PC1에서 동양대 웹메일에 접속하는 것이 물리적으로 불가능하지는 않다. 그러나 바로 앞에서도 살펴봤듯이, 이 전후의 시점 PC1에 남아 있는 흔적들은 웹 접속과는 거리가 먼 문서 작업만이 일관되게 진행되고 있었다. 또한 PC1을 조작하고 있던 사람이 정 교수라고 특정할 수 있거나 혹은 추정할 만한 최소한의 특징도 나타나지 않았다.

그런데 PC2의 동시간 사용 흔적은 PC1과 크게 다르다. 이에 대해 살펴보자.

PC2의 오후 4시 23분 전후
1시간 공백

PC2의 경우, 2013년 6월 16일 당시 방배동 자택에 있었음에 검사 측과 변호인 측 모두 이견이 없다. 또한 PC1과 마찬가지로 PC2도 윈도우 XP 운영체제가 설치되어 있었다.

다음은 PC2의 2013년 6월 16일자 오후 4시 23분 전후의 포렌식 타임라인이다. 오후 3시 49분 및 오후 4시 49분 사이 여러 건의 웹 접속이 있었던 것처럼 보이지만, 실제로는 해당 시간들의 흔적이 아닌 '서버 수정 시간'이어서 무효한 흔적들이다. ('〈7828 보고서〉의 허위성'을 알아볼 때 자세히 설명하겠다.)

따라서 2013년 6월 16일 오후 3시 49분 및 오후 4시 49분 사이, 정확히 1시간 동안 PC2에는 아무런 흔적이 남아 있지 않다. 방배동 위치에서

2부 포렌식으로 밝혀진 진실과 검찰의 허위 기망

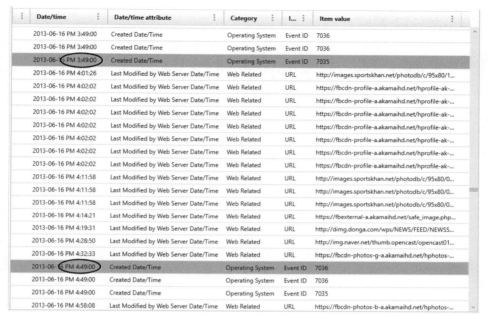

Date/time	Date/time attribute	Category	I...	Item value
2013-06-16 PM 3:49:00	Created Date/Time	Operating System	Event ID	7036
2013-06-16 PM 3:49:00	Created Date/Time	Operating System	Event ID	7036
2013-06-16 PM 3:49:00	Created Date/Time	Operating System	Event ID	7035
2013-06-16 PM 3:49:00	Last Modified by Web Server Date/Time	Web Related	URL	http://images.sportskhan.net/photodb/c/95x80/1...
2013-06-16 PM 4:02:02	Last Modified by Web Server Date/Time	Web Related	URL	https://fbcdn-profile-a.akamaihd.net/hprofile-ak-...
2013-06-16 PM 4:02:02	Last Modified by Web Server Date/Time	Web Related	URL	https://fbcdn-profile-a.akamaihd.net/hprofile-ak-...
2013-06-16 PM 4:02:02	Last Modified by Web Server Date/Time	Web Related	URL	https://fbcdn-profile-a.akamaihd.net/hprofile-ak-...
2013-06-16 PM 4:02:02	Last Modified by Web Server Date/Time	Web Related	URL	https://fbcdn-profile-a.akamaihd.net/hprofile-ak-...
2013-06-16 PM 4:02:02	Last Modified by Web Server Date/Time	Web Related	URL	https://fbcdn-profile-a.akamaihd.net/hprofile-ak-...
2013-06-16 PM 4:02:02	Last Modified by Web Server Date/Time	Web Related	URL	https://fbcdn-profile-a.akamaihd.net/hprofile-ak-...
2013-06-16 PM 4:02:02	Last Modified by Web Server Date/Time	Web Related	URL	https://fbcdn-profile-a.akamaihd.net/hprofile-ak-...
2013-06-16 PM 4:11:58	Last Modified by Web Server Date/Time	Web Related	URL	http://images.sportskhan.net/photodb/c/95x80/0...
2013-06-16 PM 4:11:58	Last Modified by Web Server Date/Time	Web Related	URL	http://images.sportskhan.net/photodb/c/95x80/0...
2013-06-16 PM 4:11:58	Last Modified by Web Server Date/Time	Web Related	URL	http://images.sportskhan.net/photodb/c/95x80/0...
2013-06-16 PM 4:14:21	Last Modified by Web Server Date/Time	Web Related	URL	https://fbexternal-a.akamaihd.net/safe_image.php...
2013-06-16 PM 4:19:31	Last Modified by Web Server Date/Time	Web Related	URL	http://dimg.donga.com/wps/NEWS/FEED/NEWSS...
2013-06-16 PM 4:28:50	Last Modified by Web Server Date/Time	Web Related	URL	http://img.naver.net/thumb.opencast/opencast01...
2013-06-16 PM 4:32:33	Last Modified by Web Server Date/Time	Web Related	URL	https://fbcdn-photos-g-a.akamaihd.net/hphotos-...
2013-06-16 PM 4:49:00	Created Date/Time	Operating System	Event ID	7036
2013-06-16 PM 4:49:00	Created Date/Time	Operating System	Event ID	7036
2013-06-16 PM 4:49:00	Created Date/Time	Operating System	Event ID	7035
2013-06-16 PM 4:58:08	Last Modified by Web Server Date/Time	Web Related	URL	https://fbcdn-photos-b-a.akamaihd.net/hphotos-...

Ⅰ PC2의 오후 4시 34분 전후 흔적들. 1시간 동안의 흔적이 누락되었다.

동양대 웹메일을 접속한 2013년 6월 16일 오후 4시 23분 시점이 여기 1
시간 사이에 포함된다.

앞서 PC1에서도 웹메일 접속 시점인 2013년 6월 16일 오후 4시 23분
전후로 19분의 공백이 있었다. 하지만 PC1이 그 시점 직전과 직후 일관
되게 문서 작업을 하고 있었던 것과 달리, PC2은 1시간 공백 이전과 이
후에 웹 서핑을 한 기록밖엔 없다. PC2가 동양대 웹메일 접속과 개연성
이 훨씬 더 높을 뿐만 아니라 비어 있는 시간도 3배 이상 많다. 동양대 웹
메일 접속이 있었던 PC는 PC1보다는 PC2라고 보는 것이 합리적인 것이

다.

　게다가, 바로 이어서 살펴보겠지만, PC2에서는 1시간의 공백 직전까지 정경심 교수의 사용 흔적으로 특정되는 웹 서핑 흔적이 여럿 발견되었다.

　　　　　　　　　　　　　　　2부 포렌식으로 밝혀진 진실과 검찰의 허위 기망

PC2 공백 1시간 이전,
정 교수의 사용 흔적들

　방배동 동양대 웹메일 접속 기록을 재검토하는 과정에서 PC1이 사용되고 있던 시간에 PC2에서 정경심 교수의 것으로 특정되는 사용 흔적들이 새로이 발견되었다. 이는 일종의 부재증명[50]으로서, 피고인 정경심의 핵심적 무죄 증거다.

　PC2에서 새로 발견된 정 교수의 사용 흔적은 각각 오후 3시 28분의 '현대증권' 웹 사이트 접속 흔적, 오후 3시 37분 영어영재교육센터 관련 파일들을 열어본 흔적, 오후 3시 10분 '옥션' 접속 흔적, 오후 3시 23분 '롯데닷컴' 접속 흔적이다. 이 네 흔적들은 포렌식 결과 목록을 잠깐 살펴

---

[50] 범죄가 일어난 때에, 피고인 또는 피의자가 범죄 현장 이외의 장소에 있었다는 사실을 주장함으로써 무죄를 입증하는 방법

보아서는 즉각 눈치채기 힘든 사례들이었는데, 앞서 살펴본 오후 4시 34분의 동양대 웹메일 접속 문제 때문에 이날의 흔적을 정밀 재검토하다가 발견하게 되었다.

오후 3시 28분
현대증권 웹 사이트 접속

PC2에서 오후 3시 28분 27초에 'www.youfirst.co.kr'라는 웹 사이트에 접속한 흔적이 발견되었다. 당시 현대증권의 공식 웹 사이트다. 가족 중에서는 정 교수 본인 외에 증권 투자를 하는 사람이 없다.(현대증권은 2017년 1월에 KB금융그룹에 인수되어 KB증권으로 바뀌어 현재는 존재하지 않으며,

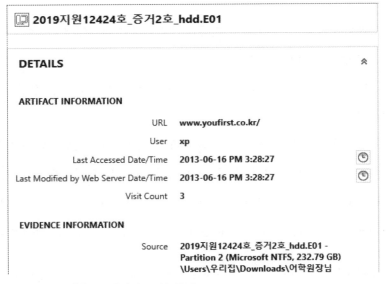

| 'youfirst.co.kr' 현대증권 사이트 접속 흔적

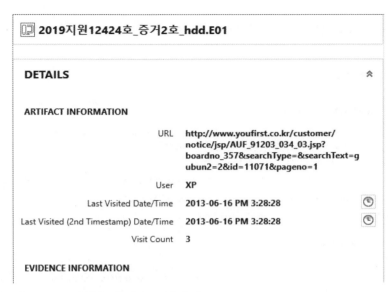

📄 **2019지원12424호_증거2호_hdd.E01**

DETLAILS ⊼

ARTIFACT INFORMATION

URL	http://www.youfirst.co.kr/customer/ notice/jsp/AUF_91203_034_03.jsp? boardno_357&searchType=&searchText=g ubun2=2&id=11071&pageno=1
User	XP
Last Visited Date/Time	2013-06-16 PM 3:28:28
Last Visited (2nd Timestamp) Date/Time	2013-06-16 PM 3:28:28
Visit Count	3

EVIDENCE INFORMATION

ǀ 'youfirst.co.kr' 현대증권 사이트 접속 흔적

'www.youfirst.co.kr' 주소도 접속되지 않는다.)

오후 3시 37분
영어영재교육센터 관련 파일을 열어본 흔적

다음으로, 오후 3시 37분에는 PC2에서 동양대 영어영재교육센터 관련 이미지 파일들을 열어본 흔적들이 발견되었다. 정 교수는 2013년 당시 어학교육원 원장직 외에 어학교육원 산하로 편입된 영어영재교육센터의 센터장도 겸임하고 있었다. 영어영재교육센터 업무 관련으로서 열어본 파일은 'ccc.jpg' 및 '영재캠~1.JPG' 파일이다.

2019지원12424호_증거2호_hdd.E01

DETo AILS ⌄

ARTIFACT INFORMATION

URL	file:///C:/Documents and Settings/XP/바탕화면/ccc.jpg
User	XP
Last Visited Date/Time	2013-06-16 PM 3:36:59 🕐
Last Visited (2nd Timestamp) Date/Time	2013-06-16 PM 3:36:59 🕐
Visit Count	2

EVIDENCE INFORMATION

Source	2019지원12424호_증거2호_hdd.E01 - Partition 2 (Microsoft NTFS, 232.79 GB)

❙ 'ccc.jpg' 파일을 열어본 흔적

2019지원12424호_증거2호_hdd.E01

DETAILS ⌄

ARTIFACT INFORMATION

URL	file:///C:/Documents and Settings/XP/바탕화면/영재캠~1.JPG
User	XP
Last Visited Date/Time	2013-06-16 PM 3:37:02 🕐
Last Visited (2nd Timestamp) Date/Time	2013-06-16 PM 3:37:02 🕐
Visit Count	2

EVIDENCE INFORMATION

Source	2019지원12424호_증거2호_hdd.E01 - Partition 2 (Microsoft NTFS, 232.79 GB)

❙ '영재캠~1.jpg' 파일을 열어본 흔적

‘ccc.jpg’ 파일은 ‘Creative Writing / Confident speaking / Contagious reading’라는 캐치프레이즈를 로고로 만든 것이다. 이는 **동양대의 영어영재교육센터에서 2012년부터 현재까지 사용하고 있는 로고 이미지이다.**

| ccc logo

이 캐치프레이즈 이미지는 아래와 같이 동양대 영어영재교육센터의 대외용 문서들에서 사용되어왔다.

이중 영재 교육 대상자의 모집 요강을 정리한 한글파일의 문서 등록정보를 보면, 제목이 ‘동양대학교 2012 Summer DYU English Camp’이

| 영어영재교육센터 요강 HWP | 영어영재교육센터 요강 PDF

| 영어영재교육센터 요강 HWP 문서 정보

고 날짜도 2012년 6월 18일로 표시되어 있어, 정 교수가 영어영재교육센터를 맡고 있던 시점에도 사용되었던 문서라는 것을 알 수 있다. 또한 이 모집 요강 문서가 2012년 6월 18일에 처음 작성되었다는 사실은, 거의 정확히 1년 후인 2013년 6월 16일에도 2013학년도 캠프 관련 준비를 위해 이 파일들을 살펴보았다는 합리적 추정을 가능케 한다.

| '영재캠~1.JPG' 파일의 내용

다음으로 '영재캠~1.JPG' 파일은 사진의 내용 면에서는 특별히 정 교수의 업무와 관련되어 있다고 특정하긴 어렵다. 그러나 파일 이름의 특수성도 있고 또한 바로 앞서 살펴본 'ccc.jpg'를 열어본 직후에 열어보았으므로, 역시 동양대의 영어영재

2부 포렌식으로 밝혀진 진실과 검찰의 허위 기망

캠프 관련의 목적으로 사용되었거나 사용하려 했던 파일인 것으로 추정
된다.

오후 3시 10분
쇼핑몰 옥션 접속 흔적

오후 3시 10분부터는 인터넷 쇼핑몰 옥션 및 지마켓에 접속하여 다양
한 웹 서핑을 한 흔적이 나타났다. 이중 오후 3시 14분 42초에는 오픈마
켓 옥션에 접속하여 웹 서핑을 하는 과정에서 '추천검색어' 웹 페이지가
실행된 흔적이 남아 있고, 그 내용을 지금도 확인할 수 있다.

| 옥션 사이트 추천검색어 페이지 흔적

옥션 사이트에서 남은 추천검색어 페이지의 흔적은, 옥션 상단의 검색 입력란에서 특정 키워드를 입력했을 때 검색어 입력란 바로 아래에 자동으로 나타나는 '추천검색어 팝업'이다. 위 흔적에 나타난 웹 주소를 웹 브라우저에서 조회해보면 아래와 같이 나타나는데, '원피스' 부분이 파란색으로 표시된 것을 보면 당시 PC2 사용자가 입력한 검색어가 원피스였음을 알 수 있다.

추천검색어 기능은 현재도 옥션 사이트에서 비슷하게 제공되고 있다. 사이트 상단의 검색어 입력란에 '원피스'를 입력하면 추천검색어 창이 나타난다.

그런데 이 사진에서 보다시피 현재(2021년) 시점에서 원피스를 검색했을 때 나오는 추천검색어 결과가 2013년과는 많이 다르다. 2013년 옥션 사이트에서 제공되었던 추천검색어 기능은 로그인된 사용자에 따라 맞춤형 결과가 제시되었던 것으로 추정된다. '원피스'를 검색했는데 상식적으로 연관될 수 있는 '주니어 원피스'나 '아동 원피스' 등은 추천하지 않고 오직 '시니어의류' 카테고리의 원피스만 추천되었기 때문이다. 사용자의 성별과 연령에 맞춰 추천검색어가 뜬 것으로 보인다. 즉, 옥션에서 로그인한 계정에 저장된 주민번호로부터 성별 및 연령을 특정, '중년 여성'에 해당하는 추천검색어 페이지가 제시된 것으로 판단된다.[51]

---

[51] 회원의 주민등록번호에서 성별과 연령을 알아내 맞춤형으로 제공했던 디테일한 추천검색어 서비스는, 정부 정책에 의해 2014년 8월 이후로 불가능해졌다. 방송통신위원회가 2013년 2월 18일부터 신규 주민번호 수집 행위를 전면 금지했고, 기존 수집된 주민번호도 2014년 8월까지 사용하지 못하도록 했으며, 2014년 말까지는 기존 보유 중이던 주민번호도 파기를 의무화했기 때문이다. (대한민국 정책브리핑 뉴스, 〈당신의 주민번호 꼭꼭 숨겨라!…온라인 수집 금지〉(2013.02.21.) https://www.korea.kr/news/reporterView.do?newsId=148755878)

| 2013년 6월 16일 옥션 추천검색어 페이지의 내용

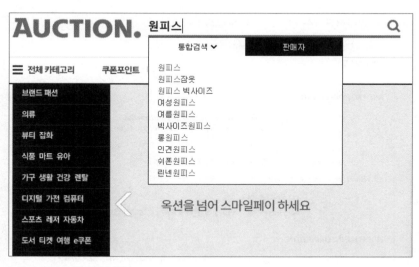

| 현재 옥션 추천검색어 결과

오후 3시 23분
롯데닷컴 접속 액세서리 상품 웹 서핑

PC2의 사용자가 오후 3시 23분 53초에 롯데닷컴에 접속하여 살펴본 제품은 흔적에 남은 주소로 조회해본 결과, 중저가 가격대의 여성용 액세서리(목걸이)였다.

필자도 배우자를 위해 액세서리 구입을 고민해봤던 경험이 있어 아는데 해당 목걸이는 주로 젊은 여성보다는 중년 여성이 선호하는 디자인으로 보인다. 더욱이 이 2013년 6월 16일, 가족 중 정 교수를 제외하면 유일한 여성인 정 교수의 딸은 자택이 아닌 안암동 자취방에 있었다.

즉, 오후 3시 14분부터 오후 3시 23분 사이에 PC2에서 옥션 및 롯데닷

2019지원12424호_증거2호_hdd.E01

DETAILS ⌃

ARTIFACT INFORMATION

URL	http://www.lotte.com/goods/viewGoodsDetail.lotte?goods_no=25568985
User	XP
Last Visited Date/Time	2013-06-16 PM 3:23:53
Last Visited (2nd Timestamp) Date/Time	2013-06-16 PM 3:23:53
Visit Count	5
Web Page Title	백화점을 인터넷으로 | 롯데닷컴 LOTTE.com

EVIDENCE INFORMATION

Source	2019지원12424호_증거2호_hdd.E01 - Partition 2

| 롯데닷컴 쇼핑몰 액세서리 상품 조회 흔적

| 롯데닷컴 쇼핑몰에서 조회한 액세서리 상품 웹페이지

컴 웹 서핑을 한 사람은 여성으로 보이고, 특히 옥션 추천검색어 페이지의 내용으로 보건대 중년 여성임이 유력해 보인다. 그리고 이는 정 교수와 일치하는 특성이다.

쇼핑몰 웹 서핑 흔적들과 앞서 살펴본 오후 3시 28분경 현대증권 웹사이트 접속, 오후 3시 37분경 영어영재캠프 관련 파일 열어본 흔적 등을 종합하면, 적어도 오후 3시 10분부터 오후 3시 37분 사이에 PC2를 사용한 사용자는 정경심 교수로 판단된다.(옥션 검색은 오후 3시 10분부터 시작)

물론 이는 지금까지 충분한 근거로 특정되는 흔적들만으로 소극적으로 판단한 것이다. 오후 4시 34분의 방배동 동양대 웹메일 접속이 있었던 PC 역시 PC2였을 개연성이 매우 높다는 점까지 감안하면, 정 교수의 PC2 사용 시간은 이보다 훨씬 더 길어진다.

배우자의
PC2 사용 흔적

한편, 2013년 6월 16일 PC2 사용 기록 중에는 또 한 가지 특기할 사항이 있다. 정경심 교수로 특정되는 사용 흔적들 외에도, 중간중간 배우자 조국 전 장관의 흔적으로 보이는 서울대 웹메일 및 기타 서울대 웹 사이트 접속 기록들이 산발적으로 나타난 것이다.(오전 10시 54분 47초, 오후 3시 37분 59초, 오후 6시 29분 18초 등)

따라서 종합적으로는, 2013년 6월 16일에는 정경심 교수와 배우자 조국 교수가 번갈아가며 PC2를 사용했던 것으로 정리된다.

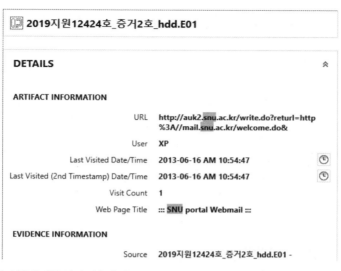

| 서울대 메일 서버 접속 흔적

| 서울대 eTL 서버 접속 흔적

2019지원12424호_증거2호_hdd.E01

DETAILS ⌃

ARTIFACT INFORMATION

URL	http://auk1.snu.ac.kr/newportal/css/cssbasic.css
User	xp
Last Modified by Web Server Date/Time	2011-12-25 PM 3:43:42
Last Checked by Local Host Date/Time	2013-06-16 PM 6:29:17
Cache Retrieval Count	2
Filename	cssbasic[1].css
File Type	css

EVIDENCE INFORMATION

| 서울대 메일 서버 접속 흔적

무죄 입증 알리바이,
검사 측 피의사실 주장의 결정적 모순들

    이상 살펴본 바, 2013년 6월 16일 PC1과 PC2의 실제 시간대별 행적은 여러 면에서 검사 측이 주장하는 피의사실의 핵심 사항인 "당일 PC1을 사용한 것은 피고인"이라는 주장과 매우 큰 차이가 있다.

    무엇보다, 당일 PC1은 오후 2시 19분 4초부터 시작되어 오후 5시 31분 11초에 종료되었는데, 정 교수는 이 시간과 상당 시간 중첩되는 오후 3시 10분경부터 PC2를 사용하고 있었음이 확인되었다. 적어도 오후 3시 37분까지는 정 교수의 사용 시간으로 특정되었다.

    요컨대, 정 교수는 적어도 오후 3시 10분부터 오후 3시 37분 사이 PC2를 사용한 것으로 특정되는데 어떻게 오후 2시 19분부터 오후 5시 31분 동안 사용된 PC1의 사용자일 수 있느냐는 것이다. 특히 이 중첩된 시간대에는 두 PC 모두 중간에 사용 흔적이 끊어지는 시점이 거의 없어, 물리적으로도 한 사용자가 양쪽 PC를 오가며 사용했다고 보기가 어렵다. 사실상 가능하지 않다. 더욱이 그렇게 동시에 두 PC를 오가면서 사용할 이유도 없다.

더 구체적으로는, 정 교수가 방배동의 PC2를 사용하고 있었던 오후 3시 10분부터 오후 3시 37분 시간의 흔적 대부분은 쇼핑몰, 현대증권 등 웹 서핑 활동이었다. 그런데 PC1의 사용자 역시 오후 2시 57분부터 오후 4시 10분까지 포털사이트 다음과 네이버에 접속하는 등 주로 웹 서핑을 하고 있었다.(표창장 문서 작업의 흔적은 오후 4시 20분부터 나타난다.)

다음은 PC1의 웹 서핑 시작 시점과 끝 시점의 흔적이다.

| PC1 사용자의 웹 서핑 시작 시점

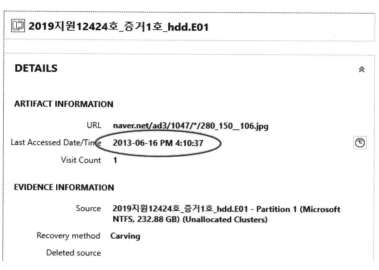

| PC1 사용자의 웹 서핑 마지막 시점

　만일 무리한 가정을 동원해서 검사 측이 주장하는 대로 PC1이 방배동 자택에 있었고 그 사용자가 정 교수라고 해보자. 그러면 정 교수가 PC1과 PC2를 양쪽으로 놓고 매우 분주하게 오가면서 PC2에서는 '쇼핑몰 접속', '현대증권 접속', '영어영재캠프 관련 검토' 등을 하고 동시에 PC1에서도 별도로 다음, 네이버 등 웹 서핑을 한, 매우 기이한 행동을 했다는 의미가 된다. 게다가 PC1의 흔적들은 정 교수로 전혀 특정되지 않는 반면, PC2의 흔적들은 매우 합리적으로 정 교수의 행적으로 특정이 된다.

　그리고 앞서 설명한 바와 같이, 방배동으로 위치가 특정되는 오후 4시 34분의 동양대 웹메일 접속을 한 PC는 해당 시점에 표창장 문서 작업을 하고 있었던 PC1이 아니라 이전부터 계속 웹 서핑을 하고 있었던 PC2였을 가능성이 지배적이다. 그렇다면 역시 검사 측의 주장을 사실이라고 받아들이려면, 정 교수가 PC1에서 표창장 관련 문서 작업을 하고 있으면서 동시에 PC2에서 웹 메일에 접속했다는 가정을 해야 한다. 이 역시 매우 무리한 가정이다.

또 한 가지, 검사 측 주장을 그대로 받아들이려면 2013년 6월 16일 당시 정 교수는 PC2를 배우자 조국과 번갈아 사용하면서도, 오후 2시 19분경 PC1이 처음 켜지기도 전부터 종일 PC1을 독점하고 오후 2시 57분 29초부터는 PC1 외에 PC2까지도 동시에 사용했다고 해석해야만 한다.(더욱이 PC2의 사용 기록은 정 교수와 배우자의 사용 흔적이 모두 특정되지만 PC1의 기록에는 배우자 사용으로 보이는 흔적도, 정 교수로 특정되는 흔적도 존재하지 않는다.)

이 세 가지 가정 중 어느 하나도 상식적이고 합리적인 게 없다. 이중 삼중으로 겹겹이 상식을 크게 벗어나는 이러한 가정들은 검사 측의 무리한 주장을 포렌식에서 발견된 증거들에 억지로 끼워 맞추려는 목적 외에는 다른 어떤 용도도 없을 것이다.

따라서 2013년 6월 16일 PC1, PC2의 포렌식 흔적들만 정리해보더라도, 당일 정 교수는 방배동 자택에서 PC2를 사용하고 있었고, PC1의 사용자는 정 교수가 아니었으며, PC1은 당시 방배동 자택이 아닌 다른 곳에 있었다고 판단하는 것이 지극히 합리적이고 상식적이다. 그러므로 당일 PC1을 조작하여 표창장을 만든 사람은 정 교수가 아닌 제3자였다는 결론으로 이어지게 된다. 이는 변호인이 그동안 일관되게 주장해온 바와 일치하고, 필자가 지금까지 제출한 전문가 의견서들의 결론들과도 일치한다.

05

검사 측 표창장 제작 주장의
진실과 거짓

검사 측은 강사 휴게실 PC1에서 찾아낸 표창장 관련 파일들을 가지고 수사 초기부터 소위 '표창장 위조 타임라인'을 구성하고, 그로부터 "위조가 틀림없다"라는 주장을 고수하고 있다. PC1의 비할당 영역(Unallocated Area)에 대한 분석에서 2013년 6월 16일 표창장 제작 파일들의 흔적들이 있었던 것은 사실이다. 또한 그 파일들이 최종 PC1에도 다시 복사되어 존재하고 있기도 하다.

그런데 이것이 "정경심 교수가 자택에서 PC1으로 표창장을 위조했다"는 검사 측 공소사실의 증명이 되기에는 한참이나 부족하다. 무엇보다, 이 타임라인에는 '누가'가 빠져 있다.

이에 대한 정 교수 측 항변의 요지는 이렇다. 표창장은 2012년에 정상 발급받은 것을 2013년에 입시 서류로 내려고 찾아보니 표창장이 없어, 학교 직원에게 재발급을 부탁했다는 것이다. 즉, 정상 발급된 표창장이 이미 있었으므로 재발급 부탁을 받은 직원이 정상 절차를 거쳐 재발급을 해줬든지 혹은 파일 작업으로 표창장 파일을 만들었든지 그것은 정 교수의 책임이 아니라는 것이다.

앞서 2013년 6월 16일 PC1은 방배동 자택이 아닌 동양대에 있었다는 점, 그리고 그 시간에 정 교수는 당시 방배동 자택에 있었던 것이 명백한 PC2를 사용하고 있었다는 점을 여러 증거와 함께 조목조목 설명하였다. 여기서부터는 검사 측이 주장하는 표창장 위조 타임라인에 대해 살펴보겠다.

얼핏 보기에 이 타임라인은 별다른 의문의 여지 없이 명백해 보일 수도 있을 것이다. 하지만 필자의 포렌식 분석 결과, PC1에서는 만들 수 없었던 직인 파일의 문제, 검사 측이 공개하지 않고 숨긴 그림판 출처 파일의 존재, PC1에 남아 있는 표창장 파일이 최종본이 아닌 점 등등 이빨이 빠져도 너무 많이 빠져 구멍이 숭숭한 억지 타임라인이었다.

검사 측 '표창장 위조 타임라인' 주장의 초보적 허점들

검사 측이 주장하는 포렌식 결과상 '표창장 위조 흔적'의 각 단계는 다음과 같다.

총장님 직인.png : 아들의 2012년 상장 파일

문서2.docx : MS워드 문서에 위 '총장님 직인.png' 파일을 포함시킨
　　파일

총장님 직인JPG : '총장님 직인.png' 하단의 '동양대학교 총장 최성
　　해' 문구와 직인 부분을 잘라낸 이미지

(양식)상장[1].pdf : 아래 양식 파일에서 pdf로 저장한 1차 결과물

(양식)상장[1].hwt : 아래아한글 상장 양식 파일

조민표창장 2012-2.pdf : 위 양식 파일에서 pdf로 저장한 2차 결과물

정 교수가 이 파일들을 만들었다는 것은 검사 측의 일방적 주장일 뿐, 변호인 측은 정 교수가 만들지 않았다는 입장이므로 필자로서도 이 파일들과 관련된 구체적 경위에 대해서는 포렌식으로 발견되는 단서들뿐이다. 그럼, 본격적으로 검사 측 포렌식 관련 주장들의 문제를 논하기 전에 검사 측 위조 주장에서 가장 초보적인 문제들을 살펴보자.

먼저, PC1에는 '만들었다던' 표창장 파일이 정작 프린터로 출력된 흔적이 없다. 검사 측은 HP Photosmart 2600 복합기로 출력되었다고 주장하는데 이는 순전히 검사 측의 희망 사항일 뿐이다. PC1에는 HP 2600 복합기 관련 출력 흔적이 전혀 없는데도 검사 측이 아무 근거도 없이 말로만 출력되었다고 주장하는 것은 방배동 자택에 있던 프린터들이 모두 흑백 레이저 프린터들이기 때문이다. 당연하게도 흑백 프린터로는 표창장 파일 하단의 붉은색 직인이 검게 나온다.

사실 HP 2600 복합기 역시 '잉크젯'이라는 치명적인 문제가 있다. 검사 측 주장대로 정 교수가 표창장을 위조했다면, 물만 묻으면 번지는 잉크젯 복합기로 출력했겠는가. 그럼에도 도저히 붉은 직인을 흑백 프린터로 출력했다고 할 수는 없으니 무작정 이 복합기로 출력했다고 주장하는 것이다.

다음으로, 가장 최종 파일인 '조민표창장 2012-2.pdf' 파일 하나만은 다른 파일들과 달리 비할당 영역에서 발견되지 않았고, 오직 2014년 윈도우7 설치 시에 복사된 현존 파일뿐이다. 차후에 별도로 복사되었을 가능이 얼마든지 있다.(게다가 이후 설명하겠지만 이 파일마저도 실제 최종본이 아니다. 최종 입시에 제출된 표창장 현물과 다르기 때문이다.)

'총장님 직인.JPG'의 제작 경위
알캡처 vs. 그림판

아래 이미지가 문제의 '총장님 직인.JPG' 파일의 내용이다. 검사 측과 변호인 측이 가장 여러 번 부딪혔던 쟁점이 바로 이 파일이 만들어진 경위이다. 이 파일은 가로 1072, 세로 371 픽셀의 JPG 이미지 파일이다.

검사 측은 이 이미지 파일이 '문서2.docx'로부터 만들어졌다고 주장하고 있다. 이 문서 파일은 문서 내부에 아들 상장 이미지인 '총장님 직

| '총장님 직인.JPG' 파일의 내용

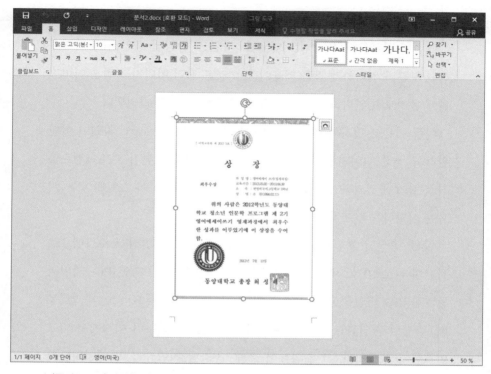

| '문서2.docx' 파일을 MS워드에서 열어본 화면

인.png' 파일이 올려진 단 한 페이지로 되어 있다. 검사 측은 이렇게 MS 워드에 상장 이미지가 올려진 상태에서 하단 부분을 캡처했다는 것이다. 검사 측은 이때 '알캡처' 프로그램을 사용했다고 주장하고 있다.

이게 얼마나 어이없는 주장인지는 워드 종류의 프로그램을 다뤄본 사람이라면 누구나 즉각 눈치챌 것이다. 상장 이미지가 한 페이지를 가득 채우는 크기로 들어가 있는데, 이 상태에서 가로세로 픽셀 크기가 '총장님 직인.png' 원래 그대로 유지될 리가 없다. 즉, MS워드에 올라간 이미지를 캡처하면 축소되든 확대되든 배율이 달라진다.

그런데 결과물인 '총장님 직인.JPG' 파일은 '총장님 직인.png' 파일의 하단 부분과 완벽하게 같은 배율이다. 이것은 잘린 이미지를 원본 이미지 위에 올려보면 완벽하게 겹치는 걸 볼 수 있어 간단히 확인된다.

이런 이유로 필자와 변호인 측은 이 파일이 '문서2.docx' 파일이 아닌 원래의 상장 이미지인 '총장님 직인.png'을 이미지 편집 프로그램으로 직접 잘라낸 결과라고 주장해왔다. 너무도 상식적이어서 그렇게 보는 이유를 설명하는 것조차 어색할 정도의 문제다.

실제 '총장님 직인.png' 파일의 하단부를 이미지 편집 프로그램으로 하단의 가로 1072, 세로 371 크기를 잘라내면 '총장님 직인.JPG' 파일과 동일한 JPG 파일을 만들어낼 수 있다. 검사 측은 '문서2.docx' 파일로부터 '총장님 직인.JPG' 내용을 잘라내는 것이 가능하다며 법정에서 퍼포먼스까지 보였지만, 그 결과물이 실제 '총장님 직인.JPG'와 일치하는지는 보여주지도 않았다. MS워드 화면의 배율 문제 때문에 일치할 수가 없으니 확인해줄 수도 없는 일이었다.

그러면 '총장님 직인.JPG' 파일은 어떤 식으로든 만들어진 것이 사실인데 그걸 어떻게 만들어냈느냐가 왜 중요한지, 더 나아가서 검사 측이 왜 이렇게 이상한 방법으로 만들어졌다고 고집을 부리는지 잘 이해가 안 될 것이다. 이 논쟁의 뒤에 '그림판'의 문제가 숨어 있기 때문이다.

알캡처 관련
명백한 허위 주장들

총 25건의 검사 측 포렌식 보고서에는 '그림판'이라는 세 글자가 등장조차 하지 않는다. '총장님 직인.JPG' 파일을 만들어내는 데에 오직 '알캡처'만 사용했다는 것이다. 그림판은 모든 윈도우 버전에 기본으로 포함되어 있어 별도의 설치조차 필요하지 않고, 다른 이미지 편집 프로그램이 없을 때 대중적으로 많이 사용되는 것인데도 기술 전문가인 포렌식 분석관이 이름조차 언급하지 않고 엉뚱하게 캡처 프로그램인 알캡처로 만들어졌다는 주장만 반복한 것은 매우 의아하다.

다음은 이○○ 분석관이 검사 측 포렌식 보고서 〈2019 지원 12467〉에서 최초로 알캡처설을 주장한 부분이다.

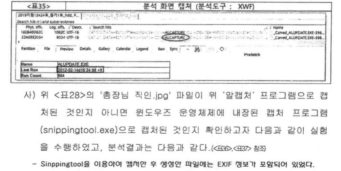

| 검사 측 포렌식 보고서의 알캡처 관련 주장

그런데 당장 위의 주장에서조차 두 가지 기술적으로 명백한 허위가 숨어 있다. 하나는 'snippingtool.exe'를 거론한 부분인데, 당시 PC1의 운영체제였던 **윈도우XP에는 snippingtool.exe 프로그램은 존재하지도 않았다.** 이 프로그램은 윈도우XP 이후의 버전인 윈도우VISTA부터 새로 추가된 기능이다.[52] 윈도우XP 사용자가 이 프로그램을 원하더라도, 마이크로소프트에서 별도로 다운로드 방법을 제공하지 않아 설치도 불가능하다.[53] 검사 측은 이렇게 당시 PC1에는 명백하게 존재하지 않았던 프로

52 Microsoft Documents, 'Snipping Tool Support in Windows Vista' https://docs.microsoft.com/en-us/windows/win32/tablet/snipping-tool-support-in-windows-vista

53 Microsoft Answers, 'Download SnippingTool.exe' https://answers.microsoft.com/en-us/windows/forum/windows_7-windows_programs/download-snippingtoolexe/7066aba9-f23c-4af1-aafa-0a5f5213628c

그램과 알캡처를 비교하며 '둘 중 어느 것이냐' 하며 '실험'까지 운운하며 가능성을 검토하는 기만적 주장을 한 것이다.

검사 측의 또 다른 허위 주장은 알캡처의 업데이트 프리패치를 발견했다는 2012년 2월 14일 시점의 문제다. 다른 포렌식 증거를 살펴보면, 이 시점은 정경심 교수가 아닌 이전 소유주인 아이보라사 직원의 흔적이다.

정 교수는 중고 PC들인 PC1과 PC2를 2012년 2월에 지인의 회사인 아이보라로부터 얻어왔다. PC들은 정 교수에게 인도되기 직전인 2012년 02월 14일에 윈도우XP가 재설치되었다. 알캡처 업데이트 프리패치 흔적은 그 재설치 직전까지 존재했던 알캡처의 것이다. 게다가 포렌식 보고서에 캡처해놓은 포렌식 프로그램은 'XWF(X-Ways Forecsics)'라는 것인데, 필자가 실제로 해당 흔적을 해당 프로그램으로 찾아보니 정 교수가 아닌 이전 사용자의 이름이 경로명 중간에 계정명으로 노출되었다. 정 교수가 아닌 아이보라사 직원의 실명이 경로명에 등장하므로 정 교수의 사용 흔적이 아님을 즉각 눈치챘을 텐데도 정 교수의 사용인 양 적시한 것이다.

이와 별개로 2012년 10월경 또 한 번 알캡처 이름이 거론되는 알업데이트의 프리패치 내역이 발견되므로 정 교수가 PC1을 사용하던 시점에 알캡처가 설치되어 있었던 것은 사실로 보인다. 하지만 이 알캡처가 실행된 흔적은 전혀 없고, 알캡쳐를 사용해 생성한 결과물로 보이는 파일도 존재하지 않는다. 알업데이트의 존재로 알 수 있듯이, PC1 사용자가 설치한 것은 알캡처가 아닌 '알툴즈'이다. 알툴즈는 통상 잘 알려진 알집, 알약 등의 프로그램을 한꺼번에 설치하는 프로그램이다. PC1 사용자가 알캡처가 필요해서 별도로 설치한 것이 아닌 것이다.

알캡처가 아닌
증거들

PC 사용에 꽤 익숙한 사용자들이라면 누구라도, 원본 이미지에서 일부를 잘라내는 목적에는 그림판이 훨씬 상식적이라는 것을 직관적으로 알 수 있다. 당장 알캡처보다 그림판으로 작업하는 것이 훨씬 쉽기까지 하다. 그러나 검사 측이 끈질기게 "그림판이 아닌 알캡처이다"라는 주장을 계속 고수하고 게다가 억지스러운 근거를 계속 쌓아 올리기까지 했기 때문에, 필자는 어쩔 수 없이 진지하게 알캡처 주장을 반박해야 했다.

결론부터 말해서 '총장님 직인JPG' 파일을 만들어내는 데 알캡처를 사용했다는 주장은 완전한 허위다.

'총장님 직인JPG' 파일은 확장자에서 보다시피 JPG 포맷의 파일로서 두 가지 유의미한 특성을 가지고 있다. 첫째로, 이 파일에는 JPG 이미지에 대한 추가 정보를 제공하는 EXIF[54] 정보가 없다. 최근 들어서 JPG 파일에는 EXIF 정보가 포함되는 경우가 일반화되고 있기 때문에 EXIF 정보가 없다는 사실 자체가 중요한 단서다. 둘째는, JPG 포맷의 고유 특성인 'JPEG Quality 값'(이하 '품질값')이 75%라는 점이다. JPG 파일을 생성하는 이미지 에디터나 카메라 등에서 품질값으로 75%라는 낮은 값은 매우 드물다. JPEG 포맷은 기본적으로 유손실 압축을 하는 이미지 포맷이고, 이 품질값이 낮아질수록 파일 크기가 작아지는 대신 눈에 보이는

---

54 이미지 파일 자체에 대한 설명을 담고 있는 추가 정보. 주로 JPG 파일에 추가되어 있으며, 내부에는 사진일 경우 사진을 찍은 일시나 장소가 담기는 경우가 많고 이미지 에디터나 카메라의 이름을 가지고 있는 경우도 흔하다.

이미지의 화질이 떨어지는데, 75%는 2000년대 초 웹 전용 이미지에나 쓰이던 매우 낮은 값이다. 최근 들어서는 웹 전용 이미지조차도 대부분 90% 이상이고, 혹은 좀 낮더라도 80% 중반 정도가 일반적이다. 그런 만큼 이 파일에서 75%라는 값은 중요한 특성이 되는 것이다.

그런데 알캡처는 기본 설정상 파일 저장 포맷이 JPG가 아닌 PNG로 설정되어 있다. 여기서부터 검사 측 주장은 문제에 부딪힌다. 알캡처는 오직 PC 화면의 캡처만을 목적으로 하는 프로그램이어서 그에 더 적합한 PNG 포맷이 기본값으로 설정되어 있는 것이다. JPG는 설령 JPEG 품질값을 100%로 설정하더라도 어느 정도의 화질 손상이 발생하기 때문에, 화질 손상이 전혀 없는 PNG 포맷이 기본값으로 설정되어 있는 것이다. 그래서 알캡처에서 저장 파일 포맷을 JPG로 바꾸는 것은 사용자가 인위적으로 설정 화면을 열어 변경해주어야만 가능하다.

그리고 JPG로 변경하더라도 다시 품질값이 기본적으로 100%로 되어 있다. 즉, 알캡처의 결과 파일의 JPEG 품질값이 75%인 JPG 파일로 저장되려면, 사용자가 굳이 설정 화면을 열어 기본값으로 되어 있는 PNG를 JPG로 바꾸고, 다시 100%로 되어 있는 것을 75%로 낮추어야 한다. 이 두 가지 설정 모두 캡처 결과물의 화질을 떨어뜨린다. 이것은 검사 측 주장의 대전제인 '표창장 위조' 목적에 정면으로 반한다. 도대체 누가 문서를 '위조'하면서 프로그램의 설정까지 바꿔가며 의도적으로 화질을 떨어뜨린단 말인가? 전혀 상식적이지도 합리적이지도 않은 주장이다.

이같이 알캡처 사용 주장이 필자의 의견서에서 조목조목 탄핵당하자, 검사 측은 '검사 곽○○' 명의의 추가 의견서에서 이번엔 "2012년경 배

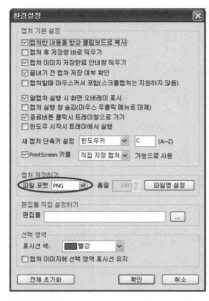
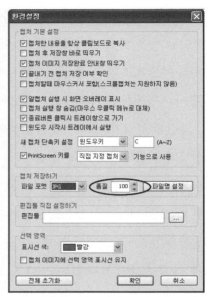

| 알캡처 설정 1 | 알캡처 설정 2

포된 알캡처 프로그램을 설치하여 시연한 결과 품질 값이 '75'로 확인된다"라는 기만적인 주장을 동원하였다. 심지어 확인도 없이 필자가 2021년 최신 버전을 사용했을 것이라고 멋대로 단정하기도 했다.

이것이 기만이라는 사실은, 검사 측이 프로그램의 과거 버전을 거론하면서 버전 넘버가 아닌 '2012년경'이라는 연도 표시를 동원한 데서 누구나 눈치챌 수 있을 것이다. 실제로 검사 측이 말한 2012년경의 알캡처 버전은 두 개로, 하나는 2012년 2월 14일에 발표된 1.0버전, 다른 하나는 2012년 9월 20일에 발표된 1.5버전이었다.

그런데 필자는 이 알캡처 문제를 다루던 초기부터 2013년 6월 16일 시점에 맞추어 1.5버전을 구해 역시 당시 환경과 일치하는 윈도우XP 환경에서 테스트해왔다. 그리고 필자가 확인해본 바 1.5 버전부터 알캡처의 JPEG 품질값은 기본값 100%였다. 즉, 검사 측이 테스트했다는 2012년경 버전은 1.0 버전인데, 의도적으로 1.0이라는 버전 넘버 대신 2012년경이라는 이상한 표현을 쓴 것이다.

문제는 PC1에서 발견된 알캡처 관련의 유일한 흔적이 2012년 10월에 나왔다는 것이다. 특히 업데이트 프로그램인 알업데이트 흔적의 일부로 알캡처의 흔적이 나왔으므로, PC1에 설치되어 있던 알캡처 버전은 2012년 2월에 출시된 1.0일 리가 없고 최소한 9월에 출시된 1.5 이상일 수밖에 없다.

이런 사실을 검사 측도 모를 수 없었고(검사 측 의견서에서 위 주장에 바로 이어서 2012년 10월의 알캡처 흔적에 대해 설명하고 있으므로), 그래서 버전 넘버를 명시하지 않고 모호하게 2012년경이라는 말로 재판부를 기망하려 시도한 것이다. 물론 이들의 의견은 뒤이은 필자의 전문가 의견서에서 조목조목 다시 탄핵당했다. 게다가 설사 알캡처의 1.0 버전이라고 해도, 여전히 사용자가 직접 환경 설정 화면을 열어 더 적합한 PNG를 부적합한 JPG로 바꾸어야만 JPG로 캡처가 가능하다는 점에는 변함이 없다.

은폐된 '스크랩.shs'
파일의 존재

그림판의 가능성이 더욱 유력해진 또 한 가지 이유는 '스크랩.shs'의 존재다. 이 파일은 앞서 검사 측이 표창장 위조 과정이라며 주장한 파일들의 사이 시점에서 생성된 것으로 확인된다. 검사 측은 여러 포렌식 보고서들에서 자신들이 주장하는 '위조 과정'을 여러 번 반복해 주장하면서도 이 파일의 존재에 대해선 한 번도 언급하지 않았다. 필자가 항소심에 들어서 독자 포렌식을 다시 진행하고서야 이 파일을 발견했는데, 사실상 검사 측이 의도적으로 은폐한 것으로 이해된다.

'스크랩.shs' 파일이란, 윈도우 운영체제에서 문서 등의 일부분만 잘라 프로그램 바깥으로 '드래그&드롭' 혹은 '복사&붙여넣기'를 할 때 생성되는 파일로, 이름이 항상 '스크랩.shs'로 고정된다.[55] (영문판 윈도우에서는 'scrap.shs') 이 기능은 윈도우XP까지만 지원되었으며 이후 윈도우VISTA 이후로는 해킹 등에 악용되는 문제로 제거되었다.

'스크랩.shs' 파일은 어떤 프로그램에서 내용의 일부를 잘라 만들어지는 파일이므로, 그 내부에 들어 있는 실제 내용은 '어떤' 프로그램에서 잘라냈는지에 따라 달라진다. rtf 파일 편집 프로그램인 '워드패드' 프로그램에서 잘라낸 내용일 경우 rtf 형식의 내용이, 이미지 편집 프로그램인 '그림판' 프로그램에서 잘라낸 내용일 경우는 비트맵 형식의 이미지 데이터가 들어 있다. 또한 이 파일 내부에는 영역을 어떤 파일의 내용으로부터 잘라냈는지도 기록되어 있다. 따라서 '스크랩.shs' 파일의 내부를 들여다보면 이 파일이 어떤 프로그램에서 생성된 파일인지, 그리고 어떤 파일로부터 잘라낸 것인지 식별할 수 있다.

다음은 16진수 편집(Hex Edit) 기능이 있는 텍스트 에디터인 '울트라에

---

55 위키백과 영문판, 'Shell Scrap Object File' https://en.wikipedia.org/wiki/Shell_Scrap_Object_File

디트' 프로그램에서 해당 파일을 열어본 결과이다.

이 캡처 화면에서 "PBrush"라는 텍스트를 통해, 이 파일이 그림판 프로그램에서 생성된 것임을 알 수 있다.(PBrush는 그림판 프로그램의 옛 이름이며, 지금의 윈도우10에서도 'PBrush'라고 실행하면 그림판이 실행된다.) 또한 한

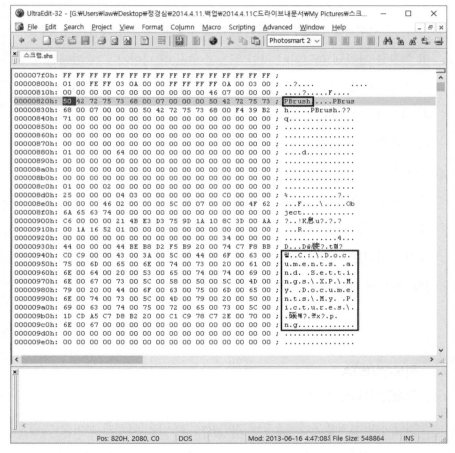

| '스크랩.shs'의 내용

글 부분이 일부 깨어진 경로명이 보이는데, 이것은 유니코드(UTF-16)로 인코딩된 것으로, 디코딩해보면 그 내용은 아래와 같다.

C:\Documents and Settings\XP\My Documents\My Pictures\총장님 직인.png

즉, '스크랩.shs' 파일은 그림판 프로그램에서 '총장님 직인.png' 파일의 일부를 잘라낸 파일임이 확인되는 것이다. 더 나아가, 그림판에서 이미지 일부를 잘라낸 것인 만큼 파일의 내부에는 비트맵 데이터가 포함되어 있는데 그 내용을 확인해본 결과 225x225 픽셀 크기의 텅 빈 하얀색 이미지였다. 이 크기는 상장 이미지의 직인 부분의 크기와 거의 일치했다. 따라서 '스크랩.shs' 파일은 그림판 프로그램으로 '총장님 직인.png' 파일에서 직인 사각형 부분만 잘라내려다가 어떤 이유로 실패한 결과물로 판단된다. 즉, 이 파일의 존재가 그림판 사용의 직접 증거로서, 검사측이 주장하는 알캡처 혹은 MS워드 캡처 방식이 아닌 그림판 프로그램으로 이미지 작업을 시도했던 흔적의 증거이다.

윈도우VISTA
그림판 가능성 유력

지금까지 설명했듯이, '총장님 직인JPG' 파일은 어떻게 보아도 그림판으로 제작되었을 가능성이 매우 높고, 알캡처로 만들었을 가능성은 사실상 전무하다. 그런데 당시 PC1의 환경인 윈도우XP의 그림판에서 실제 '총장님 직인.JPG'와 같은 형태의 파일을 생성하려고 시도해보았으나, 그 결과가 실제 '총장님 직인.JPG'와 상이했다. JPEG 품질값은 75%로 같은데, 다른 중요 특성인 EXIF 데이터 유무에서 차이가 났다.

하지만 포토샵 등을 포함해 흔히 알려진 대부분의 이미지 관련 프로그램들에서 JPEG 품질값이 75%로 저장되는 경우는 거의 없기 때문에, 가장 흔하게 쓰이는 그림판에서 JPEG 품질값이 75%로 나오는 것을 간과할 수 없었다. 이런 이유로 윈도우XP 외에 다른 버전의 윈도우들에서 그림판 프로그램을 테스트해보게 되었다.

그 결과, 윈도우VISTA의 그림판 프로그램이 이런 특성에 정확히 일치한다는 것을 발견했다. 그보다 상위 버전인 윈도우7에서도 결과가 달랐는데, 오직 윈도우VISTA의 그림판만이 결과가 완벽하게 일치했다.

구분	JPEG 품질 값	EXIF 데이터 유무	일치 여부
'총장님 직인.JPG'	75%	EXIF 없음	
윈도우XP 그림판	75%	EXIF 있음	X
윈도우7 그림판	94%	EXIF 없음	X
윈도우VISTA 그림판	75%	EXIF 없음	O

| 윈도우 버전별 그림판 결과물의 이미지 특성 비교

그런데 PC1에서 표창장 관련 작업 흔적이 나온 2013년 6월 16일 당시의 운영체제는 윈도우XP였고, 이후 2014년 4월에 새로 업그레이드 설치된 운영체제도 윈도우7이었다. 윈도우VISTA 운영체제는 PC1에 한 번도

설치된 바 없었다. 따라서 '총장님 직인.JPG' 파일은 2013년 6월 16일 당시 PC1과 가까이에 있었던 다른 윈도우VISTA PC에서 생성되었을 가능성이 유력하게 대두되는 것이다.

물론, 실물이 확인되지 않은 제3의 PC를 상정하는 것은 무리한 가정일 수 있다. 그런데 다음에 이어서 설명할 표창장 PDF 파일의 문제에서도 다시 한번 제3의 PC가 유력하게 대두된다.

최종 파일과
의전원 제출 사본의 차이

검사 측이 주장하는 표창장 작업의 최종 결과물인 '조민표창장 2012-2.pdf' 파일은 서울대 의전원 등에 실제 제출된 사본과 비교해 중요한 차이점이 하나 있다. '조민표창장 2012-2.pdf' 파일을 동양대 상장 용지에 출력하면, 본문 아래 수여자 명의인 "동양대학교 총장 최성해" 문구의 왼쪽 부분이 용지의 은박 압인에 겹쳐 나오게 된다. 반면 실제 의전원에 제출된 표창장 사본은 상단에 여백이 더 추가되어 은박 압인에 겹치지 않은 것을 볼 수 있다.

즉, '조민표창장 2012-2.pdf' 파일은 최종 출력 테스트를 해보기 전 버전의 파일이다. 그러면 출력 테스트를 거쳐 최종 완성된 표창장 파일은 어디에 있는가? PC1 어디에도 존재하지 않았다.

| '조민표창장 2012-2.pdf' 출력본

| 실제 의전원에 제출된 표창장 사본

검사 측은 '검사 강○○' 명의의 의견서 〈I-49조민의 표창장 PDF 파일의 여백 조정 관련, 변호인 주장의 허구성〉에서 매우 장황한 설명으로 이 표창장 PDF 파일을 'Acrobat 프로' 프로그램에서 편집해 여백을 추가했거나 혹은 프린터의 복잡하게 용지 설정을 조절해서 상단에 여백을 추가했다는 주장을 펼쳤다. 서로 상충하는 두 가지 가능성을 던진 것이다. 하지만 두 가지 모두 명백하게 사실이 아니다.

PC1의 현존 상태에는 Acrobat 프로 프로그램이 설치되어 있지만, 그것은 2014년 4월 11일에 윈도우7이 설치된 이후의 일이다. 윈도우 업그레이드 전 윈도우XP였을 때는 Acrobat 프로가 설치된 흔적이 전혀 없다.

Acrobat 프로는 Acrobat 리더와 달리 무려 2,100개나 되는 파일들이 설치되는 프로그램이다.(PC1의 현재 설치되어 있는 버전 기준) 검사 측은 "비할당 영역의 흔적이어서 복구되지 않았을 수 있다"라는 식의 주장을 하고 싶었겠지만, 10개 내외의 표창장 관련 파일들도 대부분 복구가 되었는데 2천 개나 되는 파일들이 단 하나의 흔적도 남지 않았다는 것은 현실적으로 있을 수 없다. 즉, 2013년 6월 16일 당시엔 Acrobat 프로가 설치되어 있지도 않았다.

두 번째로, 용지 설정 변경으로 여백을 추가하는 방법은 엄연히 '변칙'으로, 이 변칙적 방법으로는 상단에만 여백이 추가되어 전체적으로 아래로 내려오는 것이 아니라, 출력 전체 내용이 '축소'되는 부작용이 필연적으로 생기게 된다. 이 방법으로 여백 추가가 가능하다고 주장한 검사 측 의견서의 실례에서조차 전체 인쇄 내용이 축소된 것이 육안으로도 확인된다. '표창장', '최우수봉사상' 글자, 그 외 본문의 글자들까지 모든 글자가 이전에 비해 작아진 것이 보인다. 하지만 의전원에 실제 제출된 표창장 사본에서는 이런 크기 차이가 없다.

게다가 설사 검사 측의 주장이 가능하다고 가정하더라도, 표창장 파일을 제작한 작업자로선 그런 복잡한 과정을 거쳐 일을 어렵게 할 동기가 없다. 이 PDF 파일은 단순 변환 결과물일 뿐이고 그 원본 파일인 '(양식) 상장[1].hwt' 파일이 있기 때문이다. 당연히 아래아한글에서 상단 여백을 추가하고 PDF 파일 내보내기를 다시 하는 것이 가장 쉽고, 누구나 가장 먼저 떠올릴 방법이기도 하다. 검사 측은 이런 상식을 정면으로 역행해, 있지도 않은 Acrobat 프로로 PDF 파일을 편집했거나 복잡한 인쇄

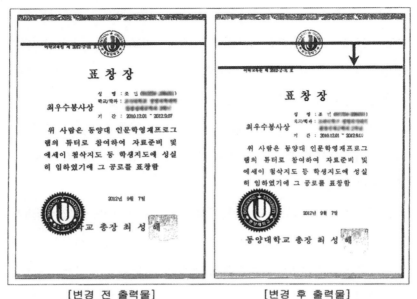

[변경 전 출력물]　　　　　　[변경 후 출력물]

| 검사 측이 주장하는 '용지 설정 변경'의 출력 결과

설정을 바꾸어 출력했을 수 있다는 비상식적 주장을 늘어놓은 것이다.

그러면 도대체 검사 측은 왜 이렇게 무리하기 짝이 없는 주장을 하는가? PC1에서 발견된 아래아한글 파일과 PDF 파일 모두 상단에 여백이 추가되어 있지 않은, 명백하게 최종본이 아닌 것이 확실한 파일들이기 때문이다.

여기서 다시 상기할 것이 있다. 검사 측은 PC1에 당시 HP Photosmart 2600 복합기가 연결되어 있어 그것으로 출력했다고 주장하고 있는데, 그건 검사 측의 희망 사항일 뿐 실제 출력 흔적은 없다는 것이다. 게다가 PC1에 남아 있는 표창장 파일들은 실제 출력 테스트를 해보기 전의 중간 버전이라는 것이 확인된다. 또한 HP 2600 복합기는 잉크젯이기 때문에 물기가 묻으면 즉각 번져버려 상장 종류의 출력에 부적합하다.

그러면 여기서 상식적인 추정은 너무도 뻔하지 않은가. 컬러 레이저 프린터가 연결되어 있는 '다른 PC'로 옮겨 출력을 시도했다고 보아야 상식적이다. 또한 출력 시도 후 여백이 맞지 않자 그 PC에서 그대로 아래아 한글 원본 파일에 여백을 추가해서 다시 PDF로 변환, 출력하고 PC1으로는 다시 복사하지 않았다고 하면, 통상적인 문서 작업의 관행상 매우 합리적인 설명이 된다.

앞서 '총장님 직인JPG' 파일 역시 윈도우VISTA가 설치된 다른 PC에서 그림판으로 작업한 결과물일 가능성이 매우 높다고 판단한 바 있다. 이쯤 되면, '제3의 PC'가 단순한 상상이 아닌 거의 필연에 가까워지지 않는가?

검사 측이라고 이런 가능성을 생각하지 못했을 리가 없다. 다만, 검사 측의 시나리오에는 제3의 PC가 등장하면 안 될 뿐이다. 제3의 PC는 곧 정 교수가 아닌 '제3자'가 표창장 작업을 했을 가능성을 부상시키기 때문이다. 하지만 제3의 PC, 제3자의 개입은 검사 측의 왜곡된 포렌식 주장이 아닌 실제 포렌식 분석으로 드러나는 여러 팩트들에 가장 잘 부합한다.

06

허위로 점철된
'심야 접속' 7828 보고서

1심 판결문을 받아본 직후, 필자를 가장 크게 당황하게 만든 것은 유죄 판단의 주요 이유 중 하나로 〈7828 보고서〉를 거론한 부분이었다. 이 보고서는 1심 공판에서 단 한 번도 거론되지 않은 것이었기 때문이다. 게다가 이 보고서엔 분석 목적도, 분석 결과도 명시되어 있지 않아 변호인도 필자도 주목하지도 않았다. 시시각각 촉박한 시간 상황에 결론조차도 없는 방대한 엑셀 파일을 첨부해놓은 의견서에 들일 시간은 없었기 때문이다.

〈7828 보고서〉는 그 내용 면에서도 매우 의심스러운 부분이 많았다. 별개의 PC들인 PC1과 PC2에서 나온 흔적들을 뒤섞어놓은 것부터 수상했고, 더욱이 자세히 살펴보자 PC1과 PC2가 초까지 같은, 완전히 동일한 시점에 같은 웹 주소를 접속한 것처럼 되어 있는 부분이 수십 군데 이상 나왔다. 현실적으로 불가능한 흔적들인 것이다. 보고서의 형식, 의도, 첨부된 자료들까지 모든 면에서 의심스럽기 짝이 없었다.

따라서 필자가 독자적 포렌식 분석을 시작하고 가장 먼저 들여다본 것이 이 〈7828 보고서〉 의혹이었다. 그리고 의심했던 것보다 훨씬 더 크고 많은 허위와 기망들이 줄줄이 드러났다.

1심 재판부의
부적절한 판단

1심 재판부는 2020년 12월 23일에 내린 판결에서, 검사 측 포렌식 보고서 〈2020 지원 7828〉(이하 '〈7828 보고서〉') 첨부 목록의 내용 중 21시부터 7시 사이의 시간대 기록들을 따로 골라 "야간 또는 이른 새벽" 시간으로 규정하고, 해당 시간대에 동양대에서 PC1을 사용하는 것은 불가능하다고 판단하며 표창장 혐의를 유죄로 판단했다.

하지만 〈7828 보고서〉는 1심 공판 중에 단 한 번도 거론이 되지 않은 것을 재판부가 자의적으로 판단한 것이었다. 그 내용도 매우 의아한 게, 전체 646페이지나 되는 보고서에 실제 본문은 표지까지 포함해도 4페이지에 불과하고, 나머지는 '별첨'이라는 이름으로 포렌식 결과를 줄줄 나열한 642페이지의 엑셀 프린트 결과다. 게다가 통상 포렌식 분석 보고서라면 구체적인 분석 목적 혹은 요구 사항과 분석 결과를 적시하는 것이 당연한데, 〈7828 보고서〉에는 그게 다 빠져 있다. 도대체 이 보고서를 왜 만든 것인지, 분석 결과가 뭐라는 것인지 설명이 전혀 없다.

아무리 봐도 작성 목적이나 결론도 없고, 공판에서 전혀 거론조차 되지 않았으니, 다른 주요 보고서들을 분석하는 데에 바빴던 1심 과정에서 정신없이 바빴던 필자로선 이 보고서에 주목할 이유가 없었다. 그런데 이 보고서가 유죄 판단의 주요 근거 중 하나로 판결문에 적시된 것이다. 그야말로 어안이 벙벙했다.

1심 공판 진행 중에 재판부가 〈7828 보고서〉를 유의미하게 보고 있다는 사소한 언급이라도 있었다면, 지금부터 설명하는 〈7828 보고서〉의 총체적 기술적 오류와 기만들을 1심에서 찾아내 제기할 수 있었을 것이다. 그런 점에서 1심 재판부에 깊은 유감을 표한다. 기술적 분석의 결과물인

사) 한편, 2020지원7828호 분석보고서의 별지 2(증거순번 Ⅰ-1478)에는 강사휴게실PC 1, 2호의 2013. 3. 27. 목요일부터 같은 달 29. 토요일까지, 같은 해 6. 15. 토요일부터 같은 달 17. 월요일까지의 각 PC 사용이력이 기재되어 있고, 그 중에는 비할당영역에서 복원된 인터넷 접속기록이 존재한다. 복원된 강사휴게실 PC 1호의 인터넷 접속기록을 보면, 같은 해 3. 27. 01:39:31부터 04:53:34까지, 같은 날 21:00:00부터 23:56:28까지, 같은 달 28. 00:35:10부터 06:05:57까지, 같은 날 21:04:26부터 23:15:02까지, 같은 달 29. 00:59:43부터 02:24:57까지, 같은 날 21:56:03부터 23:30:28까지, 같은 해 6. 15. 00:01:24부터 00:25:47까지, 같은 달 16. 06:12:13 강사휴게실 PC 1호를 이용하여 인터넷 사이트에 접속한 이력이 확인된다.

| 1심 판결문에서 심야 접속 문제를 지적한 내용

포렌식 보고서를 판단하는 과정에서 변호인 측 변론을 사실상 원천적으로 배제 혹은 봉쇄하고, IT 비전문가들인 재판부 내에서만 비밀리에 판단하는 것이 과연 정당한 재판 심리 절차인지 심각한 의문을 제기한다. 1심 재판부가 변호인 측 모르게 검사 측으로부터 따로 이 보고서에 대한 허위의 해설을 청취한 것이 아닌지 의심이 들 지경이다.

2부 포렌식으로 밝혀진 진실과 검찰의 허위 기망

인위적으로 병합·편집된
PC1, PC2 자료

〈7828 보고서〉에 대해 가장 먼저 지적할 문제는 보고서의 '별첨2'가 포렌식 툴에서 나온 자료를 검사 측에서 2차 가공한 자료라는 것이다. 별첨2는 8,924건, 320페이지나 되는 방대한 양의 엑셀 파일이다. 그것도 가로 열이 너무 길어 두 페이지씩 나뉘어 640페이지에 걸쳐 출력했다. 하지만 〈7828 보고서〉에서 이 별첨2 자료에 대해 설명한 것은 아래와 같은 단 한 문장이 전부이며, 어떻게 추출했는지도 설명하지 않았을 뿐 아니라 2차 가공 사실도 밝히지 않았다.

> 나) 위 증거 1, 2호에서 2013년 3월 27일~29일, 2013년 6월 15일~17일 각 3일 동안의 타임라인을 다음과 같이 추출하여 별첨하였다.[5]
> - 별첨파일명: (별지2) 20130328, 20130616 전후일 각 3일간의 타임라인.xlsx[6]

여기서 가장 큰 문제는 물리적으로도, 혐의상으로도 전혀 별개인 PC1
과 PC2의 자료를 도대체 왜 섞었는가다. 이는 기술적인 포렌식의 관점에
서도, 법리 다툼 관점에서도 전혀 납득할 수 없는 일이다.

일단 PC1과 PC2가 서로 완전히 분리된 별개의 이미지 증거물이기 때
문에 프로그램에서 두 증거물에 대해 각각 새로 열어 작업을 해야 한다.
게다가 특정한 기간도 2013년 3월 27일~29일, 2013년 6월 15일~17일

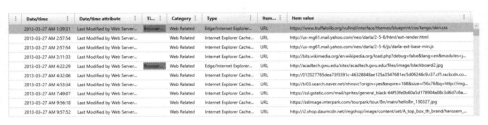

| PC1 2013년 3월 27일 ~ 2013년 3월 29일 타임라인(351건)

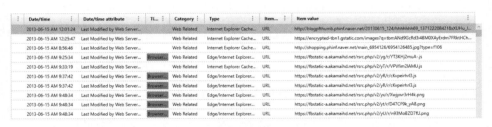

| PC1 2013년 3월 27일 ~ 2013년 3월 29일 타임라인(395건)

의 두 기간이므로, 이것도 개별적으로 검색해야 한다. 따라서 〈7828 보고
서〉의 별첨2는 최소 4번 이상 개별적으로 자료를 조회한 다음, 그 네 개
의 결과물을 검사 측 분석관이 수작업으로 통합한 것이다. 원래 포렌식

2부 포렌식으로 밝혀진 진실과 검찰의 허위 기망

	Date/time	Date/time attribute	Ti...	Category	Type	Item...	Item value
	2013-03-27 AM 12:07:...	Last Modified by Web Server...		Web Related	Internet Explorer Cache...	URL	http://img.sbs.co.kr/sw11/news/news2013/images/common/bg_num2.gif
	2013-03-27 AM 12:10:...	Last Modified by Web Server...		Web Related	Internet Explorer Cache...	URL	https://fbcdn-profile-a.akamaihd.net/hprofile-ak-prn2/s32x32/203119_100000976420962...
	2013-03-27 AM 12:20:...	Last Modified by Web Server...		Web Related	Internet Explorer Cache...	URL	http://s0.2mdn.net/4043907/1-Goodway_v2_728.swf
	2013-03-27 AM 1:36:10	Last Modified by Web Server...		Web Related	Internet Explorer Cache...	URL	https://fbcdn-profile-a.akamaihd.net/hprofile-ak-ash4/369937_100000590682495_14396...
	2013-03-27 AM 1:42:43	Last Modified by Web Server...		Web Related	Internet Explorer Cache...	URL	https://sphotos-a.xx.fbcdn.net/hphotos-ash4/p480x480/481934_10151528783257170_17...
	2013-03-27 AM 1:44:36	Last Modified by Web Server...		Web Related	Internet Explorer Cache...	URL	http://www.hyatt.com/hyatt/images/corporate/specials/Park-Hyatt-Busan-Exterior-Day.jpg
	2013-03-27 AM 1:44:36	Last Modified by Web Server...		Web Related	Internet Explorer Cache...	URL	http://www.hyatt.com/hyatt/images/corporate/specials/Park-Hyatt-Busan-Exterior-Day.jpg
	2013-03-27 AM 1:55:59	Last Modified by Web Server...		Web Related	Internet Explorer Cache...	URL	http://msnbcmedia.msn.com/i/MSNBC/Components/Video/_Player/swfs/embed_V2/emb...
	2013-03-27 AM 1:55:59	Last Modified by Web Server...		Web Related	Internet Explorer Cache...	URL	http://msnbcmedia.msn.com/i/MSNBC/Components/Video/_Player/swfs/embed_V2/emb...
	2013-03-27 AM 2:26:08	Last Modified by Web Server...		Web Related	Internet Explorer Cache...	URL	http://s0.2mdn.net/ads/richmedia/studio/23081627/23200473_20130326102607800_targ...

| PC2 2013년 6월 15일 ~ 2013년 6월 17일 타임라인(2,351건)

	Date/time	Date/time attribute	Ti...	Category	Type	Item...	Item value
	2013-06-15 AM 12:00:00	Target File Last Accessed Dat...	File/folde...	Operating Sy...	LNK Files	Linked Path	E:\Çü»ç'ý ˚ÀÇ¾È ¹× ½ÃÇè'®Á¦\½ÃÇè'®Á¦\Çü'ýÃÑ·Ð ½ÃÇè'®Á¦.hwp
	2013-06-15 AM 12:07:10	Last Checked by Local Host...	Browser...	Web Related	Internet Explorer Cache...	URL	https://fbcdn-creative-a.akamaihd.net/hads-ak-prn1/s110x80/735328_6008882636463_4...
	2013-06-15 AM 12:08:45	Last Checked by Local Host...	Browser...	Web Related	Internet Explorer Cache...	URL	https://fbcdn-creative-a.akamaihd.net/hads-ak-prn1/s110x80/735341_6006432527234_5...
	2013-06-15 AM 12:08:45	Last Checked by Local Host...	Browser...	Web Related	Internet Explorer Cache...	URL	https://fbcdn-creative-a.akamaihd.net/hads-ak-prn1/s110x80/735341_6006432527234_5...
	2013-06-15 AM 12:18:41	Last Modified by Web Server...		Web Related	Internet Explorer Cache...	URL	http://cm2.hclc.co.kr/130614_knou/280x140_2.swf
	2013-06-15 AM 12:24:00	Last Checked by Local Host...	Browser...	Web Related	Internet Explorer Cache...	URL	https://fbcdn-profile-a.akamaihd.net/hprofile-ak-prn1/c23.0.135.135/s100x100/24386_13...
	2013-06-15 AM 12:24:00	Last Checked by Local Host...	Browser...	Web Related	Internet Explorer Cache...	URL	https://fbcdn-profile-a.akamaihd.net/hprofile-ak-prn1/c23.0.135.135/s100x100/24386_13...
	2013-06-15 AM 12:25:34	Last Checked by Local Host...	Browser...	Web Related	Internet Explorer Cache...	URL	http://image.lotte.com/goods/44/90/24/37/37249044_1_550.jpg
	2013-06-15 AM 12:25:34	Last Checked by Local Host...	Browser...	Web Related	Internet Explorer Cache...	URL	http://image.lotte.com/goods/44/90/24/37/37249044_1_550.jpg
	2013-06-15 AM 12:25:36	Last Checked by Local Host...	Browser...	Web Related	Internet Explorer Cache...	URL	http://image.chosun.com/main/201109/cMenu2_on.gif

| PC2 2013년 6월 15일 ~ 2013년 6월 17일 타임라인(5,819건)

프로그램에서 나타나는 결과는 앞의 네 화면과 같으며, 〈7828 보고서〉의 별첨2는 이 결과 화면들에서 각각 'export' 기능으로 4개의 개별적인 엑셀 파일로 저장한 것이다.

게다가 검사 측 분석관은 이 4개의 엑셀 결과 파일을 단순히 합쳐놓은 것만이 아니라, 시간순으로 정렬(Sort)을 하고 각 라인(아티팩트[56])에 인위적으로 일련번호까지 붙여놓았다. PC1과 PC2에서 개별적으로 나온 자료들임에도 원래부터 하나의 결과물이었던 것처럼 오인하도록 유도한 것이다.

위는 별첨2 자료의 첫 페이지이다. 필자가 밑줄을 친 일련번호 5, 12,

56 '아티팩트'는 포렌식 분석으로 발견되는 하나하나의 '흔적'을 가리키는 포렌식 전문용어이다. 이 책에서 '흔적'으로 지칭한 대부분이 기술적으로는 아티팩트에 해당한다.

| 〈7828 보고서〉 별첨2 첫 페이지

13, 14, 17, 18, 19만이 PC1에서 나온 자료이고, 나머지 모두는 PC2의 자료이다. 게다가 이 상태에서 각 라인이 PC1인지 PC2인지를 확인하기 위해서는 가장 뒤의 'Source' 열을 봐야만 하는데, 〈7828 보고서〉에서는 열의 폭이 너무 길어 원본 페이지가 앞뒤로 두 페이지씩으로 나뉘어 있고 첫 페이지에 해당하는 Source 열은 320페이지 뒤의 페이지로 인쇄 편철되어 있다.[57] PC1과 PC2의 자료를 구분하기가 매우 어렵도록 해놓은 것이다.

이렇게 포렌식 툴에서는 따로 생성된 결과 파일들을 분석관이 인위적으로 합치는 과정에서, 편집 실수로 상당수 데이터가 깨져 있는 페이지들

---

[57] 〈7828 보고서〉의 별첨2는 가로로 길게 편집되어 있어 모든 페이지가 2페이지씩 인쇄되었고, 엑셀 프로그램의 특성으로 원본 페이지의 앞부분 열들만 320페이지 연속되고 그다음에 원본 페이지의 뒷부분 열들이 320페이지가 연속되는 바, 이렇게 내용을 확인하기 어렵게 출력한 데 대해 검사 측에 유감을 표한다. 또한 검사 측은 변호인 측 요청에도 불구하고 원본 엑셀 데이터 파일을 제공해주지도 않아, 검사 측 자료를 재분석하는 데 불필요한 시간을 많이 소모하게 되었다. 본문의 별첨 자료 이미지는 첫 페이지를 320페이지 앞뒤로 오가며 찾아내어 원래의 데이터로 조합한 결과이다.

2부 포렌식으로 밝혀진 진실과 검찰의 허위 기망

이 여러 군데에서 나왔다. 별첨2의 37페이지에서 2개 아티팩트, 38페이지에서 6개 아티팩트를 비롯하여 45, 199, 206, 256, 263, 276, 278, 283, 319페이지에서 분석관의 편집 실수로 아티팩트 데이터가 깨져 있는 곳들이 발견된다.

다음은 그 예로서 별첨2의 38페이지를 가져온 것이다. 이렇게 곳곳에 데이터가 깨진 것은 검사 측이 포렌식 툴에서 산출된 자료에 인위적 편집을 하지 않았더라면 생기지 않았을 문제이다. 이런 정도의 편집 작업은 결과 파일들을 단순 병합한 정도를 넘어 '가공' 작업을 수행한 것이라고 봐야 할 것이다.

	Date/Time						
1008	2013-03-28 PM 1:25:05		Last Modified by Web Server Date/Time -		Web Related	Internet Explorer Cache Records	URL https://fbcdn-creative-a.akamaihd.net/hads-ak-prn1/s110x80/735343_5009097268396_1541596857_n.png
1009	2013-03-28 PM 1:25:47		Last Modified by Web Server Date/Time -		Web Related	Internet Explorer Cache Records	URL http://www.sehanlaw.com/new/js/jquery.tinyscrollbar.min.js
1010	2013-03-28 PM 1:25:49		Last Modified by Web Server Date/Time -		Web Related	Internet Explorer Cache Records	URL http://tv02.search.naver.net/ugc?f=r1158q=http://blogfiles.naver.net/20130328_35/6non_sports_1364444597467udNJV_JPEG/%85%85%89%CL%84%CF%C4%AB.jpg
1011	2013-03-28 PM 1:36:47		Last Modified by Web Server Date/Time -		Web Related	Internet Explorer Cache Records	URL http://img.hani.co.kr/section-image/12/news/hani/images/com/tit/more_title.gif
1012	2013-03-28 PM 1:36:47		Last Modified by Web Server Date/Time -		Web Related	Internet Explorer Cache Records	URL http://img.hani.co.kr/section-image/12/news/hani/images/com/tit/more_title.gif
1013	2013-03-28 PM 1:36:47		Last Modified by Web Server Date/Time -		Web Related	Internet Explorer Cache Records	URL http://img.hani.co.kr/section-image/12/news/hani/images/com/tit/more_title.gif
1014	2013-03-28 PM 1:36:47		Last Modified by Web Server Date/Time -		Web Related	Internet Explorer Cache Records	URL http://img.hani.co.kr/section-image/12/news/hani/images/com/tit/more_title.gif
1015	2013-03-28 PM 1:36:47		Last Modified by Web Server Date/Time -		Web Related	Internet Explorer Cache Records	URL http://img.hani.co.kr/section-image/12/news/hani/images/com/tit/more_title.gif
1016	2013-03-28 PM 1:36:47		Last Modified by Web Server Date/Time -		Web Related	Internet Explorer Cache Records	URL http://img.hani.co.kr/section-image/12/news/hani/images/com/tit/more_title.gif
1017	2013-03-28 PM 1:36:47		Last Modified by Web Server Date/Time -		Web Related	Internet Explorer Cache Records	URL http://img.hani.co.kr/section-image/12/news/hani/images/com/tit/more_title.gif
1018	2013-03-28 PM 1:36:47		Last Modified by Web Server Date/Time -		Web Related	Internet Explorer Cache Records	URL http://img.hani.co.kr/section-image/12/news/hani/images/com/tit/more_title.gif
1019	2013-03-28 PM 1:36:47		Last Modified by Web Server Date/Time -		Web Related	Internet Explorer Cache Records	URL http://img.hani.co.kr/section-image/12/news/hani/images/com/tit/more_title.gif
1020	2013-03-28 PM 1:36:47		Last Modified by Web Server Date/Time -		Web Related	Internet Explorer Cache Records	URL http://img.hani.co.kr/section-image/12/news/hani/images/com/tit/more_title.gif
1021	2013-03-28 PM 1:36:47		Last Modified by Web Server Date/Time -		Web Related	Internet Explorer Cache Records	URL http://img.hani.co.kr/section-image/12/news/hani/images/com/tit/more_title.gif
1022	2013-03-28 PM 1:40:16		Last Modified by Web Server Date/Time -		Web Related	Internet Explorer Cache Records	URL http://img.midas-i.com/ad_images/600/5871/0328/carens_0328_300x250_3.swf
1023	2013-03-28 PM 1:43:04		Last Modified by Web Server Date/Time -		Web Related	Internet Explorer Cache Records	URL http://www.kbs.co.kr/tool/css/module.css
1024	2013-03-28 PM 1:43:04		Last Modified by Web Server Date/Time -		Web Related	Internet Explorer Cache Records	URL http://www.kbs.co.kr/tool/css/FIE.htc
1025	2013-03-28 PM 1:49:00		Created Date/Time - UTC (yyyy-mm-dd)		Operating System	Windows Event Logs	Event ID 7036
1026	2013-03-28 PM 1:49:00	Program executio	Created Date/Time - UTC (yyyy-mm-dd)	Operating System		Windows Event Logs	Event ID 7035
1027	2013-03-28 PM 1:49:00		Created Date/Time - UTC (yyyy-mm-dd)		Operating System	Windows Event Logs	Event ID 7036
1028	2013-03-28 PM 1:50:04		Last Modified by Web Server Date/Time -		Web Related	Internet Explorer Cache Records	URL http://thumbvideo.naver.net/00/317/574/31757470_0.jpg
1029	2013-03-28 PM 1:53:42	Browser usage	Last Modified by Web Server Date/Time -	Web Related		Edge/Internet Explorer 10-11 Content	Entry ID 2783
2019지원 12424호 회	232.79 GB\Users\우리회						
1030	2013-03-28 PM 1:53:42	Browser usage	Last Modified by Web Server Date/Time -	Web Related		Edge/Internet Explorer 10-11 Content	Entry ID 2771
2019지원 12424호 회	232.79 GB\Users\우리회						
1031	2013-03-28 PM 1:53:42	Browser usage	Last Modified by Web Server Date/Time -	Web Related		Edge/Internet Explorer 10-11 Content	URL http://img.mk.co.kr/news/2013/main/lm_gnb_rayn.gif
1032	2013-03-28 PM 1:53:42	Browser usage	Last Modified by Web Server Date/Time -	Web Related		Edge/Internet Explorer 10-11 Content	URL http://img.mk.co.kr/news/2013/main/lm_gnb_bar.gif
1033	2013-03-28 PM 1:53:42		Last Modified by Web Server Date/Time -		Web Related	Internet Explorer Cache Records	URL http://img.mk.co.kr/news/2013/main/lm_gnb_bar.gif

| 검사 측 분석관이 포렌식 결과물을 병합·편집하면서 실수로 데이터가 깨진 38페이지

PC1 타임라인 데이터 재현 및
'심야 시간대' 자료 추출

PC1 타임라인
데이터 재현

앞서 설명한 대로 〈7828 보고서〉의 별첨2는 PC1과 PC2의 자료가 자의적으로 병합되어 있고 시간순으로 재정렬까지 되어 있다. 그래서 동양대 표창장 위조 혐의와 관련된 증거를 살펴보기 위해서는 〈7828 보고서〉 별첨2 자료에 의존할 수 없었고, PC1에 해당하는 자료를 별도 포렌식 작업으로 추출해야만 했다. 이렇게 PC1에서 나온 데이터 건수는 각각 351건과 395건으로 총 746건이었다. 반면 PC2의 자료는 총 8,170건으로, 합하면 총 8,917건(PC1+PC2)이었다.

일단 여기서 PC1의 사용량(746건)이 PC2 사용량(8,170건)의 10분의 1

도 채 되지 않는다는 점에 주목할 필요가 있다. 이는 당시 PC1과 PC2가 각각 동양대와 자택으로 서로 다른 장소에서 사용되었기 때문에 나타난 당연한 결과이다. PC2는 방배동 자택에 있어 가족 구성원들이 돌아가며 사용했지만, PC1은 동양대에 있었던 관계로 정경심 교수만 주로 사용하고 간혹 동양대 관계자가 사용했기 때문이다.

1심 판결문이 심야 시간으로 적시한 기간 데이터 추출

1심 재판부는 판결문에서 〈7828 보고서〉의 별첨2로부터 아래의 기간들을 "야간 또는 이른 새벽"으로 규정하고, 해당 시간대에 동양대에서 PC1을 사용하는 것은 불가능하다고 판단하며 이를 피고인 정경심이 PC1을 사용, 표창장을 제작했다고 판시했다.

❶ 2013년 3월 27일 오전 1시 39분 31초 ~ 2013년 3월 27일 오전 4시 53분 34초

❷ 2013년 3월 27일 오후 9시 ~ 2013년 3월 28일 오전 6시 5분 57초

❸ 2013년 3월 28일 오후 9시 4분 26초 ~ 2013년 3월 29일 오전 2시 24분 57초

❹ 2013년 3월 29일 오후 9시 56분 3초 ~ 2013년 6월 15일 오전 12시 25분 47초

❺ 2013년 6월 16일 오전 6시 12분 13초

포렌식 결과에서 위 시간대를 추출해본 바, 총 77건이었다. 그런데 결론부터 말해서, 이 77건 모두가 해당 기간에 발생한 흔적이 아니며, 따라서 완전히 무효한 데이터였다. 이어서 그 기술적 이유를 설명한다.

웹 접속 시간
vs. 서버 수정 시간

　포렌식 분석에서 웹 관련 흔적을 살펴볼 때는 반드시 주의해야 할 것이 있다. 접속 시간과 웹서버 최종 수정 시간(Last Modified by Web Server Date/Time, 이하 '서버 수정 시간')을 구별하는 것이다. 서버 수정 시간은 해당 PC 사용자의 활동 흔적이 아니라, PC 사용자와 전혀 무관한 서버 관리자의 활동 흔적이므로 반드시 배제되어야 한다. 이는 포렌식뿐만 아니라 웹 관련 기술의 가장 기초적인 사항이다.

　포렌식 프로그램은 웹브라우저(IE, 크롬 등) 포렌식 과정에서 다음과 같이 다양한 날짜/시간 흔적들을 수집한다.

Last Checked by Local Host Date/Time

Last Visited Date/Time

Last Visited (2ns Time Stamp) Date/Time

Last Accessed Date/Time

Last Modified by Web Server Date/Time

하지만 다른 것들과 달리, 가장 마지막의 'Last Modified by Web Server Date/Time', 즉 서버 수정 시간은 사용자 활동 흔적의 시간이 아니라 사용자가 접속한 각각의 웹 사이트의 서버 관리자가 파일을 업로드한 시간을 의미한다. 다시 말해, 서버 수정 시간은 사용자가 아닌 사이트 웹사이트 관리자 행적의 시간이다.

다음 그림에서, 2013년 3월 27일은 사용자가 웹 접속을 한 시간이 아니라 웹 사이트 관리자가 파일을 업로드한 시간이다.

이렇게 사용자의 행위와는 전혀 무관한 시간 정보가 PC에 기록·저장되어 포렌식 과정에서 발견되는 이유는 이 서버 수정 시간이 사용자에게는 아무런 의미가 없지만 IE, 크롬 등의 웹 브라우저 프로그램에게는 캐시(Cache)를 위해 중요한 정보이기 때문이다. 웹 브라우저가 새로 파일을

| 서버 수정 시간과 사용자 접속 시간

다운로드를 할지 하드디스크의 캐시 파일을 읽어 들일지 여부를 결정할 때 중요한 정보 중 하나가 바로 서버 수정 시간이다.

웹 서버가 언제나 이 서버 수정 시간을 알려주는 것은 아니지만, 알려줄 때는 'HTTP 헤더(HTTP Header)'라는 부가 정보에 'Last-Modified: (해당 시간)'[58]이라는 형식의 라인이 추가된다.(비슷한 목적의 헤더 항목으로 'Cache-Control', 'Expire'도 있다.) 이런 HTTP 캐시와 관련된 기술들은 웹 관련 기술들의 국제표준화 기관인 'W3C(World Wide Web Consortium)'의 공식 기술 문서 'RFC 2616'에서 상세하게 규정되어 있다.

다음은 서버 수정 시간을 포함한 HTTP 응답 헤더의 한 예이다. 이 예는 필자가 지난 24년간 운영하고 있는 개발자 커뮤니티 사이트 '볼랜드포럼'의 로고 이미지 파일('logo_bforum_1.png')를 다운로드할 때의 HTTP 헤더를 살펴본 것이다. 헤더에 'Last-Modified: Fri, 09 Sep 2005 18:34:42 GMT'라는 라인이 있는 것을 볼 수 있다. 이 일시는 실제로 해당 사이트 운영자인 필자가 로고 파일을 만들어 웹 서버에 업로드했던 날짜이다.

이어지는 이미지는 실제 볼랜드포럼 사이트의 웹 서버에 원격 접속하여 해당 로고 파일의 파일 등록 정보를 확인한 것이다. 두 일시가 'Fri, 09 Sep 2005 18:34:42 GMT'와 '2005년 9월 10일 토요일, 오전 3시 34분 42초'로서 정확히 일치함을 볼 수 있다.[59]

---

58 W3C - RFC 2616 - Section 13, 'Caching in HTTP' https://developer.mozilla.org/ko/docs/Web/HTTP/Headers/Last-Modified
59 GMT 시간은 국제표준시로서, 한국 현지 시간으로 변환할 때는 9시간을 더하게 된다.

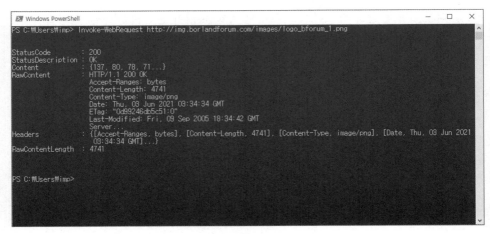

| 볼랜드포럼 로고 파일 HTTP 다운로드 시의 헤더들

| 볼랜드포럼 서버에서 살펴본 로고 파일의 속성

2부 포렌식으로 밝혀진 진실과 검찰의 허위 기망

따라서 누구든, 또 언제든 볼랜드포럼 사이트에 접속하면 이 로고 파일의 서버 수정 시간은 당연히 '2005년 9월 10일 토요일, 오전 3시 34분 42초'로 기록되게 된다.(필자가 이 이미지를 수정해놓지 않는 한에는 말이다.) 그런데 이것을 사용자가 '2005년 9월 10일에 접속한 것'으로 해석해도 되는 것일까? 그런데 1심 재판부는 그렇게 판단했다.

		Attribute		Change		Type		Item Count
1	2013-03-27 AM 12:07:19	Last Modified by Web Server Date/Time -		Web Related		Internet Explorer Cache Records	URL	http://img.sbs.co.kr/sw11/news/news2013/images/common/bg_num2.gif
2	2013-03-27 AM 12:10:44	Last Modified by Web Server Date/Time -		Web Related		Internet Explorer Cache Records	URL	https://fbcdn-profile-a.akamaihd.net/hprofile-pm2/s32x32/203119_1000009764209
3	2013-03-27 AM 12:20:24	Last Modified by Web Server Date/Time -		Web Related		Internet Explorer Cache Records	URL	http://s0.2mdn.net/4043907/1-Goodway_v2_728.swf
4	2013-03-27 AM 1:36:10	Last Modified by Web Server Date/Time -		Web Related		Internet Explorer Cache Records	URL	https://fbcdn-profile-a.akamaihd.net/hprofile-ak-ash4/369937_10000059068249S_143
		Last Modified by Web Browser				Edge/Internet Explorer 10-11		

| 〈7828 보고서〉 첫페이지 상단

위 이미지는 〈7828 보고서〉 별첨2의 첫 페이지 가장 윗부분이다. 'http://img.sbs.co.kr'로 시작하는 SBS 홈페이지 URL을 마치 2013년 3월 27일 오전 12시 7시 19분에 접속한 것처럼 오해하기 쉽도록 정리되어 있다.

하지만 이는 전혀 사실이 아니다. 첫 라인의 아티팩트를 이 자료를 생성한 포렌식 프로그램 AXIOM에서 선택하여 확인되는 실제 상세 내용은 다음과 같다.

밑줄로 표시해놓은 곳 중 첫 번째는 'Last Modified by Web Server Date/Time' 즉, 서버 최종 수정 시간이라고 되어 있고 두 번째는 'Last Checked by Local Host Date/Time' 즉, PC의 최종 접속 시간이라고 되어 있다. 〈7828 보고서〉 첫 페이지와 비교해보면, 보고서에 명시된 날짜·시간은 PC의 최종 접속 시간이 아닌 서버 최종 수정 시간임을 알아

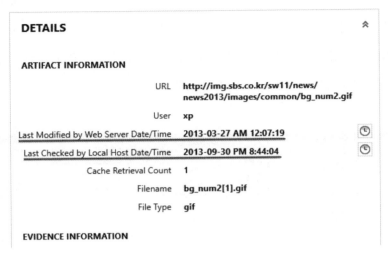

2019지원12424호_증거2호_hdd.E01

DETAILS

ARTIFACT INFORMATION

URL	http://img.sbs.co.kr/sw11/news/news2013/images/common/bg_num2.gif
User	xp
Last Modified by Web Server Date/Time	2013-03-27 AM 12:07:19
Last Checked by Local Host Date/Time	2013-09-30 PM 8:44:04
Cache Retrieval Count	1
Filename	bg_num2[1].gif
File Type	gif

EVIDENCE INFORMATION

| 2013년 3월 27일 SBS 아티팩트

챌 수 있다.

그러니까 SBS URL에 실제 접속한 날짜는 2013년 3월 27일이 아닌 2013년 9월 30일이다. 별첨2는 특정 일시 전후 3일씩을 특정해 조회한 결과이므로, 실제 접속 일시가 다르면 무의미한 자료가 된다. 8,900여 건 데이터의 가장 첫 라인부터 엉터리인 데이터인 것이다.

1심 판결이 심야 시간으로
특정한 자료들은 100% 서버 수정 시간

앞서 살펴봤듯이, 서버 수정 시간은 PC 사용자의 흔적으로서는 아무런 의미가 없는 무가치한 정보다. 그런데 〈7828 보고서〉 별첨2 자료로부터, 1심 판결문에서 "야간 또는 이른 새벽"의 접속 흔적으로서 당시 PC1이 동양대가 아닌 방배동 자택에 있었다고 특정한 기간들을 필터링한 결과, 단 한 건의 예외도 없이 모두가 실제 접속 시간이 아닌 서버 수정 시간, 즉 'Last Modified by Web Server Date/Time'이었다. 법정 변론 기회 한번 주지 않고 오직 검사 측이 제출한 포렌식 보고서만 보고 판단을 내린 1심 판결의 중대한 오류이다.

그런데 이런 사실은 〈7828 보고서〉 별첨2에서 PC1 해당 자료들마다 이미 모두 명기되어 있다. 다음은 별첨2의 첫 페이지에서 PC1의 자료들

	Date/Time	Date/time attribute	Timeline	Category	...	short item path
1	2013-03-27 AM 12:07:9	Last Modified by Web Server Date/Time -		Web Related	Internet Explorer Cache Records	URL	http://img.sbs.co.kr/sw11/news/news2013/images/con
2	2013-03-27 AM 12:10:44	Last Modified by Web Server Date/Time -		Web Related	Internet Explorer Cache Records	URL	https://fbcdn-profile-a.akamaihd.net/hprofile-ak-prn2/
3	2013-03-27 AM 12:20:24	Last Modified by Web Server Date/Time -		Web Related	Internet Explorer Cache Records	URL	http://s0.2mdn.net/4043907/1-Goodway_v2_728.swf
4	2013-03-27 AM 1:36:10	Last Modified by Web Server Date/Time -		Web Related	Internet Explorer Cache Records	URL	https://fbcdn-profile-a.akamaihd.net/hprofile-ak-ash4/
5	2013-03-27 AM 1:39:31	Last Modified by Web Server Date/Time -	Browser usage	Web Related	Edge/Internet Explorer 10-11 Content	URL	https://www.buffalolib.org/vufind/interface/themes/bl
6	2013-03-27 AM 1:42:43	Last Modified by Web Server Date/Time -		Web Related	Internet Explorer Cache Records	URL	https://sphotos-a.xx.fbcdn.net/hphotos-ash4/p480x48
7	2013-03-27 AM 1:44:36	Last Modified by Web Server Date/Time -		Web Related	Internet Explorer Cache Records	URL	http://www.hyatt.com/hyatt/images/corporate/special
8	2013-03-27 AM 1:55:59	Last Modified by Web Server Date/Time -		Web Related	Internet Explorer Cache Records	URL	http://msnbcmedia.msn.com/i/MSNBC/Components/
9	2013-03-27 AM 2:26:08	Last Modified by Web Server Date/Time -		Web Related	Internet Explorer Cache Records	URL	http://s0.2mdn.net/ads/richmedia/studio/23081627/2
10	2013-03-27 AM 2:39:40	Last Modified by Web Server Date/Time -		Web Related	Internet Explorer Cache Records	URL	https://fbcdn-profile-a.akamaihd.net/hprofile-ak-prn1/
11	2013-03-27 AM 2:39:41	Last Modified by Web Server Date/Time -		Web Related	Internet Explorer Cache Records	URL	https://fbcdn-profile-a.akamaihd.net/hprofile-ak-ash3/
12	2013-03-27 AM 2:57:54	Last Modified by Web Server Date/Time -		Web Related	Internet Explorer Cache Records	URL	http://us-mg61.mail.yahoo.com/neo/darla/2-5-6/html
13	2013-03-27 AM 2:57:54	Last Modified by Web Server Date/Time -		Web Related	Internet Explorer Cache Records	URL	http://us-mg61.mail.yahoo.com/neo/darla/2-5-6/js/da
14	2013-03-27 AM 3:11:33	Last Modified by Web Server Date/Time -		Web Related	Internet Explorer Cache Records	URL	http://bits.wikimedia.org/en.wikipedia.org/load.php?d

| 세 번째 컬럼이 2번째 컬럼 일시의 의미를 설명

만 밑줄로 표시한 것으로, 5번, 12번, 13번, 14번 라인이 모두 1심 판결에서 "야간 또는 이른 새벽"으로 특정한 건들에 포함된다.

여기서 날짜 시간 컬럼 바로 다음인 세 번째 열에 주목해보면 'Last Modified by Web Server Date/Time'이라고 적혀 있다. 이 열 상단의 설명은, 잘 안 보이겠지만 'Date/time attribute'이다. 즉, 이 세 번째 열은 두 번째 열인 'Date/time'이 어떤 시간인지 설명해주는 역할이다.

비교 가능한 예로, 다음을 보자. 별첨2의 21페이지다. 여기서는 세 번째 열이 'Created Date/Time…'이라고 되어 있다.[60] 역시 그 앞 열의 시

---

60 캡처된 화면에서 UTC, 즉 세계표준시로 표시된 것은 여기서는 무시해야 한다. 이 화면에 표시된 UTC 표시는 포렌식 툴 Magnet AXIOM이 최초 데이터 추출 당시의 기록을 그대로 가져온 것인데, AXIOM 프로그램 자체의 설정에서 시간대를 한국 이미 시간으로 설정해놓았기 때문에 화면에 표시된 모든 데이터의 시간은 한국시간으로 환산되어 있다. 여기서 UTC 표기는 일종의 버그라고 할 수 있다.

560	2013-03-27 PM 8:01:23	Created Date/Time - UTC (yyyy-mm-dd)	Operating System	Windows Event Logs	Even t ID	4201
561	2013-03-27 PM 8:01:5?	Created Date/Time - UTC (yyyy-mm-dd)	Operating System	Windows Event Logs	Even t ID	6009
562	2013-03-27 PM 8:01:34	Created Date/Time - UTC (yyyy-mm-dd)	Operating System	Windows Event Logs	Even t ID	6005
563	2013-03-27 PM 8:01:43	Created Date/Time - UTC (yyyy-mm-dd)	Operating System	Windows Event Logs	Even t ID	100
		Created Date/Time -	Operating		Even	

| 세 번째 컬럼의 다른 사례

간이 어떤 시간인지를 설명해주고 있다.

이렇게 별첨2에서는 세 번째 열에서 두 번째 열의 날짜·시간의 의미를 설명하고 있다. 이것은 포렌식 프로그램 AXIOM이 여러 종류인 날짜·시간의 의미를 포렌식 분석자가 착오로 잘못 이해하는 것을 방지하기 위해 모든 라인마다 일일이 붙여놓은 것이다.

다시 앞 페이지의 '별첨2' 자료의 첫 페이지 캡처로 돌아가면, 세 번째 열에는 모두 'Last Modified by Web Server Date/Time'이라고 되어 있다. 즉, 사용자의 접속 시간이 아닌 서버 수정 시간임이 명시되어 있는 것이 확인되는 것이다.

그리고 별첨2 중 PC1에 해당하는 자료 총 746건 중에서, 1심 재판부가 "야간 또는 이른 새벽"이라고 한 시간대의 자료들은 한 건의 예외도 없이 77건 모두가 서버 수정 시간이다. 그 시간대의 사용자 흔적이 아니기 때문에 시간 관련 증거로서의 의미나 가치가 전혀 없다.

법정에서 이 포렌식 보고서에 대해 최소한의 언급조차 하지 않아 변론 기회를 원천 봉쇄하고는 이런 무의미한 쓰레기 데이터들을 유죄 증거라고 판시한 1심 재판부는, 도대체 무슨 일을 벌인 것인가?

7828 보고서 작성자의
고의적인 기만

　그런데 〈7828 보고서〉를 작성한 이○○ 분석관은 스스로 **서버 수정 시간이 무의미하다는 것을 정확하게 인지**하고 있었고, 그래서 별도의 각주에 "데이터 분석 시 제외하여야 한다"라고 써놓기까지 했다. 그런데도 정작 자신이 재판부에 제출하는 증거 문건인 포렌식 보고서에서는 이런 무효 데이터를 전혀 제거하지 않고 그대로 포함시켜 제출했다.

이○○ 분석관의 서버 수정 시간에 대한 각주

5) AXIOM 타임라인 구성을 위한 모든 Date/Time Attribute를 적용하였다. 다만 데이터 분석시에는 Server 측에서 기록되는 시간정보는 제외되어야 한다. (예: Last Modified by Webserver Date/Time,

Server Created Date/Time, Server Last Modified Date/Time)

해당 보고서를 받아볼 재판부는 포렌식 분석 전문가가 아니다. 그런데도 재판부가 알아서 분석하라는 듯이 분석 시 제외하라는 당부만 남기고 쓰레기 데이터 수천 건을 재판부에 떠넘긴 것이다. 이는 애초부터 잘못된 데이터를 제공함으로써 재판부의 오판을 유도했다고밖에 볼 수 없다.

게다가 이런 무효 데이터를 제거하는 작업은 전혀 어렵거나 오랜 시간이 걸리는 작업도 아니다. 세 번째 열에서 날짜·시간의 의미가 일일이 명시되어 있으므로, 세 번째 열에 엑셀의 '필터' 기능을 적용하면 서버 수정 시간인 라인들이 한 번에 걸러진다. 그 상태에서 일괄 삭제해버린 후 필터를 다시 해제하면 된다. 이런 필터링 작업은 길어야 몇 분밖에 안 걸리는 매우 단순한 작업이다.

설마 이 포렌식 분석관이 엑셀의 필터 기능을 몰라서 그랬을까 하면 그것도 있을 수 없는 일이다. 이미 이 분석관은 PC1과 PC2에서 나온 별개의 자료들을 멋대로 병합한 후 전체 '정렬'했다. 정렬과 필터는 직접 연관된 기능들로, 엑셀 초보를 위한 입문서에서도 두 가지 기능을 연이어서 설명한다. IT 전문가가 정렬은 알지만 필터는 몰라서 어쩔 수 없었다고 볼 여지도 없는 것이다.

서로 무관한 자료들인 PC1과 PC2의 자료들을 임의로 병합하고, 정렬하고, 일련번호까지 붙인 것 역시 단순 실수로 볼 수 없다. 이렇게 두 PC의 자료들을 섞어버림으로써, PC2에 비해 10분의 1도 되지 않는 PC1의 자료들에서 문제가 잘 드러나지 않게 된 것이다. 애초 포렌식 프로그램에서 산출된 그대로 PC1의 자료를 제출했더라면 무효 데이터의 문제가 훨씬 발견되기 쉬웠을 것이다. 두 PC 자료들을 섞어버린 것은 두 PC의 사용 흔적이 서로 밀접한 연관성이 있는 것처럼 오인하게 한다.

검사 측 분석관의 책임과 별개로, 1심 재판부의 중대한 책임도 지적하지 않을 수 없다. 〈7828 보고서〉는 (진위를 막론하고) '기술적 증거'임에도 불구하고, 1심 재판부는 법정에서 변론 한번 없이 이 포렌식 보고서를 유죄 증거로 판단해 유죄 판결을 내렸다. 결과적으로 변호인 측의 기술적 반론 기회를 원천적으로 봉쇄하고 재판부 내에서만 기술적 판단을 한 것이다.

더욱이 앞서 언급한 대로, 〈7828 보고서〉의 작성자인 분석관은 무효 데이터를 수천 건이나 포함해놓고는 분석 시 제외하라는 코멘트만 남김으로써 재판부에 단순히 법리적 판단의 책임만이 아니라 기술적 분석 책임까지 떠넘겼다. 그럼에도 1심 재판부는 법정에서 언급 한번 없이 〈7828 보고서〉를 유죄 판단의 중요 증거로 채택함으로써, 검사 측의 의도대로 재판부 스스로 이 중대한 오판의 책임을 기꺼이 떠맡은 것이다.

직장에서
야근은 불가능한 일?

마지막으로, 1심 재판부가 '야간 또는 이른 새벽' 시간대를 주목하여 유죄 정황으로 판단한 것은 과연 적절했는지도 돌아보자.

아래는 1심 재판부가 판결문에서 PC1이 동양대에 있었다면 심야 시간대에 사용되었을 리 없고, 따라서 정 교수의 자택이었다고 판단한 부분이다.

위 시각은 야간 또는 이른 새벽이므로, 그 시간대에 동양대 교양학부 또는 어학교육원의 직원, 조교 또는 학생들이 동양대 교양학부 또는 어학교육원 건물에서 강사휴게실 PC 1호를 사용하는 것은 불가능한 것으로 판단된다. (중략) 따라서 적어도 같은 해 3월 27일부터 같은 달

29일까지, 같은 해 6월 15일부터 같은 달 17일까지 위 PC가 동양대가 아닌 피고인의 자택에 설치되어 있었던 사실을 인정할 수 있다.

이런 판단에 대해 어떤 생각이 드는가? 이 판사님들은 평생 야근이라고는 해본 적도 없고, 자신들과 마찬가지로 모든 국민이 늦은 밤 야근하는 것은 상상조차 할 수 없다고 생각들을 한 것일까.

물론 동양대에서 퇴근하고 귀가할 '자택'이 방배동 자택이라고 생각한다면 무리하다 생각했을 수도 있다. 하지만 앞서도 설명했다시피, 정 교수에게는 2012년부터 동양대 인근의 영주에 아파트가 있었다. 특히 2012~2013년 사이에는 투병 중인 본인 부모님을 모시고 있어 한 주 사이에도 며칠은 방배동에서, 또 며칠은 영주에 기거했다. 부모님이 모두 작고하신 후에는 역시 영주 시내의 더 작은 원룸형 아파트로 옮겨 거주했다. 즉, 사실상 '자택'이 두 곳이었다. 새벽 시간 늦게까지 동양대에서 근무하는 날이라도 서울 방배동이 아닌 영주 시내 아파트로 귀가하는 환경이었던 것이다.

1심 재판부가 혹 서울 방배동의 거주지만을 전제하여 이런 판단을 했다면, 공판 진행 중에 그런 판단의 가능성을 더욱 변호인단에 알리고 확인했어야 했을 것이다. 뿐만 아니라 설사 정 교수의 자택이 서울 한곳 뿐이었다고 해도, 심야 시간까지 직장에서 야근하는 것을 '불가능한 것으로 판단'이라니, 이 무슨 기막히도록 어이없는 판단 기준인가.

07

임의 제출 당일, 강사 휴게실 PC1은
비정상 종료되지 않았다

검사 측이 2019년 9월 10일, PC1과 PC2를 통째로 임의 제출받아 가져간 데는 이 두 PC가 '뻑'이 나서 비정상 종료되었다는 검사 측 주장이 대전제였다. 형사소송법에서는 디지털 증거를 압수할 때 '선별 복제'를 하게 되어 있고, 그게 불가능하거나 현저히 곤란한 경우에만 '매체' 복사를 할 수 있도록 규정하고 있다. 검사 측은 이런 법 조항을 주목하여 강사 휴게실 PC들의 비정상 종료를 주장한 것으로 보인다.

표창장의 위조 혐의에 대해 오로지 증언과 기억만으로 입증해야 하는 이 사건에서 PC1은 유일한 '물증'에 해당하는 것이다. 그런데 PC를 통째로 들고 와야 했던 이유부터 허위에 기반한 것이라면 이는 임의 제출 과정에 대해 재판부를 속인 것이고, 그러한 과정을 통해 입수하고 추출한 정보의 증거능력이 원천적으로 부인되어야 할 일이다.

필자의 포렌식 결과, 이 두 PC 중 PC1은 정상적으로 종료된 사실이 여러 증거로 겹겹이 드러났다. 반면 PC2는 당일에 아예 켜진 흔적조차 없었다. 이것은 결정적 증거물에 대해 검사 측이 재판부를 허위 주장으로 기망한 문제로 번지는 것은 물론, 이 PC들에서 나온 온갖 증거 자료들의 증거능력이 무효화될 수 있는 심각한 사안이다.

변호인 측은 PC1이 그날 지극히 정상적으로 종료되었다는 사실을 항소심 첫 공판이 있었던 2021년 4월 12일 변론에서 처음 제시하였다. 그러자 검사 측은 2021년 5월 10일 열린 2차 공판에서 PC1은 비정상 종료된 것이 맞는다는 주장을 PPT로 진행하였다. 이때 변론을 진행한 강○○ 검사가 법정에서 기가 막히고 현란한 눈속임 주장들을 펼쳤다.

필자는 이 두 가지 문제(정상 종료 근거들, 검사 측 눈속임 주장)에 대해 상세히 서술한 전문가 의견서를 2021년 6월 14일 4차 공판에서 제출했다. 다음은 그 의견서의 내용을 요약한 것이다.

2019년 9월 10일
PC1 정상 종료의 증거들

증거1
정상 종료 이벤트들의 존재

2019년 9월 10일 저녁 7시경 PC1에 남아 있는 이벤트로그들을 살펴보면, 윈도우 종료 과정에 에러 관련 기록이 아무것도 없고, 오히려 전형적으로 정상 종료된 로그들이 순차적이고 질서 있게 나타났다. 그중 대표적인 것들 몇 가지만 추리면 다음과 같다.

표에서 보다시피, 당시 PC1의 윈도우 종료는 처음 종료 과정이 시작된 후 마무리되기까지 총 25초가 걸렸다. 오래된 윈도우 PC를 사용해본 사람들은 누구나 PC를 종료시킬 때 이런 정도의 지루한 시간이 걸리는 것을 잘 알고 있을 것이다.(물론 고성능 PC라면 더 빠를 수도 있다.)

시간	이벤트	설명
오후 7:31:58	이벤트 1074	사용자가 시작 메뉴→시스템 종료를 선택해 종료 과정 시작
오후 7:31:58	이벤트 7002	Winlogon 사용자 로그오프 알림
오후 7:32:01	이벤트 6006	이벤트로그 서비스 중지
오후 7:32:01	이벤트 50037	DHCP 클라이언트 서비스 중지
오후 7:32:13	이벤트 109	전원 관리자 종료 전환 시작
오후 7:32:23	이벤트 13	최종 종료

| 수사관들이 PC1을 종료시킴으로써 기록된 종료 이벤트 흔적들

검사 측이 주장하듯이 '뻑'이 났다면 이렇게 긴 시간 동안 각 단계의 통상적인 종료 이벤트들이 모두 발생하며 일관되게 종료 과정이 이어질 수 없을 것이다. 특히 윈도우 종료의 앞의 몇 단계만이 아닌 최종 종료 이벤트까지 모두 발생한 점이 중요하다.

증거2
비정상 종료를 뜻하는 이벤트 6008 없음

윈도우 PC가 비정상 종료했을 경우 확인할 수 있는 전형적인 기록은 이벤트로그에 나타나는 이벤트 6008이다. 즉, 이벤트 6008 기록이 없다면 비정상 종료로 볼 수 없는 것이다. 아래는 이벤트 6008에 대한 마이크로소프트의 공식 기술 문서 및 답변 내용이다.

Windows은 Shutdown을 두 가지 종류로 구분합니다.

1. Clean Shutdown(=Expected Shutdown): 정상적인 Shutdown

2. Dirty Shutdown(=Unexpected Shutdown): 비정상적인 Shutdown
사용자가 시스템을 정상으로 종료한 것이 아니고 비정상적으로 종료
한 경우가 Dirty Shutdown에 해당되며 바로 6008 오류가 로깅됩니
다.[61]

Event ID 6008은 말 그대로 예기치 않게 시스템이 종료된 상황(Dirty
Shutdown)입니다. 일반적으로는 하드웨어상의 오류로 인해 기록되거
나, 다른 시나리오는 메모리 부족 등의 원인으로 System Hang 증상
이 발생하였을 때 기록될 수 있습니다.[62]

이벤트 6008 외에 이벤트 41 역시 비정상 종료 사실을 기록하는 이벤
트로서, 이 이벤트에 대해서도 마이크로소프트는 공식 문서[63] 및 공식 답
변[64]으로 명백하게 설명하고 있다. 하지만 이벤트 41 역시 2019년 9월
10일 PC1 종료 시점에 전혀 나타나지 않았다.

---

61 마이크로소프트, '비정상 종료(Dirty Shutdown)와 이벤트로그 Eventlog, 6008' https://docs.microsoft.
com/ko-kr/archive/blogs/sankim/dirty-shutdown-eventlog-6008

62 마이크로소프트, 'EVENT ID 6008 오류 증상 문의' https://social.technet.microsoft.com/Forums/
ko-KR/9d804755-200c-41e7-972d-1e98445d28e6/event-id-608월 5072447448-5161349345-
4792851032?forum=windowsserverko

63 마이크로소프트, '이벤트 ID 41에 대한 고급 문제 해결: 시스템을 깔끔하게 종료하지 않고 먼저 다시 부팅
했습니다' https://docs.microsoft.com/ko-KR/windows/client-management/troubleshoot-event-
id-41-restart

64 마이크로소프트, '시스템이 비정상적으로 종료된 후 다시 부팅되었습니다(로그 첨부)' https://social.
technet.microsoft.com/Forums/ko-KR/1549aea4-4d26-4673-b4a1-e1255fd3891a/498844982853
59651060-48708512214934551201510044 7196?forum=win10itprogeneralKR

2부 포렌식으로 밝혀진 진실과 검찰의 허위 기망

증거3
이미징 후 최초 부팅 시 안전모드 없음

이전 종료가 비정상 종료였는지를 비전문가도 쉽게 알 수 있는 간단한 방법이 있다. 그 시점 바로 다음 부팅 시에 안전모드 진입을 묻는 화면이 나타나느냐 여부이다. 안전모드 진입 화면은 윈도우 PC가 비정상 종료된 이후 최초 부팅 때 나타나는 단계로서, 이전 종료 과정이 비정상적이었는지를 확인할 수 있는 중요한 단서이다.

그런데 검사 측으로부터 등사받은 '증거1 PC'의 하드디스크 이미지 파일을 변호인 측이 가상머신 프로그램인 VMWare에 마운팅[65]하여 부팅시키자(검사 측 임의 제출 날짜인 2019월 9월 10일 이후 최초 부팅 상태) 안전모드 진입 여부를 묻는 화면이 나타나지 않은 것은 물론, 그 외 아무런 이상 증상도 없이 매우 자연스럽게 부팅이 되었다.

증거4
레지스트리 기록상의 정상 종료 확인

윈도우 운영체제의 레지스트리(Registry)는 윈도우의 수없이 많은 각종 설정 및 정보들을 저장해두는 저장소로서, 여기서도 비정상 종료 여부를 확인할 수 있다. 특히 윈도우의 레지스트리 기록은 부팅하지 않고도 이

---

65 하드디스크를 통째로 복사하여 하나의 이미지 파일로 만든 이미지 파일을 컴퓨터에서 가상의 하드디스크로 인식시키는 것을 마운트(Mount)라고 한다. VMWare는 현 운영체제 안에서 가상의 다른 운영체제 환경을 만들어주는 가상머신 프로그램이며, 특수한 절차를 거치면 하드디스크 이미지 파일을 VMWare 안에서 부팅하여 사용할 수 있다.

미지 파일 그대로의 상태에서 포렌식 프로그램으로 확인할 수 있다.[66] 이
관련 내용은 앞서 언급했던 마이크로소프트 공식 문서[67]에 자세히 설명
되어 있다.

Windows는 Clean Shutdown의 경우 Event Log service가 레지
스트리에 있는 LastAliveStamp라는 값을 삭제합니다. 그리고 다음
재부팅 시 LastAliveStamp의 값이 존재하지 않으면 이전에 Clean
Shutdown이 되었다고 판단합니다.

만약 시스템이 Dirty Shutdown이 되었다면 Event Log service가 정
상적으로 LastAliveStamp 값을 삭제하지 못합니다. 다음 재부팅 시
Windows는 LastAliveStamp 값이 존재함을 확인하고 이전에 Dirty
Shutdown이 있었음을 판단하여 이벤트로그 6008 오류를 남깁니다.

• LastAliveStamp 레지스트리 값은 아래와 같습니다.

LastAliveStamp

HKEY_LOCAL_MACHINE\SOFTWARE\Microsoft\Windows\
CurrentVersion\Reliability

---

66 하지만 비정상 종료 이후 아직 부팅되지 않은 동안에만 이 정보가 남아 있고, 부팅이 완료되면 삭제되므
로, 부팅하지 않은 상태에서 최초 PC1의 이미지 파일에서 확인해야 한다. 본문의 확인 과정도 부팅 없이
검사 측으로부터 등사받은 원본 이미지 파일 상태에서 해당 정보 유무를 확인한 것이다.

67 마이크로소프트, '비정상 종료(Dirty Shutdown)와 이벤트로그 Eventlog, 6008' https://docs.microsoft.
com/ko-kr/archive/blogs/sankim/dirty-shutdown-eventlog-6008

| 레지스트리에 LastAliveStamp 값 없음

요컨대 비정상 종료가 되면 위의 레지스트리 주소에 "LastAlive-Stamp"라는 값이 존재하고, 정상 종료 시에는 없다는 의미이다. 위는 검사 측에서 전달받은 PC1 이미지 파일의 최초 상태에서 위의 레지스트리 주소를 조회해본 결과이다.

보다시피 해당 레지스트리 위치의 오른쪽 부분에 'LastAliveStamp' 값이 존재하지 않는다. 마지막 윈도우 종료가 비정상 종료가 아니었다는 증거다.

또 한 가지, 위 이미지를 잘 보면 "DirtyShutdownTime"이라는 값이 기록되어 있다. 이 값은 마지막으로 비정상 종료가 일어난 날짜를 기록해두는 것이다. 이 값에 기록되어 있는 16진수로 표기된 날짜 데이터 "E0070C00040016000F000B001D00F900"를 날짜 형식으로 변환하면

'2016-12-22 15:11:29:249'로 나온다. 그런데 레지스트리에 기록된 이 일시는 한국시간이 아닌 국제표준시(UTC) 기준이므로, 한국시간으로 변환하기 위해 9시간을 더하면[68] '2016-12-23 00:11:29:249'이 된다.

실제 PC1의 이벤트로그에서 2016년 12월 23일의 흔적을 PC1의 이벤트로그에서 찾아보면, 정확히 동일한 일시에 비정상 종료 이벤트 6008이 기록되어 있다. 따라서 PC1에서 마지막으로 발생했던 비정상 종료 일시는 2016년 12월이다. 이는 수사관들이 밝혔다던 2019년 9월 10일에는 비정상 종료가 발생하지 않았다는 증거다.

---

68 한국 표준시(KST)는 국제 표준시(UTC 혹은 GMT)보다 9시간이 빨라 UTC+9:00로도 표기한다.

검사 측 반박 PPT의
허위와 눈속임들

1차 공판에서 변호인이 이 같은 기술적 설명을 내놓자, 검사 측은 2차 공판에서 이를 반박하려 했다. 그런데 그 주장의 세부 내용이 기막힐 정도로 처음부터 끝까지 모두 허위와 기만이었다. 해당 공판에서 검사 측의 '기술적' 반박은 세 장의 PPT 슬라이드로 제시되었다.

눈속임1
검사 측 주장 내용과 전혀 다른 엉뚱한 MS 문서

검사 측 주장의 핵심인 세 번째 슬라이드에는, 마이크로소프트사 홈페이지에 게재된 공식 기술 문서를 인용한 비정상 종료 주장이 담겼다. 그 주장을 요약하자면, 이벤트 1074에 이유 코드(Reason Code) '0x500FF'

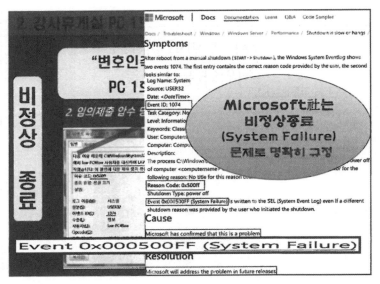

| 검사 측 PPT 슬라이드 세 번째 페이지

값이 기록된 것은 "마이크로소프트가 비정상 종료이자 'System Failure'라고 명확히 규정"했다는 것이었다.

그런데 이는 실제 해당 문서에서 설명하고 있는 내용과 전혀 상반된 주장이다. 해당 마이크로소프트 문서를 인용하고 PPT 자료를 작성, 발표한 강○○ 검사가 법정에서 의도적으로 재판부를 기망하려 했다고 보인다.

검사 측이 일부만 잘라 슬라이드로 보여준 마이크로소프트 문서[69]를 확인해보면, 그 실제 의미는 아래와 같다.

---

69 마이크로소프트, 'An incorrect shutdown reason code written to SEL on user initiated shutdown' https://docs.microsoft.com/en-US/troubleshoot/windows-server/performance/incorrect-shutdown-reason-code-sel

제목: An incorrect shutdown reason code written to SEL on user initiated shutdown (사용자가 시작한 종료에서 잘못된 종료 이유 코드가 이벤트로그에 기록됨)

요약: This article provides a resolution for the issue that an incorrect shutdown reason code written to SEL on user initiated shutdown. (이 문서에서는 사용자가 시작한 종료 시에 잘못된 종료 이유 코드가 기록되는 문제에 대한 해결책을 제공합니다.)

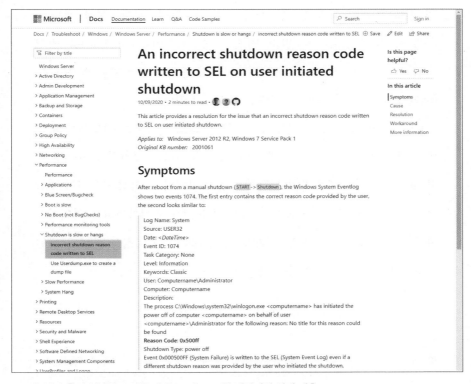

| 검사 측이 일부만 보여준 마이크로소프트 웹 페이지의 실제 내용

사용자가 '시작 버튼→시스템 종료'를 눌러 정상적으로 PC를 종료 시켰는데도 이벤트 1074에 이유 코드 '0x500FF'가 기록된 것은 그 기록이 잘못된 것이라는 것으로, 원래 이유 코드 0x000500FF는 'System Failure'를 뜻하는 것이지만 이 코드가 잘못 기록되었다는 의미이다. 또한 그 아래에서 "Microsoft has confirmed that this is a problem."이라고 서술한 것은, 이렇게 잘못된 이유 코드가 기록되는 것이 윈도우 해당 버전의 버그라고 확인해주고 있다.

이어서 그 아래에서는 이 잘못된 코드가 기록되는 문제에 대한 회피 방법(Workaround)으로서, 사용자가 종료하려 할 때 '시작 메뉴→종료'를 눌러 종료하지 말고 명령 프롬프트(command line)를 열어 "shutdown.exe /r /d P:4:2"를 입력해서 종료하면 정확한 이유 코드 '0x80040002'를 기록할 수 있다고 설명하고 있다.[70]

즉, 이 문서는 오로지 이유 코드가 엉터리로 기록되는 윈도우의 버그에 대해서만 설명하고 있을 뿐, 검사 측이 주장하는 것처럼 0x500FF 이유 코드가 비정상 종료라고 설명하는 것이 아니다. 오히려 사용자가 정상적으로 종료시켰을 때 항상 0x500FF 이유 코드가 기록된다는 의미이기 때문에, 0x500FF가 기록된 사례들 중 절대다수는 비정상 종료가 아닌 정상 종료의 결과 기록이라는 반증이 된다.

---

70 '시작 메뉴→시스템 종료'라는 일반적인 종료 방법 말고 이렇게 명령 프롬프트을 직접 입력하라는 것은 사용자에게 다소 어이없이 들릴 수 있겠지만, 이 문서의 대상자는 일반 사용자가 아니라 전산 시스템 관리자이다.

2부 포렌식으로 밝혀진 진실과 검찰의 허위 기망

한글 문서 찾아내고 영문 문서 제시

검사 측이 해당 비정상 종료 주장의 기술적 근거로 제시한 세 장의 슬라이드 중 첫 번째 슬라이드는 아래의 이미지였다. 보다시피 구글에서 '윈도우 이유 코드 0x500FF'를 검색한 결과이다.

이 검색 결과 중 가장 위에 검색된 페이지는 "잘못된 종료 이유 코드 – Windows Server | 마이크로소프트 문서"라고 되어 있다. 실제로 해당 페이지를 열어보면 앞서 살펴본 마이크로소프트 문서의 내용과 완전히 같은 내용을 한국어로 번역한 것이다. 즉, 원래 앞서의 마이크로소프트 문서는 한글과 영문 두 가지 버전이 있었고, 검사 측은 한글 페이지를 찾

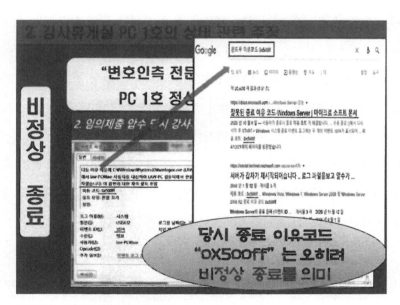

| 검사 측 PPT 슬라이드 첫 번째 페이지

았으면서도 굳이 영문 페이지를 보여준 것이다. 게다가 굳이 자신들의 주장을 입증하는 것과 무관한 구글 검색 페이지를 보여준 의도도 의문스럽다.

눈속임3
델사 문서 인용의 허위 및 기만

검사 측의 두 번째 슬라이드에는 PC 제조사인 델(DELL)사의 사용자 커뮤니티 사이트의 웹 페이지 하나를 올려놓았다. 내용이 한국어로 표시되어 있어 마치 이 페이지가 원래 한국어 페이지인 것처럼 보이지만, 델의 한국어 사이트에 이런 한국어 문서는 존재하지 않는다.

이 내용은 검사 측이 의도적으로 자동 번역을 한 결과였다. 델사 홈페이지에는 이 문서에 해당하는 한국어 번역 문서는 존재하지 않고 오직 영문 문서[71]만 있는데, 검사 측이 보여준 문서 내용은 영문 문서를 구글에서 자동 번역을 한 결과와 완벽하게 일치한다. 구글 자동 번역의 결과 품질이 계속 개선되고 있지만 조악한 결과가 나오는 경우도 흔한데, 이 사례가 그렇다. 존댓말과 반말이 뒤섞이고 문장들이 자연스럽게 이어지지 않아 눈에 잘 들어오지 않는다. 요컨대 의도적으로 자동 번역을 돌려 원문보다 더 알아보기 힘들게 만든 것이다. 앞서 본 슬라이드와 제시한 방법은 정반대인데, 그 결과가 더 알아보기 힘들어졌다는 점은 동일하다.

---

71 DELL, 'OptiPlex 390 random power off with reason code 0x500FF' https://www.dell.com/community/Desktops-General-Read-Only/OptiPlex-390-random-power-off-with-reason-code-0x500FF/td-p/4136923

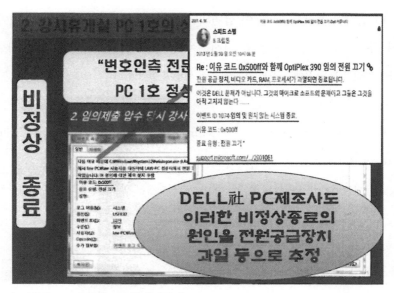

| 검사 측 PPT 슬라이드 두 번째 페이지

자동 번역을 돌린 것은 양반이다. 검사 측이 이 슬라이드에서 보여준 것은 의도적으로 일부만 보여준 것으로, "전원 공급 장치, 비디오 카드, RAM, 프로세서가 과열되면 종료됩니다"처럼 비정상 종료를 암시하는 것처럼 보인다. 하지만 검사 측이 보여준 부분 바로 아래부터의 실제 내용은 앞서 살펴봤던 마이크로소프트의 "잘못된 이유 코드" 문서의 내용과 동일하다. 즉, 이 답변 작성자는 마이크로소프트사의 답변 내용을 복사해 붙여넣기 한 것이다. 따라서 이 답변 작성자의 전체 설명 취지는 "전원 공급 장치, 비디오 카드, RAM, 프로세서의 과열일 수도 있지만, 정상 종료인데도 비정상 종료로 잘못 표시되는 경우가 매우 많다"이다.

더 심각한 문제도 있다. 이 답변의 작성자는 마이크로소프트의 홈페이지 내용을 복사해 게재한 후, 자신을 이렇게 소개했다.(더 찾아보니 이 작성자는 자신의 모든 글에 아래의 소개를 꼭꼭 써넣고 있었다.)

I do not work for Dell. I too am a user. The forum is primarily user to user, with Dell employees moderating.

(나는 Dell의 직원이 아니다. 나 또한 일반 사용자일 뿐이다. 이 포럼은 Dell사의 중재 아래 일반 사용자들이 운영하는 공간이다.)

의미가 명확하다. 자신은 델사의 직원이 아니고 일반 사용자일 뿐이며, 델사의 공식 입장이 아니라는 점을 명확히 한 것이다. 그럼에도 검사 측은 슬라이드에 가장 큰 글씨로 "DELL社 PC 제조사도 이러한 비정상 종료의 원인을 전원 공급 장치 과열 등으로 추정"이라고 적어놓았다.

답변 작성자가 스스로 델사 직원이 아님을 명시했는데, 검사 측은 그 신분마저 델사의 공식 답변인 것으로 속인 것이다. 이는 델사가 발표 검사에게 법적 책임까지 추궁할 수 있는 심각한 문제다. 다국적 IT 기업들에게 자사의 공식 기술 답변은 법적 책임, 막대한 손해배상의 부담이 따르는 심각한 문제이기 때문이다.

눈속임4
마이크로소프트 문서를 보여주는 방식의 기만술

다시 처음 살펴봤던 검사 측 PPT의 세 번째 슬라이드를 살펴보자. 검사 측이 보여준 문서는 단순히 원문의 특정 부분을 잘라낸 결과가 아니라 포토샵 등의 이미지 편집 툴을 사용해서 보여주고 싶은 부분만 잘라 붙인 조작의 결과다.

원래의 문서에는 가장 위에 마이크로소프트 로고와 최상단 메뉴가 있고, 그 아래에 큰 글씨의 제목과 내용 요약문(abstract)이 있고, 그 아래에 Symptoms라는 섹션이 있다. 그런데 검사 측이 보여준 내용에는 제목과 요약문은 빠지고 Symptoms 섹션부터만 보인다. 단순히 스크롤을 한 상태에서 일부만 캡처한 것도 아니다. 해당 웹 페이지에서 Symptoms 섹션부터 보이게 스크롤을 하면, 마이크로소프트 로고 등은 위로 밀려 사라진다. 또한 해당 문서에는 왼쪽에 트리 형식의 메뉴도 있는데 이것도 편집하면서 삭제했다. 왼쪽 메뉴가 안 보이게 나머지를 잘라낸 것 아닌가 하고 생각할 수도 있지만, 그런 경우에는 상단에서 역시 왼쪽인 마이크로소프트 로고도 사라진다.

즉, 검사 측은 웹 페이지를 캡처한 이미지를 실제 내용을 눈치채기 쉬운 제목과 요약문은 안 보이게 없애버리고 그 아래 부분만 잘라내면서, 그 이미지 편집 과정에서 필연적으로 사라지게 되는 마이크로소프트 로고는 따로 잘라 붙여넣는 편집을 한 것이다. 이런 사실은 다소 복잡하게 들리겠지만 실제 해당 페이지를 열어 아래위로 스크롤을 해보면 검사 측 슬라이드의 내용은 어떻게도 재연이 안 된다는 것을 쉽게 알 수 있다.

굳이 마이크로소프트 로고를 잘라다가 붙인 것은, 재판부와 기자들을 포함한 법정 방청객들을 마이크로소프트 로고의 기술적 권위로 압도하여 의심해볼 여지를 없애기 위한 의도로 보인다.

그런데 본문의 나머지라도 제대로 보여줬다면 재판부와 방청객 중 영어 눈썰미가 좋은 일부는 해당 문서의 원래 내용을 눈치챘을 수 있다. 그래서 검사 측은 여기에 일부만 보여준 본문 내용마저 절반이나 가리는 큼직한 원형 글상자를 넣고, 큰 폰트로 "Microsoft社는 비정상 종료 (System Failure) 문제로 명확히 규정"이라고 멋대로 써넣고, 본문 일부 문구인 "Event 0x000500FF (System Failure)"를 복사해 크게 확대해 넣음으로써, 누구라도 원문의 실제 의미에 주목하지 못하도록 꾸몄다.

실제 공판 당일에 법정에서 방청했던 사람들을 수소문하여 당시 기억을 물어보았더니, 그 모두가 해당 슬라이드와 관련 "마이크로소프트"와 "System Failure"라는 문구만 기억했고, 검사 측 의도대로 마이크로소프트사가 비정상 종료로 인정했으니 의심의 여지가 전혀 없는 것으로 잘못 이해하고 있었다. IT 전공자가 포함된 변호인단도 마찬가지였다.

당황스러운 심정으로 솔직히 말하자면, 오랜 IT 전문가를 자처하는 본인도 저렇게 '완벽하게' 짜인 슬라이드를 법정 현장에서 보게 됐다면 유감스럽게도 그 순간에는 속아 넘어갔을 것이다. 법정의 수많은 사람들이 지켜보는 가운데 새빨간 거짓말을 진실로 둔갑시키는 검사 측의 PPT 능력에 크게 감탄했다. 눈앞에서 재판부와 기자들, 일반 방청객들의 코를 베어 간 셈이다.

　　　　　2부 포렌식으로 밝혀진 진실과 검찰의 허위 기망

검사 측 의견서의
추가 기만 시도

검사 측은 항소심 4차 공판(2021년 6월 14일)을 앞두고 재판부의 요구로 그 며칠 전인 6월 9일에 '검사 곽○○' 명의의 의견서들을 재판부에 제출했다. 그런데 여기서 비정상 종료 주장을 그대로 고수하면서 추가적인 기만을 더하기까지 했다.

원래 이벤트 1074에 이유 코드 0x500FF 값이 기록되는 것은 오류 상황이 맞다. 따라서 실제 오류로 인해 이런 이벤트 기록이 되는 상황도 있을 수 있다. 하지만 일반 사용자들의 PC들에서는 매우 드물다. 그런데 검사 측은 이 의견서에서 '이벤트 1074 + 0x500FF 이유 코드' 상황을 여러 건 발굴해, 이 상황이 오류가 맞다는 주장을 내놓았다. 이번에는 이 상황이 발생한 '환경'들이 기만이었다.

검사 측이 열심히 검색해서 찾아낸 케이스들은 대부분 PC1의 현 운영체제인 윈도우7이 아닌 '윈도우 서버'의 환경들이었다. 24시간 365일 동작해야 하는 서버 환경에서는 사용자가 의도적으로 시스템을 종료시키는 경우가 거의 없다. 그런 이유로 윈도우 서버에서 발견되는 0x500FF 이유 코드 상황은 거의 모두 시스템 오류인 것이다. '사용자 종료 vs. 시스템 오류'로 인한 종료의 상대적인 문제다. 일반 '사용자들의 PC에서는 정반대다. 서버에서처럼 오류'로 인한 비정상 종료가 발생할 정도로 장시간 동작하는 경우가 드물고, 적어도 하루에 한 번 정도는 사용자가 종료시키는 것이 일반적이다. 즉, 전혀 다른 운영체제, 전혀 다른 상황을 마치 PC1의 상황인 것처럼 또다시 속이려 시도한 것이다.

더욱이 검사 측은 이 추가 주장에서조차도 0x500FF 코드만 붙잡고 늘어졌을 뿐 25초에 걸친 정상 종료 기록, 비정상 종료 이후 나타나는 이벤트 6008의 부재, 안전모드 진입 안 함, 레지스트리에 LastAliveStamp 값 부존재, DirtyShutdownTime에 기록된 마지막 비정상 종료 날짜가 2016년이라는 점 등 수없이 많은 정상 종료 증거들에 대해서는 한마디도 항변하지 못했다.

비정상 종료된 것은
PC2일 가능성

2019년 9월 10일 임의 제출 직전 PC1은 지극히 정상적으로 종료했다는 사실에는 의심의 여지가 전혀 없다. 그러면 검사 측에서 말하는 '삑', '퍽 소리'는 무엇이었을까? PC1이 아닌 PC2에 대한 추가 포렌식 결과, 당일 그런 일이 정말 있었다면 그것은 PC2였을 개연성이 매우 높아 보인다.

PC2 부팅
시도 결과

검사 측 포렌식 보고서 〈2019 지원 12783〉에서는 PC1은 물론 PC2도 가상환경에서 정상 로그온이 안 된다고 주장했다. 하지만 이런 주장은 변호인 측 재연 결과와 크게 달랐다. PC2를 VMWare 가상환경에 마운팅하고 부팅을 시도하자 안전모드 진입 화면이 나타난 후 완전히 정상적으로 부팅이 되었다. PC2가 최종 종료 시 비정상 종료되었음이 확인된 것이다.(다만, PC2의 최종 비정상 종료는 2019년 9월 10일 당시의 기록이 아니다.)

PC2의 과거 비정상 종료 이력

PC2가 자택에서 마지막으로 사용된 시점은 2016년 10월경이다. 이즈음 PC2의 이벤트로그를 보니 명백하게 비정상적으로 종료된 흔적들이 두 차례 나타났다. 1초도 안 되는 사이 에러 이벤트인 3002가 한꺼번에 연달아 5회 발생하고는 5~6초 후에 PC2가 종료된 흔적이 없는 상태에서 난데없이 부팅 흔적(이벤트 4608, 'Windows is starting up')이 발생하고, 이어서 1초 후인 오후 10시 49분 46초에는 앞서 설명한 바 있는 비정상 종료 후 윈도우 시작 이벤트인 이벤트 6008이 발생했다. 이것은 다섯 차례 연이은 이벤트 3002와 관련된 심각한 오류가 정상 종료 없이 갑작스러운 리부팅을 초래했다는 의미다. 즉, 비정상 종료이다. 이와 완벽하게 동일한 비정상 종료 패턴이 2016년 10월부터 11월에만 세 번 발생했다.

PC2의 비정상 종료 및 오류는 PC1의 정상 종료를 의미

요컨대, PC1은 일관되게 정상 종료된 증거들이 여럿 발견됐고 실제로도 정상 부팅 및 정상 동작하는 반면, PC2는 2016년 10월부터 수차례 심각한 비정상 종료 기록들이 확인되었으며 가상머신에서 부팅을 시도했을 때도 안전모드부터 진입하려 했다. 이것은 2019년 9월 10일 임의 제출 요구 직전 당시 문제가 생겼다는 PC는 PC1이 아닌 PC2였을 가능성이 높다고 해석된다.

돌아보면, 검사 측은 지금까지 명시적으로 "두 PC가 동시에 모두 뻑 났다"라고 주장한 적이 없다. 두 PC 중 어느 것이 뻑 났다는 것인지 명확하게 적시한 적도 없다. 또한 PC1과 달리 PC2는 동양대 강사 휴게실에서 임의 제출 직전인 2019년 9월 10일에 아예 켜진 기록조차 없는데, 검사 측 수사관들이 당시 PC1만 뒤져보고 PC2는 아예 켜보지도 않았다고 볼 수는 없다. 따라서 당시 PC2를 켜보려고 시도했다가 이벤트로그에 에러 상황을 기록할 틈도 없이 심각한 오류가 발생했을 가능성이 상당하다.

다른 한편으로, 검사 측 주장대로 '퍽' 소리가 실제로 났다면, 장기간 방치되어 있던 PC2의 전원공급장치(Power Supply)에 먼지가 많이 들어가 합선으로 터졌을 가능성도 높다. 필자도 사무실에서 쓰는 PC를 바닥에 두고 있는데, 올해 초 과도하게 쌓인 먼지로 인해 전원을 넣자마자 터진 적이 있다. 지난해엔 필자의 아들 PC도 같은 문제로 터졌다.(검색해보면 같은 먼지 문제로 화재가 난 경우도 있다.)

검사 측은 1심 결심에서 구형 당시 재산 가치도 없고 하드디스크 이미징 후 증거 가치도 없어진 강사 휴게실 PC들을 몰수해달라는 이례적인 내용을 구형에 포함시켰다. 재판부는 이런 요구를 받아들이지는 않았지만, 변호인 측이 증거물로 압수한 물건을 잠정적으로 돌려달라고 신청하는 가환부 청구도 기각해 이 PC들의 실물은 여전히 검사 측이 점유하고 있다.

08

증거 동일성의
심각한 훼손

형사 재판에서의 '위법 수집 증거' 문제는 법조인들은 물론 일반인들에게도 꽤 알려져 있다. 하지만 이번 표창장 사건에서 기술 전문가의 입장으로 보면, 위법 수집 증거보다 '증거 동일성'의 문제가 훨씬 심각하다.

위법 수집 증거의 경우, 재판의 판단에서 배제하라는 취지가 명백한 법률에도 불구하고 그 법률을 무력화하는 대법원 판례를 따라 판사의 재량으로 일부 혹은 전부를 증거로 인정하는 경우가 매우 흔하다. 하지만 증거 동일성 문제는 그렇지 않다. 증거의 동일성이 인정되지 않는다고 판단되면 곧 증거능력이 사라져 증거에서 배제해야만 한다. 이것은 법리적 판단의 문제를 넘어서 증거능력 자체가 없어지는 차원의 문제이기 때문이다.

앞으로 자세히 설명하겠지만, 강사 휴게실 PC들은 동양대에서 있었던 임의 제출 전 단계부터 기술적으로 증거 동일성이 훼손되었고 임의 제출 이후에도 최종 증거물로 접수되어 대검 포렌식센터의 증거관리시스템에 등록되기 전까지 또다시 동일성이 훼손되었다.

이렇게 강사 휴게실 PC들의 증거능력을 훼손한 것은 누구인가? 동양대 현장에서는 검사 측 수사관들과 검사들이었고, 검찰로 가져간 후에는 검사 측 이○○ 분석관이다. 증거 동일성이 조금 훼손된 정도가 아니라 총체적인 절차 위반으로 증거의 동일성이 아예 존재할 수가 없는 상황이다.

디지털 증거 동일성 증명의
유일한 수단 '해시'

디지털 증거는 다른 대부분의 물리적 증거들과 뚜렷하게 구분되는 여러 특성이 있다. 그중 법정 증거로서 다룰 때 가장 주의해야 할 것이 '취약성' 혹은 '변조 가능성'이다. 이는 디지털 증거가 오류 또는 의도에 의해 삭제·변조 등이 용이하고, 사후에는 그런 변조 사실을 알아내기가 매우 어렵기 때문이다.

특히 디지털 증거의 취약성과 관련하여 빠짐없이 언급되는 우려가 바로 수사기관에 의한 증거조작 가능성이다. 충분한 실력의 전문가가 마음먹고 증거를 조작할 경우, 다른 대부분의 유형물 증거와 달리 디지털 증거는 변조 사실을 알아내는 것이 사실상 불가능하다.

이런 이유로 디지털 증거의 경우 최초 수집 단계에서 '동일성' 보장 절차가 필수적이다. 증거의 동일성이란 증거에 변조가 없었음을 증명하는 것으로, 디지털 증거의 증거능력에 핵심적인 요소다. 디지털 증거의 동일성 보장 조치는 '매체에 대한 봉인'과 '데이터에 대한 해시'로 이루어진다. 수사기관이 이런 절차들을 제대로 준수하지 않을 경우 그 심각성에 따라 증거능력이 부인될 수 있다.

해시(Hash)는 임의의 길이를 가진 데이터를 특정 고정 길이의 데이터로 매핑(Mapping)하는 기능을 말한다. 이상적으로 원본 데이터와 해시의 결과인 '해시값(Hash Value)'은 일대일로만 매핑된다. 원본 데이터 없이 짧은 해시값만으로 그 원본의 '자격'을 대신하는 것이 주목적이다. 해시는 일종의 수학적 함수이지만, 매우 복잡한 계산식이라 현실 사례들에서는 컴퓨터 소프트웨어의 기능으로 계산해낸다.

예를 들어, 검사 측이 제시한 강사 휴게실 PC1의 하드디스크 전체에 대한 해시 결과값은 다음과 같다.

MD5: aaa1c0d09ba0a4bfbe8e1a2ad62e7570[72]

디지털 증거에서 해시값이 중요한 이유는, 한번 해시값을 산출해낸 후에는 단 1바이트라도 변조될 경우 해시값이 이전 값과 달라져 데이터 변조 사실을 알아낼 수 있기 때문이다.

---

72 IT 전문가들은 알겠지만, 해시 함수로 MD5를 사용한 것부터가 부적절하다. MD5는 최근의 PC 성능 개선과 알고리즘의 개선으로 불과 몇 시간 만에 해시 충돌을 만들어낼 수 있어 조작이 가능하기 때문이다. 그보다는 안전한 SHA1을 사용할 수도 있는데도 검사 측은 포렌식의 모든 전 단계에서 MD5를 사용하고 있다.

따라서 디지털 증거의 동일성 보장은 증거능력의 필수 요건이며, 동일성이 증명되지 않는 데이터는 증거능력이 존재할 수 없다. 그러면 어떻게든 해시를 수행하기만 하면 디지털 증거에 대해 동일성이 입증되는 것이냐, 바로 이것이 문제의 핵심이다. 해시 과정의 절차를 적절하게 거쳤느냐 여부에 따라 해시를 수행했어도 해시값이 무의미할 수도 있기 때문이다.

해시값이 증명하는 디지털 증거의 동일성은 그 기술적 특성상 해시가 이루어진 이후부터만 유효하고 해시 시점 이전에 대해서는 아무런 입증능력이 없다. 해시를 하기 전에 데이터를 추가하거나, 삭제하거나, 수정하더라도, 그런 변조 사실을 알아챌 수도 없고 검증할 수도 없기 때문이다.

따라서 해시 수행 시점 이전까지는 원본 데이터를 담고 있는 '매체(하드디스크 등)'에 대해 '물리적 동일성' 증명 수단이 필요하다. 또한 이런 물리적 증명 이전에는 동일성을 훼손하는 원본 데이터에 대한 조작이 있어서는 안 되는 것도 물론이다.

그래서 검찰, 경찰, 공정위 등 수사기관의 규정[73]에서는 원본 데이터를 담고 있는 매체를 해시 직전까지 봉인하고, 봉인을 풀고 해시를 수행하는 현장에 피압수자 측이 동석·참관할 것을 규정하고 있다. 그리고 그 현장에서 해시 수행 과정을 보여주고 결과값을 피의자 측에게 직접 전달하도록 되어 있다. 피압수자가 참관하지 않을 경우 '신뢰성과 전문성을 담보할 수 있는 상당한 방법'으로 디지털 증거의 진정성과 무결성 등을 유지할 조치를 취해야 한다고 추가로 규정하고 있기도 하다.

---

73 대검찰청 예규, '디지털 증거의 수집·분석 및 관리 규정' 제15조, 제19조.

다시 말해, 디지털 증거의 매체가 전체 압수 혹은 임의 제출될 때는 수사기관이 입수하는 시점에서 봉인되어야 하고, 운송 및 보관하는 단계에서도 봉인이 유지되어야 하고, 그 봉인을 해제하고 살펴보기 전에 해시를 수행해야 하고, 봉인 해제 및 해시 수행 현장에는 피압수자 측이 참관해야 하는 것이다. 이것이 디지털 증거의 동일성을 증명하기 위한 원칙적 절차이다.

이런 전체 절차는 그 자체로서는 증거능력이 없는 불완전한 디지털 증거에 증거능력을 부여하기 위한 절차라는 점이 중요하다. 해시 과정 자체는 누구든, 또 언제든 자의적으로 단시간에 수행할 수 있으므로, '봉인'과 '피의자 측 참관'이 없다면 해시는 무용지물이 된다.

그래서 해시까지의 전체 절차는 피고인의 방어권 보장을 위한 절차가 아니라, 수사기관이 확보한 증거물의 증거능력을 확보하기 위한 절차이다. 피고인이 아닌 수사기관 스스로를 위한 절차인 것이다.

임의 제출 이전의
동일성 문제

　동양대 관계자들에 따르면 2019년 9월 10일경, 복수의 검사들과 검찰 수사관들은 그보다 여러 날 전부터 동양대에 머무르면서 동양대 교수 및 직원 등에게서 진술서를 받는 등의 수사를 하고 있었다. 2019년 9월 10일에는 압수수색 절차가 아님을 제대로 고지하지 않은 채로 교양학부 관계자들에게 '9월 3일과 같은 절차(정 교수 연구실 PC 압수수색)', '윗분들과 얘기된 것'이라고 둘러대며 영장 없이 임의로 교양학부의 PC들을 뒤져보고 있었던 것이다. 여기엔 강사 휴게실 PC의 임의 제출자로 알려진 김○○ 조교도 포함된다. 당시 김 조교를 포함한 동양대 관계자들은 이날의 절차가 영장에 의한 압수수색인 줄로 알고 있었다.(압수수색이 아니라는 건 해가 바뀌고 2020년이 되어서야 알게 되었다고 한다.)

이날 늦은 오후 즈음, 검찰 관계자들이 강사 휴게실을 열어보자고 하여 강사 휴게실의 관리자인 김 조교가 잠겨 있던 문을 열어준다. 이때 소위 강사 휴게실 PC들인 PC1과 PC2 본체들이 발견되었다. 검사 측이 이 PC들을 김 조교에게 바로 확인해보겠다며 협조를 요청해 교양학부 사무실로 이동 후 김 조교가 모니터와 키보드, 마우스 등을 연결해주었다. 검찰 수사관들은 켜보는 것만 보고 김 조교는 다른 자리에서 대기 중이었다. 당시 김 조교는 유리창에 PC의 부팅 화면이 비친 것만을 보았을 뿐 수사관들이 무엇을 하는지 전혀 알지 못했다.

이때 강사 휴게실 PC들을 조작하던 검찰 수사관들('DB팀')은 동양대 관계자들은 전혀 알지 못하는 상황에서 모종의 USB 장치를 꽂아 모종의 작업을 진행했다. 이런 사실은 검사 측에서 재판 시작 이전은 물론 시작된 후에도 한 번도 스스로 공개하지 않았고, 항소심 단계에서 변호인 측의 독자 포렌식이 이루어진 후에야 뒤늦게 발견되었다.

항소심 1차 공판에서 변호인 측이 이에 대해 문제를 제기하자, 검사 측은 그제야 "선별 압수를 위한 절차였다"고 주장했다. 이렇게 한참이나 뒤늦은 검사 측 해명에 따르면, "해당 USB에는 포렌식 툴이 들어 있었고, PC1과 PC2에 있는 파일들을 검색하여 선별하여 가져가려던 것"이라는 주장이었다.

그런데 이 과정에서 USB를 꽂고 모종의 작업을 진행하는 사실에 대해 검사 측은 동양대 관계자들에게 그런 사실을 전혀 알리지 않았다. 김 조교에게 연락해 문의해본 결과 당시는 물론 필자가 전화하기 전까지도 그때 USB가 연결된 사실을 전혀 몰랐다며 놀라워했다.

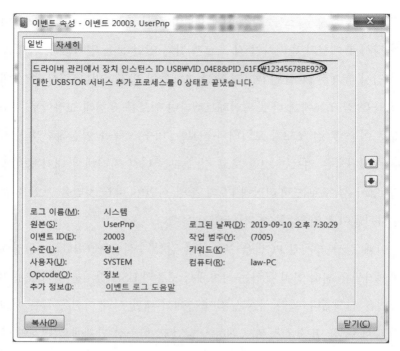

이벤트 속성 - 이벤트 20003, UserPnp

일반 | 자세히

드라이버 관리에서 장치 인스턴스 ID USB₩VID_04E8&PID_61F₩12345678BE920에 대한 USBSTOR 서비스 추가 프로세스를 0 상태로 끝냈습니다.

로그 이름(M): 시스템
원본(S): UserPnp   로그된 날짜(D): 2019-09-10 오후 7:30:29
이벤트 ID(E): 20003   작업 범주(Y): (7005)
수준(L): 정보   키워드(K):
사용자(U): SYSTEM   컴퓨터(R): law-PC
Opcode(O): 정보
추가 정보(I): 이벤트 로그 도움말

복사(P)   닫기(C)

| 임의 제출 전 검찰 수사관들이 PC1에 USB 저장장치를 삽입한 흔적

위 화면은 PC1의 이벤트로그에 남아 있는 USB 장치 삽입 흔적이다.

이 단계에서 PC를 조작했던 검찰 수사관들은 두 가지 엄중한 잘못을 범했다. 먼저, 검사 측이 정경심 교수만 사용했다고 주장하고 있는 PC들을 처음 확인하는 과정에서 정 교수 측은 물론이고 다른 어떤 제3자도 참관하지 않은 상황에서 증거물 매체를 조작하였다. 이 시점에 이미 증거 동일성은 훼손되었다. 당시 PC들을 조작한 수사관들이 증거물의 증거능력에 대한 고려가 있었다면, 자신들이 조작하는 동안 최소한 김 조교 혹은 다른 제3자에게 참관의 의의를 설명한 후 참관하도록 요청할 수 있었음에도 불구하고 이들은 다른 누구도 보지 않는 상황에서 자신들만 PC를 조작했다.

고지 없는 USB 장치 삽입은 더 심각하다. 매우 유감스럽게도, 변호인 측으로선 당시 해당 USB에 들어 있었던 것이 검사 측 해명대로 포렌식 툴이었는지 아니면 다른 어떤 목적을 위한 프로그램이나 데이터 파일이었는지 확인하는 것이 불가능하다. 검사 측이 아무런 고지 없이 일방적으로 USB를 삽입했고, 사후에는 당시 삽입된 USB를 포렌식한다 하더라도 이미 2년 가까운 시간이 흘렀기 때문이다.

변호인 측 포렌식에서 당시 검사 측 수사관들에 의해 삽입되었던 USB는 포렌식 전용 장비가 아닌, 시중에서 대량으로 판매되었던 흔한 USB 저장장치로 확인되었다. 따라서 선별 압수를 위한 포렌식 프로그램이었을 뿐이라는 검사 측 주장이 사실인지 확인할 방법이 전혀 없다. 포렌식 전용 장비도 아닌 범용의 일반 USB 저장장치를 고지조차 없이 삽입해놓고 2년 가까이 지난 후에 발각되자 단지 포렌식 작업을 위한 것이었다고 해명하면 믿어줘야 하는 것인지, 변호인 측과 변호인 측 포렌식 전문가의 입장에서는 매우 당황스러운 일이 아닐 수 없다.

국가 공무원인 검사의 해명이니 무작정 믿어주기를 바라는지 모르겠으나 법정에서 이런 취지의 주장을 그대로 인정한다면, 검사 측 공소장을 그대로 판결문으로 인정하면 될 것을 왜 많은 시간과 노력을 들여 재판하고 심지어 왜 법원을 두어야 하는가?

변호인 측 포렌식 전문가인 필자로서도 검사 측의 이런 주장을 믿을 이유가 없다. 그렇지 않아도 《SBS》의 소위 '예언 보도' 논란이 여전한 상황이기 때문이다. '총장님 직인.JPG' 파일은 이날 9월 10일에 임의 제출된 PC에서 발견되었는데, 그보다 3일 전인 9월 7일 저녁에 《SBS》 단독으로 연구실 PC에서 직인 파일이 발견됐다는 사실과 전혀 다른 보도가[74] 나온 바 있다. 이 보도에서는 여러 차례 검찰을 출처인 것처럼 언급하는데, 실제 '연구실 PC'인 12033 PC에서는 직인 파일이 발견된 바 없다.[75]

이런 이유로 적지 않은 국민이 혹시 검찰이 증거를 심은 것 아니냐는 의구심을 표출하고 있는 상황에서 검사 측이 피고인 측은 물론 동양대 관계자 누구에게도 알리지 않고 USB를 삽입한 사실이 뒤늦게 발견된 것이다. 《SBS》의 직인 보도 논란과 USB 삽입 논란 양쪽 모두 검사 측이 자초한 일이다.

---

74 《SBS》는 이 오보로 인해 2020년 6월 22일 방송통신심의위원회로부터 법정제재 '주의' 징계를 받았다. SBS, 〈[단독] 조국 아내 연구실 PC에 '총장 직인 파일' 발견〉 https://news.sbs.co.kr/news/endPage. do?news_id=N1005428668

75 본 재판 1심 9차 공판에서는 동양대 교원인사팀장 증인 신문 중에 검사 측이 돌출적으로 해당 《SBS》 보도를 언급하며 보도가 사실이 아니었다고 주장했다. 그리고 당시 12033 PC에서 발견된 것은 직인 파일이 아닌 '아들 상장'이었다고 정리했다.(이는 《SBS》 오보의 출처가 검찰이었음을 사실상 시인한 셈이기도 하다.) 그런데 PC1에서 아들 상장 파일이 '총장님 직인.png'라는 이름으로 발견되기는 하였으나, 이것 역시 그 보도 시점보다 3일 이상 이후의 일이었다. 연구실 PC에서 발견된 상장 파일은 '원이 상장.jpeg'로 '직인' 운운이 없는 파일 이름이었다. 즉, 검사 측의 '원이 상장.jpeg' 파일을 직인 파일이라고 지칭했다는 주장 역시도 직인 보도 자체와 전혀 다를 바 없는 타임머신식 주장이다. 3일 후에나 뒤져볼 강사 휴게실 PC에서 발견될 상장 파일의 이름이 '총장님 직인.png'라는 이름일 줄을 어떻게 예견하고 이를 "직인 파일"이라고 지칭했단 말인가?

임의 제출 이후의
동일성 문제

아래는 검사 측이 포렌식 보고서 〈2019 지원 12467〉에서 PC1에 대해 해시를 수행한 과정을 기술한 부분이다. 이 내용에 따르면 검사 측은

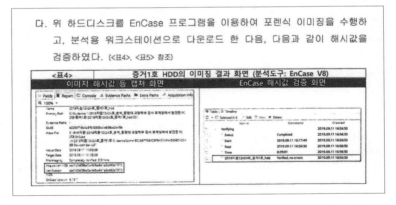

| 12424-1 해시 과정

2019년 9월 11일 오전 10시 6분 29초에 해시 작업을 수행하였다. 그리고 같은 날 오후 4시 56분 50초에 PC1 하드디스크의 이미지 파일이 만들어졌다. 해당 보고서 전체를 통틀어 PC1 해시 과정에 대한 기술은 이것이 전부다. 그런데 이 내용 어디에도 봉인과 참관인에 대한 언급이 없다. 달랑 한 문장이 전부이니 재확인할 것도 없다.

그럼 검사 측은 매번 이렇게 절차를 무시하고 엉터리 해시를 했을까? 아니다. 다음은 정경심 교수 연구실 PC인 12033 PC에 대한 초기 포렌식 보고서 〈2019 지원 12033〉에 기술된 해시 과정 부분들이다.

변호인 입회하에 해시 절차를 진행하던 중, 검사 측 분석관의 실수로 해당 PC의 시스템 드라이브인 SSD를 놓치고 하드디스크만을 분리해 포렌식을 시도했다가 뒤늦게 PC의 봉인을 다시 뜯고 SSD를 확보해 다시 해시 및 포렌식을 진행했다는 내용이다.[76]

---

2) M.2 SSD는 컴퓨터 내부에 고정된 확장 카드와 관련된 커넥터의 사양으로, 일반적으로 mSATA 보다 SSD 적용에, 특히 울트라북이나 태블릿과 같은 소형 기기에서 사용하기에 적합하다.((https://ko.wikipedia.org/). 본건 분석대상 컴퓨터는 데스크탑형 컴퓨터로서, 이례적으로 태블릿과 같은 소형 기기에서 사용되는 M.2 SSD가 장착되어 있음을 확인하였다. 위 저장장치는 최초 봉인 해제시 발견되지 아니하였다가, 재봉인 후 시스템 드라이브의 부존재 사실을 인지하고, 익일 임의제출인 측의 참관 하에 봉인해제를 다시 한 후 추가로 발견한 것이다.

│ M.2 SSD를 누락한 경위에 대한 해명 각주

---

76 검사 측 분석관은 자신이 포렌식 시작 단계에서 더 중요한 SSD를 간과해 혼선이 발생한 데 대해, 해당 보고서에서 해당 SSD가 M.2 형태로서 울트라북, 태블릿 등에나 사용되는 것이어서 데스크탑 PC에 이런 M.2 SSD가 설치되어 있는 것은 '이례적'이라고 주장하고 있는데, 이는 거짓이다.
M.2 규격 지원 PC 메인보드는 2014년 초부터 출시되기 시작했으며 2016년부터는 이미 거의 일반화되어 당시 시중에 새로 출시된 메인보드 대부분이 M.2를 지원했다. 12033 PC는 2018년 10월에 제조된 것으로 당연히 M.2 슬롯이 있었다. 검사 측 분석관은 전문가답지 않은 황당한 실수를 하고도 거짓 주장으로 책임을 회피하려 한 것이다.

3. 분석대상 정보

가. 2019. 9. 4. 15:00경 대검찰청 NDFC 405호실에서 서울중앙지검 특수2
부 검찰주사보 김병언, 피압수자의 변호인 황인형██████████ 법무
법인 다전)의 참관 하에 분석대상 컴퓨터를 임의 제출받고 다음과 같이
채증하였다. (<표1>,<표2> 참조)

라. 위 증거1호를 EnCase 프로그램을 이용하여 포렌식 이미징을 수행하고,
2019. 9. 4. 22:36경 해시값을 검증한 후 살펴본 바, 해당 드라이브가
EnCase 등 포렌식 도구에서 정상적으로 인식되었다. (<표5> 참조)

마. 다만 위 <표5>의 미리보기 결과, 증거1호 HDD는 다음과 같이 윈도우
운영체제가 설치된 '시스템 드라이브'가 아니라, 데이터 저장을 위한 하
드 드라이브인 것으로 확인되었다. (<표6> 참조)

바. 위 미발견된 시스템 드라이브에 대한 추가 수색을 위하여 2019. 9. 5.
14:15경 변호사 황인형의 참관 하에 위 컴퓨터에 대한 봉인을 다시 해
제하고 수색한 바, 다음과 같이 메인보드에 장착된 M.2 SSD 메모리(증
거2호)를 추가로 확인하였다.[2] (<표7> 참조)

사. 위 증거2호를 Windows To Go 부팅 환경[3]에서 FTK Imager 프로그램을
이용하여 이미징하고, 2019. 9. 5. 15:25경 해시값을 계산한 후 살펴본
바, 해당 하드 드라이브는 윈도우즈 시스템이 설치된 시스템 드라이브 인
것으로 확인되었다. (<표8> 참조)

5. 수행한 분석방법·결과

가. 분석방법

1) 본건 관련 '증거이미지' 2개(증거1,2호)를 분석용 워크스테이션으로 복
사한 후, 변호사 황인형, 검찰주사보 송시영, 검찰주사보 김병언의 참관
하에 본건 범죄사실과 관련된 문서파일 등을 선별하고, 선별된 순서대로
각각의 논리이미지를 작성하는 방식으로 참관을 수행하였다.

나. 분석결과

1) [피압수자측 참관하에 문서파일 등 선별 획득]

가) 증거1호 하드드라이브에서 다음과 같이 4회에 걸쳐 문서파일 등 사건관련 데이
터를 선별하여 대검찰청 디지털수사지원시스템(D-Net)에 등록하였다.(<표9> 참조)

┃ 연구실 PC(12033) 해시 과정에 대한 서술

이 과정에서 검사 측은 1차 해시 과정에서도 변호인이 참관하도록 했고, 분석관의 실수로 재봉인 했던 PC를 다시 뜯어야 하자 또다시 변호인을 불러 참관하에 SSD를 분리하고 파일 선별 및 이미징 작업 등을 진행한 절차들이 상당히 자세히 기술되어 있다.

이와 같이, 검사 측은 2019년 9월 4일 피고인의 연구실 PC(12033 PC)를 증거물로 접수할 당시에는 포렌식 과정에 앞서 봉인 및 변호인 입회 등 증거 동일성을 보장하기 위한 절차를 양호하게 준수했다. 그런데 불과 일주일 후인 9월 11일에 강사 휴게실 PC들(12424-1/2)을 접수할 때는 이런 절차를 지키지 않은 것이다.

12033 PC의 접수 및 초기 분석을 담당했던 분석관과 12424-1/2(PC1, PC2)를 담당했던 분석관은 동일인 '대검찰청 디지털수사과 컴퓨터포렌식팀 검찰주사 이○○'이다. 동일인이 같은 PC 분석 사안에 대해 일주일을 사이에 두고 한 번은 규정된 절차를 지키고, 다른 한 번은 전혀 지키지 않은 이유를 이해할 수 없다. 검사 측은 임의 제출이어서 압수 건과는 다르다는 식으로 넘어가려 하는데, 디지털 증거의 동일성 여부로 인한 증거능력 문제는 압수수색이든 임의 제출이든 차이가 있을 수 없다. 봉인과 해시, 참관은 디지털 증거라는 특성 때문에 거쳐야 하는 절차인 것이지 검사 측이 증거 매체를 입수한 수단이 어떤 것이었느냐와 절차 준수 필요 여부는 아무 상관이 없다.

더욱이 12424 PC의 제출자는 소유자인 정경심 교수가 아니며 그 제출인 자격부터 법적 다툼의 대상인 제3자 김 모 조교였다. 김 조교는 1심에서 두 차례 증인으로 출석해 2019년 9월 10일 임의 제출 당시 강압이 있었고 2019년 10월 15일 진술조서 작성 시에도 회유 및 강압이 있었다는 취지의 증언을 한 바 있다.

게다가 검사 측은 강사 휴게실 PC들을 가져간 사실을 소유자인 피고인 정경심 교수에게 통보조차 해주지 않았다. 변호인으로서는 피고인의 PC들을 검사 측이 가져간 사실을 아예 몰랐으니 참관인 입회를 요구할 수조차 없었다.

이는 김 모 조교가 2019년 10월 15일 서울중앙지방검찰청에 출석해 작성한 검찰 진술조서에서도 드러난다. 질문은 "2019년 9월 10일 임의제출 때까지 해당 PC들을 찾는 사람이 있었느냐"라는 것이었는데, 김 조교의 답은 자신이 교양학부 조교로서 근무하기 시작한 시점부터 "현재까지", 즉 진술조서 작성일인 2019년 10월 15까지 찾는 사람이 없었다고 답했다. 이는 정 교수의 PC라는 사실을 파악하고도 통보조차 하지 않았다는 사실을 반증하는 것이다.

피고인 측이 입회, 참관할 기회를 원천 봉쇄한 상태에서 검사 측 관계자들끼리만 일방적으로 해시값을 산출한 것이다. 앞서 12033 PC의 해시 당시 변호인이 참석했듯이, PC1, PC2의 경우에도 검사 측이 통보만 했더라면 변호인이 당연히 참석했을 것이 분명하다.

| 문 | 인계를 받을 당시부터 검찰에 임의제출할 때까지 위 PC를 찾는 사람이 있었나요 |
| 답 | 아무도 없었습니다. 2019. 3. 1.이후부터 현재까지 찾는 사람이 없었습니다. |

| 김○○ 조교 진술 조서

특히 2019년 9월 11일 최초 해시 때 혹시 검사 측에게 어떤 이유로 피고인 측 참관을 회피하려는 사정이 있었다고 하더라도, 봉인 해제 및 해시 전 과정을 비디오로 녹화하는 등의 최소한의 방어적 조치는 할 수 있었다. 물론 비디오 녹화도 봉인 해제부터 해시까지의 전 과정을 끊어지지 않는 연속된 영상으로 녹화했어야만 증거의 동일성을 주장할 수가 있다. 다만, 영상 녹화 방식은 피고인 측 참관에 비해 직관적이지도 않고 번거로우며, 검사 측이 피고인 측 참관을 회피한 경위 등 또 다른 법정 다툼의 여지가 발생할 수 있다.

혹시 검사 측은 일부 의견서에서 주장했듯이 "비할당 영역의 흔적은 하드디스크 자체에 새겨진 것"이라는 식의 주장을 통해, 비할당 영역은 변조의 가능성이 없다는 허위적 주장을 할지도 모르겠다. 하지만 이는 기술적으로 얼마든지 가능한 일이다. 특히 포렌식 전문가들이 대규모로 많이 포진한 조직이라면 더욱 그렇다.

사실 검사 측으로서는 그런 작업을 하기에 충분하고도 남는 시간적 여유도 있었다. 임의 제출로 PC1과 PC2를 입수한 후 서울로 보낸 것은 2019년 9월 10일 저녁 시간인데 해시가 이루어진 것은 2019년 9월 11일 오전 10시 6분 29초다. 대충 추산하더라도 서울까지의 이동 시간을 제외하고 12시간가량 여유가 있었다. 12시간이면 기술적으로 '무엇이든 가능한' 방대한 시간이다. 참관인이 없었기 때문에 봉인 해제가 어느 시점에서 이루어졌는지도 전혀 확인되지 않는다.

필자는 검사 측이 실제로 증거조작을 했다고 주장하는 것이 전혀 아니다. 그간 검사 측 전력으로 보아, 이렇게 명확하게 못 박아놓지 않으면 검사 측은 필자가 증거조작을 주장했다고 주장할 것으로 예상된다. 증거 동일성의 문제는 실제 변조 여부를 적발하는 차원의 문제가 아니라 변조의 가능성 자체를 원천 차단해야 한다는 관점의 문제에 가까운 것이다.

강사 휴게실 PC1 및 PC2에 대해서는 변조의 개연성이 무궁무진한 것이 기술적으로 분명한 사실이고, 필자는 기술 전문가의 입장에서 검사 측이 이례적으로 규정을 무시해가며 절차를 지키지 않아 변조의 기술적 개연성이 생긴 엄중한 사실을 무시할 수 없다. 다시 강조하건대 필자는 검사 측의 증거변조 여부에 대해 어떤 추정도 하지 않지만, 이런 지적을 하게 만든 것은 필자가 아니라 규정되어 있는 절차를 지키지 않은 검사 측이라는 점을 확실히 해둔다. 또 혹시 검사 측이 변호인 참관 절차는 지키지 않았지만 대신 전 과정을 비디오로 녹화했다며 한참이나 뒤늦게 영상을 제출하는 상황이 벌어지더라도, 본 의견서의 지적을 하게 만든 것은 그런 영상 기록을 진작에 제출하지 않은 검사 측이지 필자의 탓이 아니다.

총체적인
동일성 부재

　이와 같이, 강사 휴게실 PC들에 대해서는 총체적으로 증거의 동일성을 증명할 방법이 없다. 임의 제출 이전에는 참관인 없이 검사 측 관계자들만이 PC들을 조작했고, 아무런 고지 없이 모종의 USB 저장장치를 연결하여 작업을 시도했으며, 임의 제출 이후에는 참관인 없이 해시를 실행하여 그 이전의 변조 여부 검증을 아예 불가능하게 만들었다.

　해시는 디지털 증거의 증거능력을 입증하기 위한 필수적 수단이다. 그런데 해시가 증명하는 것은 해시값을 산출한 이후부터의 동일성이지 그 시점 이전에 대해서는 아무 증명력이 없다. 해시를 하기 전에 어떤 변조를 하더라도 기술적으로 알아내는 것이 불가능하기 때문이다. 그래서 압수 혹은 임의 제출 시점에 봉인을 한 후, 봉인을 뜯고 해시 작업을 수행할 때에는 제3자, 특히 피고인 측의 참관이 필요한 것이다.

해시 시점 이전까지는 봉인이 매체인 PC의 물리적 동일성을 보장하고 해시 시점 이후에는 해시값이 매체의 내용물인 데이터의 동일성을 보장하는 것으로서, 그 연결 지점인 봉인 해제 및 해시 시점에 피고인 측 참관이 필요한 것이다. 또한 봉인과 해시, 참관 등 증거의 동일성 보장 절차는 검사 측이 스스로 확보한 증거의 증거능력을 보호하기 위한 조치이지 피고인을 위한 조치가 아니라는 점을 다시 한번 강조해둔다.

09

그 외 검사 측의
심각한 허위, 기망 사례들

이 표창장 재판에서 검사 측 주장들에는 앞서 살펴본 문제들 외에도, 이루 셀 수도 없을 만큼 수많은 허위 주장들이 난무했다. 너무도 자신만만하게 주장한 내용들에서 어처구니없는 허위 주장이 보일 때마다, 전문가인 필자 자신이 도리어 의심스러워 알고 있던 지식들을 다시 살펴보며 재검증한 일이 한두 번이 아니다. 그럼에도 대부분의 경우 검사 측 주장은 기술적 팩트와 너무 달랐다.

법정에서는 실제 기술적 팩트와는 전혀 다른 허황된 주장들을 이렇게 무차별적으로 풀어놓아도 전혀 문제가 없는 것인지 납득이 되지 않는 장면들이 너무 많았다. 정의와 진실을 다투는 법정이 이렇게 허위 주장이 난무하는 현장일 줄은 상상도 못 했다. 법정은 자명한 진실마저도 필요에 따라 얼마든지 왜곡하고 허위 주장을 펼쳐도 다 허용되는 특수한 공간인가 하는 생각도 했다. IT 전문가로서 자괴감이 이만저만이 아니었다.

여기서는 앞서 거론한 것들을 제외하고, 또 검사 측의 오류, 허위, 기망 시도들 중에서 비교적 사소한 오류들은 차치하고, 기술적 사실 오류의 정도가 매우 심각한 사례들과 부인의 여지 없이 의도적으로 허위 주장으로 재판부를 기망하려고 한 사례들만을 정리해본다. 또한 전문가들 사이에서도 이견의 여지가 있을 수 있는 것들은 최대한 배제하고, 어느 전문가에게 문의하더라도 같거나 비슷한 의견을 내놓을 만한 문제들만 추려보았다.

MSDEEDSSYNC 프로그램에 대한
명백한 허위 주장

　검사 측은 포렌식 보고서 〈2020 지원 7694〉(이하 '〈7694 보고서〉')에서 처음으로 "PC1이 MSFEEDSSYNC.EXE를 이용 휴대폰과 동기화했다"라는 황당한 주장을 내놓은 이후, 이를 근거로 꺼내놓았던 줄기차게 PC1-휴대폰 동기화 주장을 고수하고 있다. 다음은 〈7694 보고서〉에서 이○○ 분석관이 'MSFEEDSSYNC.EXE' 프로그램에 대해 주장한 내용이다.

　그런데 이는 기술적으로 일말의 재고 여지도 없는 완전히 허황된 주장이다. 일단 MSFEEDSSYNC.EXE 프로그램은 웹 브라우저인 인터넷 익스플로러(IE)의 'RSS 피드' 기능의 일부다. 사용자가 어떤 블로그를 구독하기 위해 IE에 블로그의 RSS 피드를 등록하면, 이 등록된 블로그를 주기적으로 확인해서 새로운 소식이 있는지 알려주는 어떤 기능이 필요할

| 포렌식 보고서상 MSFEEDSSYNC.EXE에 대한 이○○ 분석관의 주장

것이다. 바로 이렇게 정기적으로 등록된 블로그들을 둘러보고 새 소식을 IE에서 표시해주는 기능을 하는 것이 MSFEEDSSYNC.EXE이다.

당연하게도, 이는 PC1-휴대폰 동기화와는 전혀 비슷하지도 않다. RSS 피드 검색 프로그램이 PC와 휴대폰 사이의 데이터 동기화를 한다니, 정말 얼토당토않은 기막힌 주장인 것이다.

이 주장이 전혀 말도 안 되는 허위라는 사실은 필자가 1심 재판부에 제출했던 전문가 의견서에서도 조목조목 지적한 바 있으며, 1심 재판부조차도 검사 측의 이런 주장이 전혀 사실이 아님을 판결문에서 확정적으로 명시한 바 있다.

| 1심 판결문의 MSFEEDSSYNC.EXE에 대한 판단

그런데 이 보고서의 작성자인 이○○ 분석관은 실수나 오인이 아니라, 자신의 주장이 허위라는 사실을 알고서도 허위 주장을 감행했던 것이 확인된다. 이 분석관은 해당 주장의 바로 아래 각주에 이 프로그램에 대해 추가 설명하겠다며 장황하게 웹 페이지 링크들을 기재해놓았는데, ①번에 "마이크로소프트에서 제공하는 피드 동기화 응용 프로그램"이라는 설명이 있고, ②, ③번에도 "피드", "RSS" 등이 언급되어 있다. 즉, 이 분석관은 이 프로그램이 휴대폰 동기화 관련 프로그램이 아니라 RSS 피드 관련 프로그램이라는 사실을 정확히 알고 있었던 것이다.

---

5) MSFEEDSSYNC.EXE 관련 참고 URL :
① http://www.windowexe.com/bbs/board.php?q=msfeedsync-exe-c-windows-system32-msfeedssync-exe : … 마이크로소프트에서 제공하는 피드(Feeds) 동기화 응용프로그램…
② https://ko.nex-software.com/what-is-msfeedssync-exe : …Msfeedssync.exe는 Internet Explorer에서 RSS 피드를 업데이트하기 위해 Microsoft Feeds Synchronization 작업을 실행하고 PC에 위험을 가하지 않습니다. Microsoft에서 개발하고 1995 년에 처음 릴리스 된 버전은 Windows 범위에 포함 된 그래픽 웹 브라우저 시리즈입니다.…
③ https://support.microsoft.com/ko-kr/office/rss-%ED%94%BC%EB%93%9C%EB%9E%80-e8aaebc3-a0a7-40 cd-9e10-88f9c1e74b97 : …RSS 피드는 블로그 또는 온라인 잡지와 같은 즐겨 찾는 웹 사이트를 최신 상태로 유지할 수 있는 편리한 방법입니다. 사이트에서 RSS 피드를 제공 하는 경우 게시물이 발생할 때마다 알림을 받고 요약 또는 전체 게시물을 읽을 수 있습니다.…

| MSFEEDSSYNC.EXE에 대한 이○○ 분석관의 각주

특히 ③번 항목에서 인용한 웹 페이지 주소를 열어보면 다음과 같다. 보다시피 이 페이지 어디에도 MSFEEDSSYNC.EXE가 언급되어 있지 않다. 그런데 일견 엉뚱해 보이는 표제어 "RSS 피드란?"를 제시하고 있어 사정을 잘 모르는 사람이 보면 황당할 것이다.

실제 이 웹 페이지에서 설명하고 있는 내용은 '웹 브라우저에서 피드를 등록하는 방법'이다. 여기서 소개한 방법대로 IE에 블로그 RSS 피드

RSS 피드란?

Microsoft 365용 Outlook, Outlook 2019, Outlook 2016, Outlook 2013

RSS 피드는 블로그 또는 온라인 잡지와 같은 즐겨 찾는 웹 사이트와 최신 정보를 쉽게 사용할 수 있는 방법입니다. 사이트에서 RSS 피드를 제공하는 경우 게시물이 올라가면 알림을 받을 수 있으며 요약 또는 전체 게시물을 읽을 수 있습니다.

또한 RSS 피드 동기화를 Outlook 구독한 모든 피드와 해당 게시물은 RSS 구독 폴더로 Outlook 전달됩니다.

웹 브라우저에서 RSS 피드 구독

1. 사이트에 RSS 피드가 있는지 를 참조하세요. 이 경우 일반적으로 다음과 같은 모양의 단추를 찾을 수 있습니다.

이 단추가 없는 경우 **RSS** 피드라는 링크 또는 유사한 링크를 찾아 봐야 합니다.

1. 브라우저에 피드를 추가하려면 RSS 피드 단추를 클릭한 후 브라우저에 나타나는 페이지에서 이 피드 구독을 클릭합니다.

| RSS 피드란

를 등록하면 MSFEEDSSYNC.EXE가 정기적으로 실행되면서 새 블로그 소식을 IE를 통해 알려주게 된다. 즉, 이○○ 분석관은 MSFEEDSSYNC.EXE의 기능이 IE에서 블로그 RSS 피드를 등록해두면 새 피드 소식을 IE로 알려주는 프로그램이라는 사실을 정확하게 알고 있었던 것이다. 그럼에도 이 분석관은 "PC1과 휴대폰을 동기화해주는 프로그램"이라는 완전히 허위의 주장을 내놓고는 재판부를 기망하려 했다.

이 분석관이 자신에게 심각한 책임 문제가 제기될 수 있는 부분들에서 이런 식으로 책임 회피성의 주석을 달아놓은 부분은 포렌식 보고서들의 다른 몇 군데에서도 발견된다. 대표적인 예가 심야 접속 기록 관련의 〈2020 지원 7828〉 보고서다. 이 분석관은 분석 결과라고 내놓은 대량의 데이터에 무효한 데이터를 수천 건이나 집어넣어 재판부가 오인하기 매우 쉽도록 해놓고는, 해당 보고서의 각주에 "분석 시에는 제외하여야 한다"라며 무효 데이터에 대한 검증 책임을 재판부에 떠넘겼다. 자신이 쉽게 제거할 수 있었던 쓰레기 데이터를 수천 건이나 그대로 방치한 채로 재판부에 제출해놓고는, 재판부가 오인해도 자신의 책임은 아니라는 취지인 셈이다.

무서운 일은, 실제로 1심 재판부가 이 〈7828 보고서〉의 무효 데이터들을 유효한 것으로 오인해 유죄 판단의 근거들 중 하나로 판결문에 적시했다는 것이다.

2부 포렌식으로 밝혀진 진실과 검찰의 허위 기망

항소심에서 또다시 꺼내 든
동기화 허위 주장

    그런데도 검사 측은 항소심에 들어서도 또다시 PC1-휴대폰 동기화 주장을 꺼내 들었다. '검사 곽○○' 명의의 의견서 〈[항소심 1-2] 강사 휴게실 PC 1호의 사용 위치에 관한 변호인 주장의 허구성〉을 보면, 이○○ 분석관이 주장했던 허위의 동기화 프로그램 주장에서 더 나아가 PC1의 한 폴더가 휴대폰과의 '연동'으로 자동 생성된 폴더라는 황당한 주장을 내놓았다. 그러면서도 명백한 허위로서 이미 배척당한 동기화 프로그램 MSFEEDSSYNC.EXE 주장은 슬그머니 뺐다.

> **[2014. 4. 11.바탕화면BACKUP]** 폴더 이하의 **[ks phone data]** 폴더에는 피고인이 휴대폰을 이용하여 화면을 캡처한 스크린샷 파일들이 저장되어 있는 **[screen shots]** 폴더, 통화 및 대화가 녹음되어 있는 **[음성녹음]** , 그 밖에 사진파일들이 저장되어 있습니다. 마찬가지로 그 폴더명만 보더라도 피고인은 본인의 휴대폰을 강사휴게실 발견 PC 1호와 연동해두었기 때문에 자동으로 생성된 폴더들인 사실을 쉽게 알 수 있을 뿐만 아니라, 스크린샷 파일, 음성녹음 파일, JPG 사진파일 모두 2013. 1.경부터 생성된 파일들로 확인되었습니다.
>
> **즉 피고인이 공용으로 사용하는 PC 1호에 피고인 개인 휴대폰과 연동했을 리가 만무합니다.**

| 검사 측이 항소심에서도 고수한 동기화 주장

검사 측이 집착하고 있는 PC1-휴대폰 동기화는 전용의 동기화 프로그램이 있어야 가능한 일이다. 스마트폰의 경우 출시 직후 시점에 동기화 프로그램이 기본 탑재된 경우가 흔하지만, 스마트폰의 상대편인 PC 쪽에도 같은 종류의 동기화 프로그램이 설치되어 있어야 동기화가 가능하다. 윈도우 기반 PC, 특히 당시의 윈도우XP에는 그런 동기화 프로그램이 포함되어 있지 않았다. 따라서 동기화가 되고 있었다고 주장하려면 검사 측이 그 동기화 프로그램이 구체적으로 어떤 프로그램인지 적시해야 한다.

바로 이런 이유로 이○○ 분석관이 말도 안 되지만 MSFEEDSSYNC.EXE라도 꺼내 들고 동기화 프로그램이라고 주장했던 것이다. 그런데 그 어처구니없는 주장이 여지없이 탄핵당하고 나자, 이젠 아예 동기화 프로그램에 대한 최소한의 추정조차도 없이 동기화가 되었다고 주장했다. 이것은 피고인이 소유한 자동차가 없고 차를 빌렸다는 근거도 없지만 어쨌든 피고인이 교통사고를 냈다고 주장하는 것과 같은 일이다.

검사 측이 반복해서 동기화 주장을 계속하니 필자도 혹시나 하여 수차례 PC1을 탈탈 털어 재조사해보았다. 하지만 PC1에는 과거 시점은 물론 현재에도 동기화 프로그램이나 그와 비슷한 기능을 하는 프로그램이 없었다. 검사 측도 동기화 프로그램이 없다는 것을 알고 있기 때문에 동기화 프로그램을 적시하기는커녕 가능성조차 주장하지 못하고, 아무 근거도 증거도 없이 말로만 동기화를 주장하고 있는 것이다. 사실 검사 측이 동기화의 결과라고 주장하는 PC1의 'ks phone data' 폴더는 휴대폰 동기화로 복사된 것이 아니라, 1회성 '파일 복사'로 복사된 것이다.

검사 측의 PC1-휴대폰 동기화 주장이 완전한 허위인 가장 핵심적인 증거는 포렌식 결과에 나타난다. '파일 동기화'라는 것은 그 개념상 기본적으로 '즉시 복사'를 전제로 한다. 삼성 스마트폰이나 다른 안드로이드 기반 스마트폰, 아이폰 등 거의 모든 종류의 스마트폰을 쓰는 사람이라면 스마트폰과 삼성이나 구글의 서버와 동기화 설정이 되어 있을 경우, 사진을 찍자마자 서버에 업로드된다는 것을 알고 있다. 바로 이렇게 즉시 복사되는 것이 '동기화'이다.

휴대폰과 PC의 특정 폴더가 동기화 설정이 되었다면, 기본적으로는 휴대폰에서 특정 파일이 생성되거나 변경된 시점에 즉시 PC로 복사된다. 물론 여러 환경적 여건들 때문에 완전히 즉시 시점에 복사되지 않을 수는 있으나, 자동 복사 지연이 통상 길어도 하루 이틀을 넘어가지는 않는다.

즉, 사진이든 다른 파일이든 휴대폰에서 생성된 시점이 2013년이면, PC에도 2013년의 해당 날짜에 자동으로 복사가 되는 것이 동기화의 개념이다. 그렇다면 'ks phone data' 폴더의 파일들은 2013년의 해당 시점들에도 존재했어야 한다. 하지만 포렌식 결과, 2014년 4월 11일 시점에 PC1으로 복사된 최종 결과물 파일들만 존재할 뿐 이 폴더의 파일들 '전부'가 2013년에는 존재한 흔적이 '전혀' 없었다.

다음 화면은 그 한 예로서 'ks phone data' 폴더 아래의 파일들 중 하나인 'Screenshot_2013-01-26-22-48-12.png' 파일에 대한 포렌식 검색 결과 화면이다.

보다시피 과거의 흔적은 전혀 없고 오직 2014년 4월 11일에 복사된

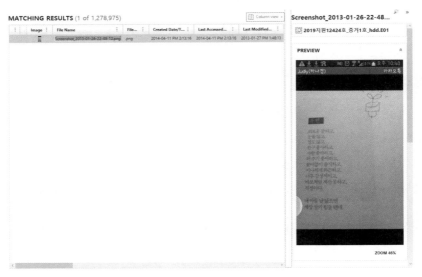

| 동기화로 자동 복사된 파일이라면 있어야 하는 과거 흔적이 없음

현존 파일 하나뿐이다. 'ks phone data' 폴더 아래에 있는 총 870여 개 파일 모두가 마찬가지다. 따라서 2014년 4월 이전에는 이 폴더와 그 안의 파일들이 PC1에는 존재하지 않았던 사실에 일말의 의문의 여지가 없다. 이는 검사 측이 주장하는 휴대폰과의 동기화 같은 것은 전혀 없었고, 오직 '1회성 복사'만이 있었을 뿐이라는 확정적인 증거이다.

따라서 휴대폰 동기화라는 건 기술적으로 명백한 허위 주장이다. 애초에 MSFEEDSSYNC.EXE 동기화를 주장했던 검사 측 포렌식 보고서의 내용부터 허위 주장이었고, 그 주장이 사실이 아니라고 밝혀진 후에도 검사 측은 이 허위 주장을 더 이어가고 있다. 모래성 위에 억지로 쌓아 올린 사상누각, 그 아래의 모래가 다 허물어졌는데도 검사 측은 어떻게든 누각을 떠받치려고 안간힘을 다하는 것이다.

검사 측이 이렇게 기술적으로 전혀 허황됨에도 불구하고 PC1과 정 교수 휴대폰 사이의 동기화라는 주장을 끈질기게 고수하는 이유는 도대체 무엇일까. 아마도, PC1과 정 교수 휴대폰이 내내 연결되어 있었다는 인식을 심어주기 위한 의도로 보인다. 표창장 제작을 포함해, PC1에서 일어난 모든 일은 정 교수의 행위라는 인상을 재판부에 심어주려 하는 것이다.

최강욱 명의 확인서의
직인 품질값에 대한 허위 주장

검사 측은 2020년 11월 5일 1심 결심 공판에서, 최강욱 명의 확인서에 포함된 '최강욱 직인' 파일의 JPG 품질 값이 75%라는 주장을 한 바 있다. 검사 측이 이 확인서를 이 재판에 들고 나온 것은 검찰이 따로 열린민주당 최강욱 대표를 기소한 혐의와 전혀 무관하게, 단순히 정 교수가 최 대표로부터 받은 확인서 파일에 직인 부분이 있었는데, 이 직인 이미지를 전혀 다른 목적의 주장에 활용한 것이다.

필자가 '총장님 직인JPG' 파일의 JPG 품질값이 75인 점을 들어 알캡처 프로그램이 아닌 윈도우VISTA의 그림판 프로그램일 가능성이 매우 유력하다는 내용의 전문가 의견서를 제출하자, 검사 측은 품질값이 75인 다른 사례들이 흔히 있다고 주장하기 위해 이 파일을 끄집어냈다. 본 재

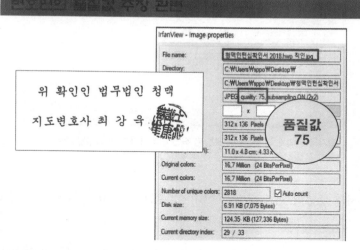

| 최강욱 직인 이미지의 품질값이 75%라는 검사 측 주장

판과 전혀 무관한 사안에 최 대표를 끌어낸 셈이다. 그런데 이 역시 완전한 허위 주장이었다.

1심 공판에서의
허위 주장

이에 대해 필자는 그 직후 제출한 2020년 11월 11일자 두 번째 의견서에서, 이 같은 주장이 완전한 허위라는 사실을 조목조목 지적한 바 있다. 최강욱 명의의 확인서 HWP 파일의 내부에 포함되어 있는 직인 이미지는 아예 JPG가 아닌 BMP 포맷이며, 아래 화면에서 보이는 것처럼 아래아한글의 '개체 설명문' 화면을 통해 해당 직인 이미지가 BMP 포맷임을

| 최강욱 명의 인턴확인서에 포함된 직인 이미지의 개체 설명문 정보

확인시켜 주었다. 애초에 JPG 이미지가 아니므로 JPG 품질 값은 존재하지도 않았던 것이다.

더 나아가서, 필자는 해당 HWP 파일에 포함된 직인 이미지의 실제 원본 파일, 즉 '가로세로 907x394의 BMP 파일'을 HWP 파일로부터 추출해보았다. HWP 파일에서 이미지 원본을 추출하기 위해서는 몇 가지 방법이 있는데, 필자는 '다른 이름으로 저장하기'에서 파일 형식을 XML로 지정해 저장하는 방식을 택했다.

그 결과 '청맥인턴십확인서 2018.xml' 파일, '청맥인턴십확인서 2018. xsl' 파일, 'PIC1902743422.bmp' 이렇게 총 3개의 파일이 생성되었다. 이중 'PIC1902743422.bmp' 파일이 HWP에 포함되어 있던 직인의 원본 이미지 파일이었다. 즉, JPG 이미지는 없었고 BMP가 있었다.

당시 검사 측은 아래아한글의 기능 중 포함된 이미지를 '그림 파일로 저장' 기능을 실행하고 파일 포맷을 JPG로 인위적으로 지정함으로써 JPG 파일을 만들어냈다. 그러고는 스스로 파일 포맷을 변환하여 만들어낸 JPG 파일의 품질 값을 운운한 것이다. 즉, 이미 파일 조작까지 감행한 허위 주장이었다.

　무엇보다 검사 측의 이런 주장이 허황된 주장인 단적인 이유가 있다. 앞서 1심 전문가 의견서에서도 지적했듯이, 검사 측 방법대로 JPG 이미지를 파일로 저장해보면 312x136 크기로서, 원본 크기인 907x394 크기보다 가로세로 3분의 1 정도로 현저하게 작은 312x136 크기의 이미지가 나온다. 이런 정도의 크기는 턱도 없이 작아서 프린터 출력에 쓸 수도 없다.

　1심 결심 공판에서 검사 측은 이 최강욱 명의 확인서 외에도 '상운' 명의의 정경심 교수 경력증명서 파일인 '經歷證明書.docx' 역시 직인 부분이 JPG 품질값이 75%라고 주장한 바 있다. 품질값 75%에 대한 필자의 합리적인 의견을 무력화시키려고 상당한 노력을 기울였던 것이다.

　그런데 그 상운 직인 관련의 검사 측 주장도 최강욱 직인과 같은 방법의 허위 주장이었다. 상운 경력증명서에 포함된 직인 부분 이미지 역시 실제 확인해보니 JPG가 아닌 EMF[77] 파일임에도, 검사 측은 자의적으로 JPG로 변환해놓고는 JPG 품질값을 운운했다.

　앞서 아래아한글 문서에 포함된 이미지를 풀어내는 방식을 설명했는데, '經歷證明書.docx' 파일은 MS워드 문서이고 이 경우는 더 간단하다. MS워드의 docx 파일은 실제로는 zip 압축 파일이기 때문에 확장자를 '.zip'으로 바꾸고 압축을 풀면 내부의 이미지들이 '\word\media' 폴더로 풀려 나온다. '經歷證明書.docx' 문서 파일을 압축을 풀어보면 '經歷

---

[77] 'EMF'는 BMP, WMF와 함께 윈도우 환경에서 가장 기본적인 이미지 포맷이다.

IrfanView - Image properties	
File name:	image1.emf _JPG가 아닌 EMF 파일_
Folder:	D:\Test\
Full path:	D:\Test\image1.emf
Compression:	Windows Metafile (Enhanced)
Resolution:	96 x 96 DPI Change
Original size:	375 x 202 Pixels (1.85)
Current size:	375 x 202 Pixels (1.85)
Print size (from DPI):	9.9 x 5.3 cm; 3.91 x 2.10 inches
Original colors:	16,7 Million (24 BitsPerPixel)
Current colors:	16,7 Million (24 BitsPerPixel)
Number of unique colors:	11684 ☑ Auto count
Disk size:	298.40 KB (305,560 Bytes)
Current memory size:	222.55 KB (227,896 Bytes)
Current folder/list index:	1 / 8
File date/time:	2020-11-11 / 17:51:14
Loaded in:	0 milliseconds

JPEG 품질 값 특성 없음

OK

| 經歷證明書.docx 파일에 포함된 직인 이미지.
EMF 포맷으로 품질값 속성이 존재하지 않는다.

證明書.zip\word\media'경로에 'image1.emf'파일이 생성된다. JPG 파일이 아닌 것이다.

한 번 더 확인하기 위해, 이 파일을 JPG 파일의 품질 값을 포함한 상세 정보들을 살펴볼 수 있는 'IrfanView' 프로그램으로 열어 파일 정보를 확인해보았다. EMF 파일이므로 당연하게도 JPG 품질값 정보가 아예 나타나지 않는다.

항소심에서의
추가 허위 주장

그런데 검사 측은 최근 의견서에서 또다시 같은 주장을 반복하면서, 이번에는 기술적으로 부인의 여지가 전혀 없는 명백한 재판부 기망 의도

> 즉, **아무 JPG 파일이나 복사하여 이를 '한글' 문서에 붙여 넣은 다음 (소위 'Ctrl+C', 'Ctrl+V'), 위와 같이 복사하여 붙여넣은 JPG 파일을 클릭해보면, 어떤 경우에도 그 개체설명문상에는 그 확장자가 <.BMP> 라고 표기되기** 때문입니다.

| 검사 측 의견서에 BMP 이미지를 JPG라고 주장한 내용

의 허위까지 동원했다. 다음은 '검사 곽○○' 명의의 검사 측 의견서 〈[항소심 1-1] 표창장 위조 파일 관련 변호인 주장의 허구성〉의 내용이다.

이 검사 측 설명에서, JPG 이미지를 복사해서 아래아한글에 붙여넣으면 표시만 BMP라고 되는 것이 아니다. 실제로 BMP로 포맷이 '변환되어' 저장되는 것이다. 이것은 아래아한글과 무관한 것으로, 윈도우 환경에서는 이미지 파일을 열어서 화면에 표시하면 그 상태가 이미 내부적으로 메모리에서 BMP로 변환된 상태이다. JPG나 PNG 등 다른 이미지 파일 포맷들은 '압축'된 포맷이어서, 이런 이미지 파일들을 여는 과정에서 압축을 풀어 BMP 포맷으로 메모리에 로드한다. 즉, 이미지가 화면에 보이는 상태에서는 이미 BMP로 변환된 상태라고 이해하면 된다. 그러므로 원본은 JPG였더라도 그 JPG 파일이 열린 상태에서 '복사 및 붙여넣기'를 하면 당연히 BMP 데이터가 붙여넣어지는 것이다.

그런데 검사 측은 이렇게 실제로 BMP로 변환된 것이 "실제로는 JPG 포맷임에도 BMP로 보이는 것이 착시"라는 취지의 허위의 주장을 했다. 이는 2020년 11월 5일 검사 측의 허위 주장과 비슷한 방식으로, 이번에도 스스로 테스트 과정에서 이미지 포맷을 BMP로 변환시켜놓고는 허위 주장을 한 것이다.

　요약하자면, 최강욱 확인서 문서에 포함되어 있는 직인 이미지는 BMP 포맷의 이미지임이 부인의 여지 없이 확인되었고 검사 측은 이것을 자의적으로 JPG로 변환시켜 저장해놓고는 JPG 품질값이 75%라는 주장을 한 것이다. 이런 기만적 주장이 발각되자 검사 측은 JPG인데 BMP로 잘못 표시된 것이라며 아래아한글 프로그램의 버그인 양 허위 주장을 하기도 했다.

　하지만 앞서 두 가지 방법으로 증명했듯이, 최강욱 확인서에 포함된 직인 이미지는 JPG가 아닌 BMP 포맷이고, 따라서 JPG 품질값이라는 특성 자체가 존재하지 않는다. 애초에 검사 측이 주장한 "최강욱 확인서 내의 직인도 JPG 품질값 75"라는 주장은 변함없이 허위 주장이다.

HP 복합기 설치 일자
허위 주장

검사 측 이○○ 분석관은 포렌식 보고서 〈2019 지원 13628〉의 표지에 명시한 "분석 결과 요약"에서, 아래와 같이 "조민의 KIST 확인서를 스캔하기 3일 전에 HP Photosmart 2600 복합기를 설치 또는 드라이버 업데이트를 한 이력을 확인"했다고 명시했다.

분 석 결 과 요 약	☐ 증거1호 컴퓨터에 윈도우즈 운영체제가 3회에 걸쳐 설치된 흔적과 연결된 복합기의 종류 및 관련 드라이버 설치일자를 분석함.
	☐ <u>조민의 KIST 확인서를 스캔하기 3일 전에 HP Photosmart 2600 복합기를 설치 또는 드라이버 업데이트 한 이력을 확인</u>하고, 기타 사용 흔적을 복원함.

| 〈13628 보고서〉의 분석 결과 요약

하지만 이는 실제 해당 보고서의 본문 내용과 전혀 다르다.

아래는 동일 보고서의 4페이지의 내용이다. 복합기 드라이버 설치 또는 업데이트 날짜가 '2013년 2월 25일'이라고 되어 있다.

(1) HP Photosmart 2600 series 복합기 설치 및 드라이버 업데이트 흔적 복원 (<표2> 참조)
- 포맷 이전의 설치 또는 업데이트 날짜 : 2013. 2. 25.5
- 포맷 이전의 마지막 업데이트 날짜 : 2013. 8. 5.

| HP 2600 복합기 드라이버 설치 날짜는 2013년 2월 25일

아래는 해당 보고서 9페이지의 내용이다. 'KIST 확인서'의 날짜는 2013년 3월 28일이라고 명시되어 있다.

(1) 조민의 KIST 관련 확인서 (<표6> 참조)
- 스캔된 조민의 KIST 확인서를 디지털화 안 것이다.
- 파일명 : 조민 kist 확인서.rtf, 조민 kist 확인서(최종).rtf
- 디지털화 날짜 : 2013. 3. 28.15

| KIST 확인서 스캔 파일의 날짜는 2013년 3월 28일

이런 사실은 본인의 독자적 포렌식 결과에서도 동일하게 확인된다. 이○○ 분석관은 '1개월 3일' 차이가 나는 두 날짜를 '3일' 차이로 바꿔 마치 HP 2600 복합기를 설치한 목적이 KIST 확인서 스캔을 위한 것인 것

처럼 들리도록 보고서의 결론을 둔갑시켰다.

위 보고서 표지에서 보다시피, 이 '3일 전' 관련 주장이 사실상 이 보고서의 유일한 결론인 셈이다. 논문을 쓰면서 본문의 실험 결과와 전혀 다른 내용의 결론을 내린 셈이고, 기자라면 기사의 제목이 그 기사의 내용과 상반되는 셈이다.

만약 이런 왜곡된 결론이 고의적 왜곡이 아니라 이 분석관의 단순한 실수라면, 그래서 1개월이 넘게 차이 나는 날짜를 인접한 날짜들로 오인하고 보고서의 표지에서 요약 결론에서까지 거론할 정도로 황당한 착각을 했다면, 이 분석관에게 지독하게 강한 유죄 심증 혹은 유죄 판단 의지가 있어 1개월 이상 차이가 나는 날짜들마저도 인접한 날짜로 보였다고 볼 수밖에 없는 대목이다.

결론적으로, 이 3일 전 오류는 단순 실수라고 보기엔 의도가 매우 의심되고, 설사 의도가 아닌 단순 실수라고 하더라도 이 분석관의 객관적 분석 관점이 부인당할 수밖에 없는 것이다.

어느
검찰수사관의 편지

원고 마감이 끝나고 편집과 교정이 이루어질 무렵, 어느 검찰수사관이 유튜버 빨간아재 박효석 님에게 장문의 편지를 보냈다. 이 수사관은 A4 용지 50여 페이지에 걸쳐 각종 자료와 근거 법조문 등을 첨부하며 조국 전 장관에 대한 검찰 수사의 불법성과 부당함을 호소했다. 글을 보내신 검찰수사관의 허락을 받아 그 내용을 요약해 이 책의 마무리 글 삼아 올린다.

저는 조국 전 장관님 일가에 대한 수사와 재판과정에 대하여 검찰에서 수사를 해오면서 직간접적으로 경험한 내용을 토대로 생각을 한번 해보게 되었습니다.

윤 전 총장은 2013년 10월 21일 국정감사장에서 "수사라고 하는 것이 초기에 어떤 사태를 딱 장악해가지고 어느 정도까지 갈 때는 그것은 정말 표범이 사냥하듯이 할 수밖에 없는 상황이고"라면서 수사를 사냥에 비유한 바 있는데, 곰곰이 생각해보면 이 사건이 바로 수사가 아닌 조국 전 장관에 대한 사냥이었고 그 일가에 대한 테러로 보입니다.

범죄가 아닌
개인을 상대로 한 표적 수사

기획 수사는 고질적인 토착 비리나 구조적인 직역 비리 등의 척결을 목표로 시행하는 것이 일반적입니다. 설령 사람을 대상으로 한다고 하더라도 그 사람에게 법령에 규정된 것처럼 범죄 혐의가 있다고 볼 만한 타당한 이유가 있을 때만, 그것도 의심받고 있는 범죄 혐의만을 수사하여야 합니다. 그리고 수사도 생물이라서 밝혀진 증거와 사실로만 기소, 불기소 등을 결정하여야 합니다.

그러나 조국 전 장관 수사에서는 처음부터 검찰 개혁의 선봉에 있던 조국 전 장관의 법무부 장관 낙마를 목표로 시작하였다가 도덕성 등에 심대한 타격을 줄 만한 뚜렷한 혐의점들이 발견되지 않으면서 여론의 역풍을 맞을 수 있는 상황이 되자, 그때부터는 조국 전 장관을 넘어 현 정부를 전복하려고 하였던 것이 아닌가 하는 강한 의심이 들었습니다. 이러한 수사 방식은 특수수사 등 인지 수사에서 주로 사용되는 방법의 하나로 반드시 근절되어야 할 잘못된 수사 방법입니다.

폴리바게닝(양형 거래) 악용
사법 거래 의혹

폴리바게닝은 원칙적으로 범죄자가 자신의 범죄 사실을 자백하는 대신에 일부 형을 감형받을 수 있는 제도로, 우리 형법 제52조(자수, 자복) ①죄를 범한 후 수사 책임이 있는 관서에 자수한 때는 그 형을 감경 또는 면제할 수 있고 ②피해자의 의사에 반하여 처벌할 수 없는 죄에 있어서 피해자에게 자복한 때에도 전항과 같다고 규정하여 우리나라도 사실상 폴리바게닝을 허용하고 있습니다.

그런데 이 사건과 관련하여 최성해 총장의 경우 다른 여러 사건이 고발되었음에도 조국 전 장관에 대한 수사를 담당한 부서에 사건을 배당하여 뭉개고 있고, 익성은 실제 이익을 챙긴 주범으로 알려졌음에도 수사 과정에서 검찰에 입맛에 맞춰 조국 전 장관님 일가에 불리한 진술 등을 한 것으로 알려졌지만 이들은 기소조차 되지 않았습니다. 이는 자신의 범죄에 대한 자백이나 자수, 자복 등이 아니라 조국 전 장관님과 현 정권에 타격을 줄 만한 진술이나 증언을 해주는 대가로 양형을 낮추어주기도 하고, 때론 불기소를 해주는 조건으로, 심지어는 입건조차 하지 않는 조건으로 거래를 통해 수사하였던 것으로 보였습니다.

광의의 연좌제,
먼지 털기·인디언 기우제 수사

소위 '먼지 털기'식 수사는 표적이 된 사람을 구속하기 위해 가족을 포함하여 주변에 있는 사람들로 범위를 넓혀가면서 샅샅이 뒤져 비협조적인 사람이나 원하는 여론 조성에 필요한 사람들은 일부 기소하고, 일부 는 기소를 미루면서 유리한 진술이나 증언을 얻어내려고 압박하는 잘못 된 수사 방식의 하나입니다. 이 사건도 조국 전 장관을 목표로 하여 배우 자인 정경심 교수, 조국 전 장관 친동생, 5촌 조카인 조범동, 조국 전 장 관 따님 장학금 지급 관련 모 병원장 등 수사 범위를 무한정으로 넓히더 니 유재수 사건, 울산시장 등 사건, 월성원전 조기 폐쇄 결정 사안, 김학 의 출국 금지 사안 등으로 뭐라도 하나 걸리라는 식으로 끝도 없이 수사 를 확대시켜 나갔습니다.

형사법 절차 무시 또는 위반

가장 중요한 것은 강사 휴게실 PC와 관련해 형사법 절차를 무시하거 나 위반한 것입니다.

첫째로 불법 수색을 하였습니다. 당시 위 장소나 제출받은 PC들에 대 하여 당시 정경심 교수를 긴급체포하거나 체포 또는 구속한 사실이 전혀 없기 때문에 수색할 수 없는 장소에 해당하여 임의 제출을 받아 압수하 는 과정에 중대한 위법이 있었습니다.

둘째로 자격이 없는 사람에게 불법으로 임의 제출을 받았고, 강요에 의한 사실상 불법 강제 압수였습니다. 강사 휴게실 PC는 유류물이 아니 고 정경심 교수 소유가 명백합니다. 그리고 PC는 소유자, 소지자 또는 보 관자만 임의 제출할 수 있습니다. 따라서 정 교수를 외에 소지자나 보관 자가 아니라면 해당 PC를 검찰에 제출할 수 없습니다. 그리고 이 PC는 정 교수가 근무하던 동양대에 있는 강사 휴게실에 있었기 때문에 다른 사람에게 소유권이나 점유권을 넘긴 사실이 없고 따라서 정 교수만이 소유자 겸 소지자에 해당합니다. 그러므로 임의 제출에서도 형사소송법 제218조를 정면으로 위반하여 불법적으로 해당 PC를 사실상 강제 압수한 것입니다.

셋째로 검찰은 보관자로 지목한 조교를 속이면서 사실상 강요로 해당 PC를 제출받은 강제 압수를 했습니다. 해당 PC들을 수색하는 과정에서 담당 수사관은 조국 폴더가 저장되어 있던 PC에 USB를 1분 13초 동안 접속한 사실과 해당 PC는 오류 없이 정상적으로 작동되었다는 사실이 2심 재판 과정에서 변호인을 통해 확인되었습니다. 당시 조교가 2019년 9월 3일 "압수수색과 같은 것이냐"고 물었으나 현장에 간 검사들이 아무런 답을 주지 않아 당연히 영장에 의한 압수로 오인하게 하여 PC를 이미지 처리하게 하는 한편, 강사 휴게실 PC를 제출하도록 하였던 점에서 검찰은 조교를 속이고 해당 PC 2대를 임의 제출받은 것이 명백합니다. 특히 당시 조교는 자신은 "PC들을 제출할 수 있는 보관자의 위치가 아닌 것 같다"는 취지로 말하였더니 현장에 있던 검사가 "얘, 안 되겠네. 징계를 받게 해야 하겠네"라는 취지로 조교를 압박함으로써 진술서를 작성하기도 하였다고 말하였던 것으로 알고 있습니다.

넷째로 PC의 소유자 겸 소지자 또는 보관자라 할 수 있는 정경심 교수는 물론 포렌식 등의 과정에 검찰에서 보관자라고 지정한 위 조교에게도 참여권 등을 보장하지 않았습니다. 임의 제출로 압수한 경우를 포함하여 전자정보 저장매체의 압수는 참여권자의 참여권을 보장한 가운에 압수

대상인 파일들을 이미지를 뜨거나 해당 파일을 출력한 사본을 압수한 후에 그 목록을 당사자에게 제공하여야 합니다. 부득이한 사유로 원본을 압수하더라도 당연히 포렌식 장소와 시간을 참여권자에게 사전에 알려주어 참여에 대한 의사를 확인하는 등 포렌식 과정에 참여할 수 있는 권리를 당연히 보장하여야 합니다. 그러나 이 사건의 경우에는 정 교수 측이 해당 PC를 압수하는 과정 및 포렌식 과정에서 참여권을 전혀 보장받지 못했을 뿐만 아니라 처음부터 PC의 압수, 포렌식 등을 하였다는 사실을 전혀 몰랐던 불법 압수를 당한 것입니다.

다섯째로 압수한 전자정보 저장매체 목록과 압수한 파일 사본을 정 교수는 물론 임의 제출하였다는 조교에게도 제공하지 않았습니다. 물건을 압수하면 당연히 압수 목록을 작성하여 피압수자에게 제공해야 합니다. 그리고 이 사건처럼 전자정보 저장매체 등을 압수하는 경우에는 압수한 전자정보 상세 목록과 해당 압수한 파일을 이미지 처리 파일 사본을 피의자나 피고인에게도 당연히 제공해야 합니다. 그런데도 검찰은 이러한 절차를 전혀 취하지 않고 있다가 법정에서 변호인을 통해 문제가 제기되자 2020년 2월경 급하게 위 조교에게 상세 목록만 메일로 제공하였을 뿐, 피고인이 된 정경심 교수에게는 그 목록조차 제공하지 않아 피고인의 방어권을 무력화하려 시도한 것으로 보입니다.

여섯째로 압수가 불필요한 파일에 대하여도 압수하였습니다. 원칙적으로 해당 사건과 무관한 파일들은 당연히 압수 대상이 되지 아니합니다. 따라서 압수 대상 물건에 대하여 이미지를 뜬 사본을 압수하고, 해당 PC가 필요적 몰수 대상 물건이 아니라면 더 압수를 지속할 필요성은 사라진다고 봐야 합니다. 앞에서도 언급한 것처럼 저장매체 자체에 대한 압수는 형사소송법 규정에 따라 원칙적으로 할 수 없고, 따라서 검찰의 주장대로 부득이한 사유로 본체를 현장에서 반출하게 되면 당연히 포렌식을 통해 확보한 파일 외에는 소유자 등 청구권자의 청구를 받아 또는 직권으로 가환부나 환부를 해줘야 합니다. 그런데도 검찰은 해당 PC를 정경심 교수 측에 반환하지 않았을 뿐만 아니라 1심 재판에서 극히 이례적으로 몰수 구형까지 한 것으로 알고 있습니다.

검사의 객관 의무 및 인권 옹호 의무 위반

검찰은 위에서 설명한 각종 불법 행위와 과도한 수사, 개인의 사적인 문자 등을 지속해서 공개하여 재판이 확정되기도 전에 범죄자로 낙인찍히도록 여론몰이를 하고, 임의를 가장하여 사실상 강제로 압수한 PC에 저장되어 있던 내용 중 피고인에게 유리한 파일들에 관한 내용을 누락시키면서 사실에 맞지 않는 내용을 확정적 증거인 것처럼 보고서를 작성하여 제출하기도 한 것으로 알려졌습니다. 따라서 검사는 공익의 대변자로서의 객관 의무 및 인권 옹호 기관으로서의 의무를 내팽개치는 행위를 하였다고 판단됩니다.

한편, 조국 전 장관 자택에 대한 압수수색 과정에서 조국 전 장관 따님이 중고등학교 시절 쓴 일기장을 압수하려고 그곳에 머물면서 압수수색 영장을 추가로 받았으나 동 일기장이 유죄의 증거로 사용되었다는 말은 아직 못 들은 것 같습니다.

증명(입증)
책임 전가

검사님이 기소한 내용에 대한 증명 책임은 전적으로 검사에게 있음에도 이러한 증명 책임을 검사님은 피고인에게 떠넘기고, 판사님은 이를 그대로 받아주는 1심 판결이었다고 생각되었습니다. 원칙적으로 조세 등 극히 일부 범죄를 제외하고 모든 공소사실에 대한 증명 책임은 검사에게 부여된 책임으로 아는데, 그리고 이러한 극히 일부 범죄도 대부분의 유죄 입증을 검사가 하면, 그중 극히 예외적으로 피고인만 알고 있는 부분만 무죄를 입증해야 합니다.

예를 들어, 살인 사건에서 피의자가 살해 도구를 구입한 내역, 피해자와 둘만 있었다는 사실, 피해자에게 주저흔 없이 방어흔만 있는 사실 등을 검사가 증명하면, 피고인은 그럼에도 자신이 죽인 게 아니라는 사실을 증명하도록 하는 극히 일부를 말합니다. 그러나 이 사건에서 검찰은 별다른 증거도 없이 학교에 제출된 표창장은 위조된 것이라고 확정한 후, 당신 말고 위조할 사람이 없다는 이유로 피고인의 유죄를 단정하고 이에 대해 피고인으로 하여금 위조하지 않았다는 증거를 제시하고 증명하라고 입증 책임을 피고인에게 전가시켰습니다. 또한 1심 재판부도 전적으로 검찰 편을 들어 증명 책임을 피고인에게 요구하였습니다. 제 경험상 '의심스러울 때는 피고인의 이익으로'라는 형사법의 대전제를 무시하면서까지 검찰은 이러한 주장을 하고, 법원도 이를 받아들인 것으로 생각되었습니다.

윤석열 전 총장의 사법 반란
또는 사법 쿠데타 시도

윤석열 전 총장은 서울중앙지검장 재직 시절 《조선일보》 방상훈, 《중앙일보》 홍석현 등 사주를 만나 접대를 받은 것으로 알려졌고(뇌물수수 가능성도 있습니다) 당시 서울중앙지방검찰청은 《조선일보》 및 《중앙일보》(삼성)와 관련된 수사 등이 진행 중이었거나 진행될 예정이었다는 것으로 알려졌습니다.

대통령님의 해외 순방을 위해 출국하는 새벽에 조국 전 장관님 자택 압수수색영장을 집행하고 유시민 이사장을 엮으려 했던 거나, 고검장 출신 윤갑근 당시 자유한국당 충북도당위원장에 대한 혐의는 뭉개고 갑자기 강기정 전 청와대 정무수석을 엮으려고 하였던 사안 등을 보면, 조국 전 장관 개인을 넘어 문재인 대통령이 탄핵당하게 해서 정권을 전복하고, 확실한 절대 반지를 낀 검찰 왕조를 완성하려고 하였던 것 같다는 생각도 들었습니다.

이후 추가로 울산 경찰청과 울산지검에서 1년 넘게 진행해오던 고래고기 환부 및 당시 울산시장 친동생의 사기 피의사건을 송철호 울산시장을 당선시킬 목적으로 청와대가 황운하 당시 울산지방경찰청장에게 지시한 소위 '청와대 하명 사건'으로 포장하여 중앙지검에 재배당하면서 수사팀을 강화하고, 송철호 시장 등을 기소한 공소장에 마치 대통령의 지시로 청와대가 중심이 되어 선거법을 위반한 것처럼 대통령을 35회에 걸쳐 적시하고, 대통령 탄핵 사항인 것처럼 여론을 조성했습니다. 그러나 4·15 총선에서 여당이 압승하게 되면서 이러한 쿠데타 시도는 실패했습니다.

또한 김학의 성범죄 의혹 사건의 재수사와 관련하여 출금 정보를 유출하거나 수사 기록을 유출한 자들은 수사하지 않고, 긴급 출국 금지와 관련하여 중간 협조 라인으로 결정권자의 지시를 전달하는 전달자 위치에 있다고 볼 수 있는 전 대검 반부패수사부장 이성윤 부장과 긴급 출국 금지 요청을 한 이○○ 검사, 그리고 법무부 출국 금지 업무를 총괄하는 차규근 출입국·외국인 정책본부장 등 3명을 코미디 같은 이유를 들어 기소하면서 아무 관계도 없는 조국 전 장관을 관련자처럼 불러 조사를 하기도 했습니다.

이처럼 검찰에서 진행한 현 정부와 관련된 모든 수사는 기 → 승 → 전 → 조국(→ 문 대통령님 ?)으로 엮어가려고 한 것으로 보였습니다.

지금은 현실이 너무 무서워 대부분의 직원이 자신의 의견은 드러내지 않을 뿐 대체로 윤석열 전 총장이 정치적인 수사를 하면서 검찰을 완전히 망가뜨렸고, 사퇴 역시 정치적이었다는 의견이 더 많은 것으로 알고 있습니다. 특히 출금 정보를 흘리고 김학의를 봐준 사람 등에 대하여는 아무런 조치를 하지 않으면서 가벌성이 전혀 없을 뿐만 아니라 정의에도 반하는 김학의를 긴급 출국 금지한 사안을 오히려 문제 삼아 수사하고 기소한 부분에 대하여는 정말 해도 해도 너무한다는 의견이 더 큰 것으로 알고 있습니다.

공정성이 무너진 중립성이나 독립성은 흉기와 다름없습니다. 우리 헌법 제7조 제1항은 "공무원은 국민 전체에 대한 봉사자이며, 국민에 대하여 책임을 진다"라고 규정하여 공정성을 우선하고 있습니다. 누구에게나

공정해야 한다는 이유로 봉사자라고 하는 것이고, 중립성이나 독립성은 업무를 처리하는 데 정치적으로 하면 안 되고 독립하여 공정하게 하라는 의미이지 내 마음대로 해도 좋다는 의미가 절대 아닙니다. 윤 전 총장 취임 후에 있었던 정치적인 수사들을 보면 박덕흠, 전봉민 등 야당 인사들에 대한 수사는 대부분 뭉개거나 봐주고 현 정부와 여당 인사들에 대하여는, 그것도 검찰 개혁을 하려는 인사들에 대하여는 무조건 죽이겠다는 생각으로 막무가내 수사와 기소를 일삼았음에도 권력형 범죄는 아직 하나도 밝혀낸 것이 없고, 특히 권력형 부패 범죄도 나온 것이 하나도 없었습니다. 오직 절차 위반이라는 이유만을 들면서, 심지어는 국민에게 공약한 정책 수행에 대하여도 계속하여 표적 수사를 자행하고 있는데, 어떻게 생각해야 할지 모르겠습니다.

아무튼, 조국 장관님 가족들이 제대로 된 정의로운 판결을 통해 이 사건에 대해 잘못 알고 있었던 실상을 모든 국민이 알게 되어 아픈 상처들을 조금이라도 회복하고, 편안한 일상들을 제대로 알게 되고, 다시 과거의 삶으로 돌아갈 수 있으면 하는 바람입니다. 그리고 다시는 이처럼 폭력적인 공권력에 의한 억울한 사람이 나올 수 없는 사회와 그에 따른 제도가 만들어지고, 한편 잘못된 공권력이나 언론 권력을 이용하여 선량한 국민을 폭압하는 일에 가담하였던 사람들은 반드시 그에 합당한 책임을 지는 그런 사회가 하루빨리 만들어졌으면 하는 간절한 소망을 가져봅니다.

우리 모두 그날까지 한발 한발 앞으로 나아갈 수 있기를 기원합니다.

이 글은 조국 전 장관님 일가를 포함하여 경찰, 검찰, 법원, 언론 등 수사·사법·언론의 부당한 권력 등으로 인해 억울한 피해를 보신 모든 분에게 바치고 싶습니다.

대한민국을 뒤흔든
정치검찰의 사기극
표창장

1판 1쇄 발행 2021년 7월 23일

지은이 고일석·박지훈
펴낸이 조윤지
P　R 유환민
편　집 박지선
디자인 김영욱

펴낸곳 책비(제215-92-69299호)
주소　 (13591) 경기도 성남시 분당구 황새울로 342번길 21 6F
전화　 031-707-3536
팩스　 031-624-3539
이메일 readerb@naver.com
블로그 blog.naver.com/readerb
페이스북 www.FB.com/TheReaderPress

© 2021 고일석·박지훈
ISBN 979-11-87400-55-4 (03340)

책비 (TheReaderPress)는 여러분의 기발한 아이디어와 양질의 원고를 설레는 마음으로
기다립니다. 출간을 원하는 원고의 구체적인 기획안과 연락처를 기재해 투고해 주세요.
다양한 아이디어와 실력을 갖춘 필자와 기획자 여러분에게 책비의 문은 언제나 열려 있습니다.
• readerb@naver.com